FRENCH FOR BUSINESS

4th edition

Malcolm Bower
Head of Modern Languages
Plymouth College of Further Education

Lucette Barbarin
Associate Senior Lecturer
Centre for Modern Languages
University of Plymouth

Hodder & Stoughton

A MEMBER OF THE HODDER HEADLINE GROUP

Acknowledgements

The publishers would like to thank the following for permission to reproduce material in this volume: Alcatel TELECOM for their letterhead; Arepos Vacances, Groupe Air France and Hotels Adagio for their job advertisements from Entreprises et Carrières, n° 312/313; Association Relative à la Télévision Européenne for the ARTE logo; BHV-Groupe Cofinoga, Cofidis S.A. and Trois Suisses, Cofinaref, Finaref and La Redoute, Galeries Lafayette, and Le Printemps for 'Les cartes des grands magasins' from Femme Actuelle, n° 499, 24/04/94; Canal Plus for their logo; La Cinquième for their logo; Editions S.M.E (Bref) for the extract and photograph from 'Entreprises Rhône-Alpes' July/August 1995; L'Événement du jeudi and J.S.I. for their chart 'Ce que consomment les Français', 14-20/4/94; Excelsior Publications S.A. for the extract 'L'industrie: que recouvre ce terme?' from La France en Chiffres, by Remy Arnaud, SVE 1992; L'Expansion for their charts 'Transports: le rêve de Bruxelles', 6-19/1/94, 'Les grèves en France depuis dix ans', 21/10/93 'Un bel essor', 16/2/89, 'La France en 2010', 17/6/88, 'Quel est le principal critère entrant dans le choix de votre premier emploi?', 'Comment paient les autres', 2/3/89; Femme Actuelle for 'Les atouts de la voiture du futur', 'Voiture électrique: les cobayes au volant', both from n° 498, 17/4/94; France 2 for their logo; France 3 for their logo; France Telecom for their advertisement from the SNCF Guide TGV Sud-Est 25/9/94-27/5/95, and audio extract 'La Carte France Telecom' from Europe1; Le Figaro for their audio advertisement on Europe1, copyright © LE FIGARO 9631196; Galeries Lafayette for their store plan; Groupe Progrès S.A. for its articles from Le Progrès: 'Ça roule pour la Clio!', 08/08/94, 'Renault privatisé: la fin d'un symbole', 19/07/95, 'Renault: les grands chiffres', 19/07/95, 'La nouvelle courbe du chômage', 04/08/95, and 'Les Français s'endettent pour se loger', 27/07/95; Hachette Livre S.A. for 'L'organisation des pouvoirs' from Le Nouveau Guide de France by Michaud et Kimmel; International Paper Emballages Liquides S.A. for their job advertisement from Le Progrès, 22/7/1995; Huiles Labo S.A. for their job advertisement from Le Progrès 23/7/1995; Liberation for 'De la planche à la chaise, petit exemple du mode d'application de la TVA', n° 4417, 1/8/95; Marbrador for their letterhead; Métropole Télévision for their M6 logo; Le Nouvel Observateur for 'Les constructeurs européens en pleine forme' and 'Près de 45 milliards de profits en deux ans', both from February 1995, 'Avec 5000 francs, je me ferais plaisir:11%', from June 1993, 'Consommation: la grande déprime des français' from December 1993, 'Témoignage' with associated charts and captions from 15/04/93; Le Point for 'Grandes surface', n° 864, 10/4/89, 'La France championne du monde', n° 1119, 26/02/94, 'La traversée de la Manche', 'Paris-Londres', and 'Où il fait bon appeler' all from n° 1113, 15/01/94, '1 Million', n° 1175, 25/03/95, 'Budget, les recettes nouvelles, les dépenses nouvelles', and 'Nombre des chômeurs de longue durée', both from n° 1188, 24/6/95; Radio France and France Inter for the audio extract 'Les relations franco-britanniques via le Tunnel sous la Manche', 22/12/94, 'Les élections présidentielles', Journal de 9h00, 08/05/95; Secrétaires et Assistantes Magazine for 'La durée de travail en Europe' by Joselyne Studer-Laurens, n° 33, May 1995; Stratégies for 'La TV, premier support publicitaire en 1993', n° 854, 19/11/93; Télévision Française 1 for the TF1 logo; Thomas Nelson & Sons Ltd for the extract 'Système éducatif français' from Horizons by Patrick Brockman and Gisèle Guarisco, Messages des PTT for 'Minitel bats ses records', n° 358, 7–8/89; Michelin Tyre Plc for their letterhead; The New York Times for 'Les lecteurs au rendez-vous' from L'Express, 17/6/88; Parly 2 for '6 Pièces 125 m'; Punch Publications Ltd for 2 cartoons; Quaker France for their letterhead; Société Nationale de Programme France Région 3 for their logo; Systems Publishers (Pty) Ltd for 'Consommation: forces et faiblesses des produits français à l'étranger' from Marketing Mix, n° 23, 6/88.

Every effort has been made to trace and acknowledge ownership of copyright. The publishers will be glad to make suitable arrangements with any copyright holders whom it has not been possible to contact.

The authors and publishers would also like to thank the following for permission to reproduce photographs: Auchan p. 155; Carrefour p. 155; Continent p. 155; Géant Casino p. 155; Leclerc p. 155; copyright © Life File/Emma Lee p. 62; PSA Peugeot Citroën p. 105, from Femme Actuelle, n°498, 11-17/4/1994; copyright © Trip/H. Rogers p.136, Cephas Picture Library, p. 99; CIAT, p. 79; Documentation française, p 18; J. Alan Cash, p. 59.

The authors would like to thank Didier Calavas, Roger Stacey, Brian Taylor and their son, Christopher, for their help and advice with the 4th edition.

British Library Cataloguing in Publication Data

Bower, Malcolm
  French for business. – 4th ed.
  1. French language. Business French
  I. Title II. Barbarin, Lucette

ISBN 0 340 64822 8

First published 1977
This edition published 1996
Impression number 10 9 8 7 6 5 4 3 2
Year   2001 2000 1999 1998

Typeset by Wearset, Boldon, Tyne and Wear.
Printed in Great Britain for Hodder & Stoughton Educational, a division of Hodder Headline Plc, 338 Euston Road, London NW1 3BH by Scotprint Ltd, Musselburgh, Scotland.

Contents

Table of Contents 4

Introduction 7

1 A l'hôtel 10

2 Au bar 29

3 Rendez-vous d'affaires (1) 48

4 Rendez-vous d'affaires (2) 65

5 Au restaurant 84

6 Conversation téléphonique 107

7 Reparlons affaires 125

8 Au centre commercial 140

9 Dîner chez des amis 157

10 Lettre d'affaires 173

11 Visite à l'usine 194

12 La publicité et les médias 224

13 Affaire conclue 237

Petit Guide des Sigles 250

Verb Table 256

Vocabulary 262

Table of contents

Chapter	SECTION A: Qu'avez-vous compris? Dialogue	SECTION B: Grammar Structural exercises Jeux de rôle	SECTION C: Listening★, reading and reacting	SECTION D: Faisons le point sur . . .
1 **A l'hôtel**	– Room reservations – Hotel services – Directions	– Numbers – *Aller* + infinitive – Dates, time – Alphabet	– Hotel questionnaire – Booking enquiries (group and conference)★	L'hôtellerie française
2 **Au bar**	– Jobs, firms – Regions/local economy – Countries	– Comparison of adjectives and adverbs – Asking questions	– La France: championne du monde du tourisme – Portraits professionnels★	La population française
3 **Rendez-vous d'affaires (1)**	– Stating one's business – Strikes – Travel, stays abroad – Cost of living	– Imperfect tense – Welcoming people and putting them at ease	– L'Angleterre au plus court Paris–Londres – L'ouverture du tunnel sous la Manche (Le Shuttle)★ – Tarifs Air Inter★	Le trafic ferroviaire, la SNCF
4 **Rendez-vous d'affaires (2)**	– Meeting clients – Presenting one's product range – Prices/costs	– Relative pronouns – *Passé composé* (perfect tense)	– Produits français à l'étranger – Profile of French company (CIAT) – Interview with an industrialist (Sofitind)★	Secteurs de l'économie française
5 **Au restaurant**	– Cars and driving – Food and drink	– Object pronouns – Reflexives – Articles	– Les vins de Bordeaux – Ça roule pour la Clio – Voiture électrique★ – Renault privatisé	L'industrie automobile française

6 **Conversation** **téléphonique**	– Making telephone calls – Making, changing appointments – Rescheduling	– Future and conditional	– Minitel – Les jours fériés – Télécom advertisement (France-Direct)★	Les postes et télécommunications
7 **Reparlons** **affaires**	– Company restructuring – New products and methods – Competitiveness/new markets – Worker–management relations	– *Venir de* + infinitive – *Depuis* + present and imperfect tense – Perfect/imperfect	– La France en 2010 – Témoignage: CES entre emploi et chômage★	L'industrie agro-alimentaire
8 **Au** **centre** **commercial**	– Seeking advice – Buying gifts – Store discounts	– Pluperfect – Conditional/future perfect – Demonstrative pronouns	– Les cartes des grands magasins – Le centre commercial de Parly 2 – Consommation: la grande déprime des Français★	La grande distribution
9 **Dîner** **chez des** **amis**	– Receiving hospitality – Paying compliments – Discussing family	– Passive voice – Avoidance of passive (*on* or the reflexive)	– Les Français s'endettent pour se loger – Ce que consomment les Français	Le système éducatif français
10 **Lettre** **d'affaires**	– Letter-writing – Prices – Payment terms	– Business correspondence: layout, letterheads, letter structure/content, good and bad style	– Examples of business letters: enquiry, offer, order, complaint – Faxes – Personal letters: hotel reservation, work experience, job applications, CV	

Chapter	SECTION A: Qu'avez-vous compris? Dialogue	SECTION B: Grammar Structural exercises Jeux de rôle	SECTION C: Listening★, reading and reacting	SECTION D: Faisons le point sur...
11 Visite à l'usine	– Welcoming visitors – Factory tour – Organigramme	– Subjunctive (wish, preferences emotion) – *Falloir* + subjunctive – Use of subjunctive	– Disparition du travail à la chaîne – L'industrie: que recouvre ce terme? – Témoignage: chômage au féminin★	Les syndicats français
12 La publicité et les medias	– Advertising in the French media (TV, radio, press)	– Subjunctive after certain conjunctions – Consecutive interpreting	– La TV: premier support publicitaire en 1993 – How to place an advert in *Le Figaro*★	Les medias en France
13 Affaire conclue	– Closing the deal (discounts) – Transport and insurance costs – VAT, delivery dates	– Liaison interpreting	– Recettes du budget de l'Etat – Les élections présidentielles (analyse des résultats)★	Les institutions politiques françaises

★ in Section C indicates recorded texts

Introduction

General aims

French for Business is a complete, self-contained post-GCSE course designed:

- to give students of various levels of achievement oral fluency in dealing with social, business and commercial situations
- to provide a thorough revision of essential grammar
- to extend comprehension to the point where the student can understand almost anything he or she is likely to read or hear in French
- to equip the student to deal with French commercial correspondence

National Language Standards and GNVQ

French for Business Fourth Edition will meet the needs of language trainers seeking suitable material at Levels 2 and 3 of the NLS and will prove particularly suitable for Advanced GNVQ units in Business, Leisure and Tourism and International Hospitality Studies.

Public (series) examinations

The structured nature of *French for Business* Fourth Edition, building as it does on higher GCSE competence, makes it particularly suitable for teachers looking for a course book in preparation for a range of public commercial and general French examinations. From our personal experience as French teachers, co-ordinators and examiners in further and higher education, and building on advice and suggestions from colleagues in the same fields, we are convinced that *French for Business* Fourth Edition will provide suitable material in all four language skills for the following examination bodies and levels:

- Oxford and Cambridge Examinations and Assessment Council (OCEAL)

  GCE A/S and A level French (world of work) GCE A/S and A level Business French

- London Chamber of Commerce and Industry Commercial Examinations Board

  Foreign Languages for Industry and Commerce (FLIC) – Threshold and Intermediate Euroqualifications (CLAC; EEAC)

- Northern Universities Joint
  Matriculation Board (NUJMB)
- Royal Society of Arts

- Institute of Linguists

Foreign Languages at Work
(FLAW) programmes
Certificate of Extended
Study
Certificate in Business
Language Competence
(Threshold and Operational)
General Certificate
Advanced Certificate

Distance learning/Open access

The cassette recordings, grammar explanations, verb tables, extensive
vocabulary lists and, especially, the key answers (available separately), make
French for Business, in its new form, a completely self-contained course
ideally suited to the new delivery modes. The course is, therefore,
eminently suitable for people in industry needing business French but
unable to find the time to attend classes on a regular weekly basis.
Experience has shown that with the help of the occasional 'back-up'
tutorial, business people can work on the material independently.

What's new in the Fourth Edition

Section A

As in the previous edition the exercises here are based on the recorded
dialogue, but we have departed from the rigid formula of comprehension
questions in French or English and retranslation phrases. Whilst recognising
the importance of this type of exercise, a variety of new approaches to
exploit the dialogue has been added – true/false, short transcriptions, gap-
filling, finding the question, matching exercises, etc.

Section B

Whilst still designed to practise the structures introduced in the dialogue,
the exercises in this section have been largely revamped and extended. The
old 'drill' approach has been replaced by more straightforward, and, we
hope, clearer exercises reflecting the new approach to grammar practice.

Reading & Reacting

This section has undergone the greatest change. Now entitled *Listening,
reading & reacting* most of the passages are new and the number of listening
exercises has been increased to include short interviews, extracts from radio
news flashes and publicity messages. As in the other sections, exploitation

of the material is more modern, reflecting established current good practice – grid completion, *vrai/faux*, matching, gap-filling and other manipulative exercises.

Role-plays

In addition to the popular structured role-plays of the previous editions, each chapter now contains a second, unstructured scenario giving students the opportunity, in groups or in pairs, to work out their own dialogue or discussion.

Activité de recherche

In a further attempt to give students the initiative, each chapter now suggests a research activity the student might undertake, outside the classroom, to relate the issues raised in the chapter to the real world of international business and commerce.

Faisons le point sur . . .

New to the Fourth Edition each chapter now contains an analysis of some aspect of socio-economic life in France. These overviews give valuable background information which, previously, the student would have to research through a variety of books, journals and other resources.

Grammar

The grammar section has been extended to include explanations of certain aspects of numbers and prepositions, articles, relative pronouns and some language functions such as forming questions, welcoming people and putting them at their ease.

Both the *Petit Guide des Sigles* and the *Vocabulary* have been extended.

Use of French

In keeping with current, good post-GCSE practice, French is now used throughout to introduce the various tasks in all sections. In the case of the grammar the bilingual approach is designed to ensure that students are familiar with equivalent French grammatical terms. However, we have stopped short of explaining the grammar in French, convinced as we are that it is asking too much of the post-GCSE students, struggling to master difficult grammatical concepts, to cope with this in the foreign language.

Pair work

Exercises marked with the symbol can be worked in pairs, one student playing rôle [A] and the partner rôle [B]. Rôles should be reversed at the half-way stage.

1 A L'HOTEL

SECTION A

Mr Sanderson arrive à l'hôtel où il a réservé une chambre, mais il doit changer les dates de son séjour.

 Ecoutez le dialogue et répondez aux questions de la Section A sans regarder le texte pour commencer.

Vocabulaire

retenir	*to reserve*
épeler	*to spell*
se souvenir (de)	*to remember*
se tromper	*to be mistaken*
conduire	*to take, lead the way*
séjour (m)	*stay*
serviette (f)	*briefcase*
ascenseur (m)	*lift*

donner sur	*to overlook*
rez-de-chaussée (m)	*ground floor*
laisser	*to leave*
clé/clef (f)	*key*

Qu'avez-vous compris?

1 Répondez en anglais.

a How and when did Mr Sanderson make his original reservation?
b What changes does he now wish to make?
c On what day will he be leaving Paris?
d What luggage does he have?
e From the time he asks to be called, how long does he have before breakfast is served?
f Where does he want to have breakfast?
g Where is the hotel bar located?

2 Vrai (v) ou faux (f)?

a Mr Sanderson veut une chambre 'single' avec douche.
b On lui donne la chambre numéro six au premier étage.
c De la fenêtre de sa chambre Mr Sanderson peut voir le jardin.
d Au petit déjeuner Mr Sanderson boit du thé.
e Le bar est situé à côté de la réception.

3 Comment diriez-vous en français?

a What name is it?
b Do you want me to spell it?
c If I'm not mistaken.
d One more night.
e Two nights in all.
f That's correct.
g I can't see any reason why not.
h I hope you enjoy your stay, sir.
i What do you have in the way of luggage?
j Here we are. (*arriving*)
k It (f) overlooks the garden.

l Here you are. (*giving*)
m I have tea in the morning.
n Right you are, sir!
o At the end of the corridor.
p Have a nice evening!

 4   Ecoutez encore une fois le dialogue et remplissez les blancs.

SANDERSON   J'ai . . . . . par téléphone une . . . . . . pour une . . . . . . avec . . . .

RECEPTIONNISTE   Je . . . . . . que je me . . . . . . du . . . . . . de téléphone.

PORTIER   Oh oui, très . . . . . . , et très . . . . Nous y voilà. Vous . . . . . . , elle . . . . . sur le jardin, donc il n'y a aucun . . . .

PORTIER   Oui, monsieur, au . . . . au . . . . . . du couloir, vous tournez . . . . et c'est la . . . . . . porte . . . . . . gauche , ... à la réception.

Dialogue

SANDERSON   Bonsoir madame. Jeudi dernier j'ai retenu par téléphone une chambre pour une personne avec douche.

RECEPTIONNISTE   Oui monsieur, *c'est à quel nom s'il vous plaît?*

SANDERSON   Sanderson. *Voulez-vous que je l'épelle?* S-a-n-d-e-r-s-o-n.

RECEPTIONNISTE   Ah oui. Je crois que je me souviens du coup de téléphone. Vous voulez rester une nuit seulement, *si je ne me trompe pas?*

SANDERSON   Je voudrais maintenant rester *une nuit de plus,* si c'est possible. C'est à dire *deux nuits en tout.* J'ai l'intention de quitter Paris mardi 6 octobre.

RECEPTIONNISTE   Alors vous comptez rester deux nuits, du 4 au 5 et du 5 au 6. C'est bien ça?

SANDERSON   *C'est exact.*

RECEPTIONNISTE   D'accord, *je n'y vois pas d'inconvénient.* Chambre numéro 16. Le portier va vous y conduire. *Bon séjour, monsieur.*

PORTIER   *Qu'est-ce que vous avez comme bagages,* monsieur?

SANDERSON   Ce sac de voyage et ma serviette.

PORTIER   Suivez-moi, s'il vous plaît. La chambre 16 est au premier étage, mais nous allons quand-même prendre l'ascenseur.

SANDERSON	J'espère que c'est une chambre calme.
PORTIER	Oh oui, très calme, et très confortable. *Nous y voilà.* Vous voyez, *elle donne sur le jardin,* donc il n'y a aucun bruit.
SANDERSON	Merci bien. *Tenez!* (*He gives the porter a tip★.*)
PORTIER	Merci beaucoup monsieur. Au revoir monsieur et bon séjour!
SANDERSON	Un instant, s'il vous plaît. A quelle heure servez-vous le petit déjeuner?
PORTIER	A partir de 07h 00 jusqu'à 09h 30.
SANDERSON	Pouvez-vous m'appeler à 06h 30, s'il vous plaît, et m'apporter le petit déjeuner dans ma chambre? *Je prends du thé le matin.*
PORTIER	*Entendu, monsieur.*
SANDERSON	Une dernière chose. Pouvez-vous me dire s'il y a un bar dans cet hôtel.
PORTIER	Oui, monsieur, au rez-de-chaussée *au fond du couloir,* vous tournez à droite et c'est la deuxième porte à gauche, face à la réception.
SANDERSON	Merci.
PORTIER	A votre service. Je laisse la clé sur la porte. *Bonne soirée* monsieur.

*pourboire (m)

SECTION B *Grammar*

1 *Prepositions in expressions of time and place*
Prépositions dans les expressions de temps et de lieu

a As far as/until

as far as the crossroads: *jusqu'au carrefour*
until midday: *jusqu'à midi*

b At/to

at/to the crossroads: *au carrefour*
at/to the hotel: *à l'hôtel*
at/to the reception desk: *à la réception*
at/to the (traffic) lights: *aux feux*
at 7.30 a.m.: *à sept heures trente/à sept heures et demie (du matin)*

Note:
at about + time (by the clock): *vers*
come and see me at about two o'clock: *venez me voir* **vers** *deux heures*

c From – to

from Monday to Wednesday: **du** *lundi* **au** *mercredi*
from 1958 to 1975: **de** *mil neuf cent cinquante-huit* **à** *mil neuf cent soixante-quinze*
from 0600 to 0900: **de** *six heures* **à** *neuf heures*
entre *six heures* **et** *neuf heures*

Note:
from 11.00 a.m.: **à partir de** *onze heures*

d In

in September: **en** *septembre* (or **au mois de** *septembre*)
in 1960: **en** *mil neuf cent soixante*
in the hotel: **à** *l'hôtel*/**dans** *l'hôtel*

e On

on Monday (no preposition in French): *lundi; le lundi*
on the third day: *le troisième jour*
on the 25th January: *le vingt-cinq janvier* (note the use of the cardinal number)
on the left: **à** *gauche* (but – on your left: **sur** *votre gauche*)
straight on: *tout droit*
on the first floor: **au** *premier étage*

2 Time when/time during which
Soir/soirée; matin/matinée; jour/journée; an/année

As a general rule the feminine form is used when considered as a span of time during which something may happen (as their use in English illustrates, e.g. a matinée performance is one which takes place during the early part of the day; a soirée is a social evening party). Otherwise the masculine form is used.

a *Il y a sept **jours** dans une semaine.*
*Il a travaillé toute **la journée**.* (i.e. the daylight hours)

b *Tous les **soirs** il va chez sa sœur.*
*Hier il a passé **la soirée** chez sa sœur.* (i.e. the evening hours)

Note also the use of the feminine form in the following expressions:

l'année dernière – last year
l'année prochaine – next year
chaque année – each year (**but** *chaque jour* – each day)

3   Present tense of aller + infinitive
Aller + l'infinitif au présent

a Used as in English to express what is 'going' to happen:
*Je **vais rester** une nuit de plus* – I am going to stay one more night.
*Il ne **va** pas le **faire*** – He is not going to do it.

b Note also its use instead of the full future tense[1] to convey an immediate or imminent future action:

*Le portier **va** vous **conduire** à votre chambre* – The porter will show you to your room.

*Elle **va rentrer** à la maison dans la matinée* – She will be going home some time this morning.

[1] See chapter 6

4   The French alphabet
L'alphabet français

A	B	C	D	E	F	G	H	I	J	K	L	M	N
ah	bé	cé	dé	eux	eff	j'ai	ahsh	ee	j'y	kah	elle	emm	enne

O	P	Q	R	S	T	U	V	W	X	Y	Z
oh	pé	ku	erre	ess	té	u★	vé	doubl'vé	eeks	ee grec	zed

★as in **rue**

5   Numbers
Les chiffres

a Cardinal numbers

Beyond 69 (*soixante-neuf*) these need particular care and an ability to do mental arithmetic!

70 *soixante-dix*   71 *soixante-et-onze*   75 *soixante-quinze*
79 *soixante-dix-neuf*
80 *quatre-vingt**s***   81 *quatre-vingt-un*   87 *quatre-vingt-sept*
90 *quatre-vingt-dix*   93 *quatre-vingt-treize*
99 *quatre-vingt-dix-neuf*
100 *cent*   173 *cent soixante-treize*   200 *deux cents* **but**
284 *deux cent quatre-vingt-quatre*
1000 *mille*   3000 *trois mille*   19,497 *neuf mille quatre cent quatre-vingt-dix-sept*
(Note also that *mil* is often used with dates: *1996 mil neuf cent quatre-vingt-seize.*)

Note the nouns:
un *million* (*un million **de** voitures*)
un *milliard*★ (*deux milliards **de** francs*)

For approximations the usual rule is to add *-aine* to the end of the cardinal number minus the final 'e'. Hence: *une dizaine une trentaine une soixantaine une centaine* etc.
(This is how our words 'dozen' and 'quarantine' originated by the way!)
but note:
un *millier*
il a une vingtaine d'années – He's about 20 (years old)
un millier de gens – about a thousand people
des centaines de milliers de francs – hundreds of thousands of francs

b Ordinal numbers

These are usually formed by adding *-ième* to the end of the cardinal number:
deuxième   troisième   trentième etc.
But note: *premier/première second/seconde*
au premier étage – on the first floor
pour la septième fois – for the seventh time
Abbreviations:
1st   *1er/1ère*
2nd   *2e*
3rd   *3e*
etc. etc.

c Fractions

As for ordinals but as masculine noun:
$\frac{1}{5}$ *un cinquième* $\frac{3}{8}$ *trois huitièmes*
But note:
$\frac{1}{2}$ *un(e) demi(e)* $\frac{1}{3}$ *un tiers* $\frac{1}{4}$ *un quart*

d Decimals

In French the comma replaces the decimal point. Hence:

7.25 (seven point two five): *7,25 (sept virgule vingt-cinq)*
0.5% (nought point five per cent): *0,5% (zéro virgule cinq pour cent*

Structural exercises

A Qu'est-ce qu'il vous faut comme hôtel?

Regardez le 'check-list de l'hôtel' et décidez ce qu'il vous faut comme hôtel!

Exemple: Vous ne voulez pas être loin des magasins et vous avez horreur des vieux hôtels . . .
Réponse: Il me faut un hôtel *neuf en plein centre.*

check-list de l'hôtel
POUR HOMMES D'AFFAIRES

Plein centre : oui non
Neuf : oui non
Insonorisé : oui non
Air conditionné : oui non
Télévision et radio : oui non
Salle de bains
Ultra moderne : oui non
w.c. privé hors : oui non
salle de bains : en majorité

Téléphone
à clavier : oui non
Téléphone
direct inter : oui non
Salle de réunions : oui non
Exceptionnel
Accueil : moyen
indifférent

oui
à toutes
les questions

pour votre voyage à Nice - choisissez

MC** NN

Hôtel Continental Masséna

Continuez:

a Vous supportez très mal la chaleur et le bruit . . .
Il me faut un hôtel . . . .

b Vous voulez écouter la Bourse et pouvoir communiquer avec votre bureau . . .
Il me faut un hôtel . . . .

c Vous cherchez un hôtel pour organiser une conférence d'affaires . . .
Il me faut un hôtel . . . .

 ## B L'alphabet/l'orthographe

La personne qui joue le rôle Ⓑ devrait consulter la page 24 et épeler les noms qui y figurent. La personne qui joue le rôle Ⓐ doit les écrire.

Exemple:

Ⓐ C'est à quel nom s'il vous plaît?

Ⓑ Voulez-vous que je l'épelle? D–U–R–A–F–O–U–R.

Ⓐ Voulez-vous répéter s'il vous plaît?

Ⓑ Volontiers, D–U–R–A–F–O–U–R.

Continuez.

 ## C Les chiffres

Ecoutez l'enregistrement et après chaque chiffre donnez-en immédiatement la traduction.

 ## D L'orthographe/les dates

Vous travaillez à la réception d'un hôtel en Angleterre. Notez les demandes des clients français qui vous téléphonent en vous servant du tableau. Le premier appel vous servira d'exemple.

Name	Rooms	Dates	Breakfast				Early morning
			EB	CB	BR	BD	call
Buron (Mr)	1 single sh; WC	29 & 30 April		✓	✓		0730
a							
b							
c							

Key: brm = bathroom; sh = shower; EB = English breakfast; CB = continental breakfast; BR = breakfast in room; BD = breakfast in dining room.

E *L'heure*

Les clients français veulent vérifier qu'ils ont bien compris les heures des divers services proposés par l'hôtel. Répondez à leurs questions, en vous servant de l'horloge de 24 heures.

Exemple: Vous servez le petit déjeuner dans la salle de restaurant à partir de quelle heure?

Nous . . . .

Réponse: Nous servons le petit déjeuner dans la salle de restaurant *à partir de six heures trente.*

Breakfast:	Dining room 6.30 a.m.–9.30 a.m. Room 7.30 a.m.–10.00 a.m.
Lunch:	12.15 p.m.–2.30 p.m.
Dinner:	7.30 p.m.–9.30 p.m.
Bar:	Weekdays open until 11.00 p.m.; Saturdays and Sundays until 11.30 p.m.

Continuez:

a Et si on voulait prendre le petit déjeuner dans la chambre?
Vous . . . .

b A quelle heure servez-vous le déjeuner?
Nous . . . .

c On veut dîner le plus tôt possible ce soir. Vous pouvez nous servir à quelle heure?
On . . . .

d Et normalement pour le dîner, le service dure jusqu'à quand?
Normalement le service . . . .

e Quelles sont les heures d'ouverture de votre bar, s'il vous plaît?
Le bar . . . .

 F *Les jours/les mois*

Exemple:

arr.	dép.
11/9	13/9

A Vous arrivez le onze septembre et vous restez deux nuits; c'est bien ça?

B C'est exact. Donc je veux la chambre pour les nuits du onze et du douze septembre.

Continuez:

arr.	dép.	arr.	dép.	arr.	dép.	arr.	dép.
24/12	27/12	31/1	3/2	1/11	2/11	29/8	2/9

G *C'était en quelle année?*

Exemple: La fin de la deuxième guerre mondiale, c'était en quelle année?
Réponse: Je crois que c'était en *dix-neuf cent quarante-cinq.*

1945?

1989?

1994?

1995?

1970?

Continuez:

a Le bicentenaire de la révolution française, c'était en quelle année?
Je crois que c'était en . . . .
b Les dernières élections présidentielles en France, c'était en quelle année?
Je crois que c'était en . . . .

c La mise en service du tunnel sous la Manche, c'était en quelle année?

Je crois que c'était en . . . .

d La mort du Général de Gaulle, c'était en quelle année?

Je crois que c'était en . . . .

H Soir/soirée, matin/matinée, *etc.*; aller + *l'infinitif*

Exemple: Est-ce que vous allez lire dans votre chambre ce *soir*?

Réponse: Oui, je vais passer toute la *soirée* à lire dans ma chambre.

Continuez:

a Est-ce qu'elle va travailler au bureau *ce matin*?

Oui, elle . . . .

b Est-ce qu'ils vont visiter la ville *aujourd'hui*?

Oui, ils . . . .

c Est-ce qu'elles vont voyager pendant un *an* en Europe?

Oui, elles . . . .

d Est-ce que tu vas regarder la télévision ce *soir*?

Oui, je . . . .

e

Et vous? Qu'est-ce que vous allez faire $\begin{cases} \text{ce matin?} \\ \text{aujourd'hui?} \\ \text{ce soir?} \end{cases}$

I   Trouver son chemin

Vous cherchez une banque. Le réceptionniste vous explique comment y aller. Pour trouver ce qu'il a dit, remplissez les blancs dans le texte en vous inspirant de son plan à la page suivante et des verbes de la liste.

> traverser; descendre; continuer; tourner (×2); passer; être; sortir; prendre

'Vous cherchez une banque? Pas de problème! Vous [a] . . . . . . de l'hôtel et vous [b] . . . . . à gauche. Vous [c] . . . . . l'Avenue Berlioz et vous [d] . . . . . la première rue sur votre [e] . . . . . (c'est la [f] . . . .). Vous continuez [g] . . . . . au carrefour [h] . . . . . mètres [i] . . . . . loin. Là il y a des [j] . . . . . et [k] . . . . . feux vous [l] . . . . . à [m] . . . . . dans le Boulevard Victor Hugo. Vous [n] . . . . . la Place Clichy et vous [o] . . . . . tout [p] . . . . . . Vous [q] . . . . . devant un garage Shell [r] . . . . . votre [s] . . . . . , puis, cinquante [t] . . . . . plus [u] . . . . . il y a un [v] . . . . . et la banque [w] . . . .'

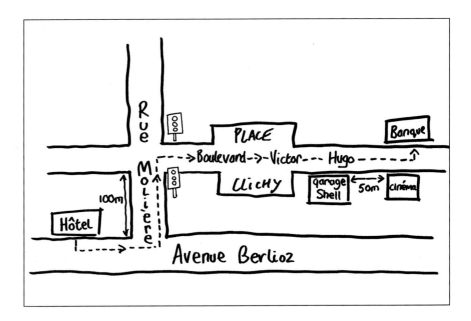

♫ *Jeu de rôle 1*

Jouez le rôle de Mr Jones. Vous arrivez à l'hôtel où vous avez réservé une chambre pour une personne avec salle de bains pour les nuits du 4 et du 5 août mais vous souhaitez maintenant rester une nuit de plus.

RECEPTIONNISTE   Bonsoir monsieur. Vous désirez?
■ *(You phoned a fortnight ago to reserve a single room.)*

RECEPTIONNISTE   Oui monsieur, c'est à quel nom, s'il vous plaît?
■ *(Jones. Ask if she would like you to spell it.)*

RECEPTIONNISTE   Oui, s'il vous plaît. Je n'ai pas l'habitude des noms anglais.
■ *(Spell your name and say you phoned on the 15th.)*

RECEPTIONNISTE   Merci bien. Un instant s'il vous plaît . . . Voilà, vous avez la chambre numéro 22.
■ *(Ask if she needs to see your passport or if you have to sign anything.)*

RECEPTIONNISTE   Non, je n'en ai pas besoin. Vous restez deux nuits, n'est-ce pas?
■ *(You would like to stay one more night if possible.)*

RECEPTIONNISTE   Je n'y vois pas d'inconvénient . . . Donc vous voulez maintenant rester jusqu'au sept, si je comprends bien?
■ *(That's correct.)*

RECEPTIONNISTE   Pas de problème. Voulez-vous qu'on vous appelle demain matin?
■ *(Yes please, at 0715. Can you have breakfast in your room at about 0745?)*

RECEPTIONNISTE   Bien sûr, monsieur. Que prenez-vous au petit déjeuner?
■ *(Tea with milk.)*

RECEPTIONNISTE   Bien. Vous avez des bagages?
■ *(Just one suitcase and your briefcase.)*

RECEPTIONNISTE   Le portier va vous les monter, si vous voulez.
■ *(Thank her and ask where the room is.)*

RECEPTIONNISTE   Au deuxième étage, troisième porte à gauche.
■ *(Ask if there's a good restaurant nearby.)*

RECEPTIONNISTE   Oui, il y en a un après le carrefour.
■ *(Is it far from here?)*

RECEPTIONNISTE   Non, pas très loin. En sortant de l'hôtel vous tournez à droite. Vous continuez tout droit jusqu'aux feux. C'est à environ deux cents mètres d'ici . . .
■ *(You'd better recap in French at this point. So it was right on leaving the hotel; straight on as far as the traffic lights, about two hundred metres from here.)*

RECEPTIONNISTE   C'est ça. Aux feux, vous prenez la première rue sur votre gauche. Vous faites à peu près 50 mètres, et là vous avez un bon restaurant sur votre gauche qui s'appelle 'La Bonne Table'.
■ *(Recap again: first left at the lights, and it's fifty metres further on, on the left. Thank her and say good-bye.)*

RECEPTIONNISTE   A votre service monsieur. Bonne soirée.

Jeu de rôle 2

Travaillez avec un(e) partenaire. L'un(e) de vous joue le rôle du/de la réceptionniste d'un hôtel, l'autre joue le rôle du/de la client(e).

N'oubliez pas d'inclure les éléments essentiels:

■ nom de famille du/de la client(e)
■ durée de son séjour à l'hôtel
■ ce qu'il/elle prend au petit déjeuner
■ type de chambre souhaité
■ une demande de renseignement de la part du/de la client(e) (e.g. où se trouve . . ./quelles sont les heures d'ouverture de . . . etc.)
■ réveil téléphoné

Tâchez d'introduire un problème quelconque:

■ changement de réservation/date
■ absence de serviette/savon

Résumé

Complétez le résumé du dialogue aux pages 12–13 en remplissant les blancs dans le texte. Vous trouverez les mots qui manquent dans la liste, mais attention ... il y a plus de mots que de blancs!

---

prend; personne; laisse; arrivant; confortable; partir; a; douche; pourboire; bar; téléphoné; sur; explique; entrent; au; retenir; quitter; nuit; prennent; voudrait; monter; prendre; donne; déjeuner; réservé; souhaite

---

En arrivant à l'hôtel Mr Sanderson (a)...... à la réceptionniste qu'il a (b)...... jeudi dernier pour (c)...... une chambre pour une (d)...... avec (e)...... .

Maintenant il (f)...... l'intention de (g)...... Paris le 6 octobre, donc il (h)...... rester une (i)...... de plus.

Le portier (j)...... les bagages de Mr Sanderson et les deux hommes (k)...... l'ascenseur pour (l)...... à la chambre numéro 16 (m)...... premier étage. C'est une chambre (n)...... et calme qui (o)...... sur le jardin de l'hôtel.

En (p)...... à la chambre, Mr Sanderson donne un (q)...... au portier et demande qu'on l'appelle à 06h 30. Il désire (r)...... dans sa chambre et veut savoir s'il y a un (s)...... dans l'hôtel.

Le portier (t)...... la clé (u)...... la porte et (v)...... une bonne soirée à Mr Sanderson.

B L'alphabet/l'orthographe

Roquemont Gilloux Bagnolet Taverny Caumartin

SECTION C · *Listening, Reading & Reacting*

A Questionnaire

You are Claude Richard, a 55-year-old French Engineer from Lyon. You stayed at the Arcade Hotel from May 25–28 in room 636. You found the attitude of the staff only average, although the standard of comfort and quality of the fittings in your room were very high, even if it didn't meet your particular needs (being on the top floor when you had asked for a lower floor for health reasons!). The standard of service in the restaurant was pretty good and the food was excellent. However, in the bar before dinner on the first evening you had to wait 15 minutes before being served.

Your overall observations could be summed up as: 'Quality and comfort very good, but staff attitude average'.

Complétez le questionnaire.

VOLET DETACHABLE
Faites-nous profiter
de votre expérience de clients
en remettant vos observations à la réception.

En vous consultant,
nous recherchons votre satisfaction.

Séjour du: _____ Chambre n°_____

	TRÈS BON	BON	MOYEN	MAUVAIS
L'ACCUEIL : qu'en pensez-vous ?				
LE CONFORT : l'utile vous est-il agréable ?				
LA CHAMBRE: répond-elle à votre usage?				
LE BAR : vous en reste-t-il une idée?				
LE RESTAURANT : l'accueil, le service ?				
LA CUISINE : l'avez-vous appréciée ?				

Observations: _____
_____
_____
_____
_____
_____
_____
_____
_____
_____

Mentions facultatives:
Nom:_____ Prénom:_____ Age:_____
Profession:_____
Adresse: _____

ARCADE PARIS
2, rue Cambronne
75740 PARIS cedex 15
Tél. (1) 45.67.35.20
Tel ex ARCAPAR 203 842

B *Une réservation: Hôtel Mantel*

En vous servant des renseignements qui figurent dans le dialogue, remplissez la fiche de réservation.

FICHE DE RÉSERVATION

GROUPE/AGENCE :.. Nº DE PERSONNES :..

RESPONSABLE :.. TEL :..

DATE D'ARRIVÉE :.. HEURE D'ARRIVÉE PRÉVUE :..

DATE DE DÉPART :.. Nº DE NUITS :..

Hébergement

Type de chambre	Salle de bain	Douche /WC	Cabinet de toilette
1 lit			
2 lits			
3 lits			

Repas

Date	Petit déjeuners	Déjeuners	Dîners

C *Hôtel Central*

Ecoutez le dialogue et décidez si les déclarations suivantes sont vraies ou fausses.

a The enquiry concerns a two-day conference.

b There would be about 30 delegates.

c The conference would start at 10.00 a.m.

d They will not require coffee on the first day.

e They will not require dinner on the last day.

f The conference will end at 6.00 p.m. on April 17.

g They will need two small rooms in addition to one large room for plenary sessions.

h They will need two video cassette recorders.

i They will need three overhead projectors.

j The organiser can be reached on 62 32 76 91.

k The hotel will ring back to confirm.

SECTION D *Faisons le point sur . . .*

L'hôtellerie française

La France possède de nombreux atouts du point de vue touristique et l'hôtellerie constitue la principale structure d'accueil touristique.

L'Hexagone dispose d'à peu près vingt mille hôtels homologués et de vingt et un mille non homologués, ce qui représente cinq cent cinquante et un mille chambres dans la première catégorie et deux cent mille dans la seconde catégorie.

Quatre-vingts pour cent de l'hôtellerie classée appartiennent à des propriétaires indépendants. Cependant les chaînes d'hôtels prennent de plus en plus d'importance:

● Le groupe Accor est un des principaux groupes français. Il gère un potentiel de mille six cents hôtels. Il s'est implanté dans soixante et un pays avec des formules variées et sous des enseignes différentes telles que Novotel, Sofitel, Mercure, Ibis, Urbis, Formule 1. Accor a aussi acquis Pullman, Arcade et Altea. Le groupe emploie plus de quatre-vingt-deux mille salariés. Sa taille le classe au deuxième rang mondial, la chaîne américaine Holiday Inn occupant la première place.

● Parmi les autres chaînes françaises, on trouve Taittinger Worms qui regroupe deux cent quatre-vingt-quinze hôtels avec des enseignes telles que Concorde et Campanile. Climat de France et Nuit d'Hôtel possèdent cent quarante-huit hôtels. Il y a aussi Balladins et Relais Bleu avec cent trente-huit hôtels. Fimotel en comprend cinquante-huit.

● Méridien, filiale d'Air France jusqu'en 1994, appartient maintenant au groupe britannique Forte.

Les implantations de chaînes étrangères comme Holiday Inn, Hilton et Forte demeurent très faibles.

Les régions d'Ile de France, de Rhône-Alpes et de Provence-Côte d'Azur sont les plus actives sur le plan touristique et représentent donc la moitié du potentiel hôtelier homologué.

Pour conclure, on peut souligner que l'hôtellerie française, autrefois inadéquate et vétuste, a fait l'objet d'investissements importants et s'est modernisée. Elle est en pleine expansion. De grandes chaînes françaises ont fait de la France le second exportateur mondial de services hôteliers après les Etats-Unis.

Parmi les nouvelles structures d'hébergement qui

ont accompagné le développement touristique du pays au cours de ces quarante dernières années, on trouve:

- les terrains de camping, environ neuf cent mille dont à peu près un dixième est classé
- les auberges de jeunesse
- les villages de vacances
- les gîtes et les chambres d'hôtes
- les résidences secondaires – il en existe environ deux millions huit cent mille qui sont parfois offertes en location

---

Activité de recherche

Trouvez un hôtel à proximité de chez vous qui appartient à une des grandes chaînes hôtelières françaises et renseignez-vous sur:

- l'implantation de la chaîne au Royaume-Uni par rapport à la France et aux autres pays européens
- son classement (nombre d'étoiles)
- le prix des chambres (ce que cela comprend)
- sa clientèle
- ses programmes de publicité/marketing (offres spéciales; formules proposées)

Rédigez votre rapport en anglais, ou, de préférence, en français.

2 AU BAR

(Reproduced by permission of Punch.)

SECTION A

Au bar de l'hôtel Mr Sanderson entame une conversation avec un Français.

 Ecoutez le dialogue et répondez aux questions de la Section A sans regarder le texte pour commencer.

Vocabulaire

avoir du feu	*to have a light*
ambiance (f)	*atmosphere*
habitué(e)	*regular (customer)*
faire la connaissance (de qn)	*to meet/make the acquaintance of (sbdy)*
faire des progrès	*to make progress/improve*
en tout cas	*in any case*
métier (m)	*job, occupation*
service (m) des exportations	*export department*[1]
SOLPEX/SONA	*(two fictitious names of companies used in this and subsequent dialogues)*

établissements (m.pl.)	
entreprise (f)	company/firm[2]
société (f)	
expert-comptable (m)	chartered accountant
ouvrier (ère)	worker
pièces (f)	parts
siège social (m)	headquarters/head office (of company)
succursale (f)	branch establishment
filiale (f)	subsidiary company
UE (Union Européenne)	EU
agricole	agricultural
littoral (m)	coast
campagne (f)	countryside
lande (f)	moor
en province	in the provinces
offrir un verre (à qn)	to offer (sbdy) a drink
Manche (f)	Channel

[1] see p. 214
[2] note also: firme (f); maison (f)

Qu'avez-vous compris?

1 Répondez en anglais.

a According to M. Dubois, how does Mr Sanderson's French compare with M. Dubois' English, and what reason does Mr Sanderson give for this?

b What is Mr Sanderson's job?

c From which part of England does Mr Sanderson come, and what three things does he say about the area?

d What does Monsieur Dubois say about whisky?

2 Remplissez les blancs.

a Le . . . . . . au bar . . . . . . Dubois.

b Monsieur Dubois est . . . . . . chez . . . .

c L'entreprise . . . . . . des . . . . . pour l'industrie . . . .

d Le Devon et la . . . . . . sont . . . . . . et agricoles mais il y a aussi . . . . . . industries dans le . . . .

e Les deux hommes . . . . . . du . . . . . . à boire.

3 Voici les réponses. Quelles sont les questions?

a Parce qu'il vient souvent en France et fait chaque fois des progrès.
b A peu près 250 000.
c C'est une lande qui est un parc national.
d Moi? De la bière d'habitude.

4 Trouvez dans le texte un mot ou une phrase qui correspond aux expressions suivantes.

a Quel est votre métier?
b Avec plaisir.
c Vous êtes donc souvent en mission?
d Certaines industries se sont établies à proximité des centres urbains.

5 Comment diriez-vous en français?

a Yes please (accepting offer).
b So it seems.
c Pleased to meet you.
d You speak French very well.
e What do you do for a living?
f Perhaps you've heard of it?
g Our company has its head office in Paris.
h Branches throughout France.
i It's one of the most popular holiday areas.
j Let me get you a drink.
k On this side of the Channel.

Dialogue

DUBOIS	Pardon monsieur, vous avez du feu?
SANDERSON	Bien sûr, je vous en prie . . . voilà.
DUBOIS	Merci. Vous voulez une cigarette?
SANDERSON	Oui, *volontiers*. Il y a beaucoup de monde ce soir, n'est-ce pas?

DUBOIS	Quelquefois c'est pire, mais en général l'ambiance est assez sympathique.
SANDERSON	Oui, *ça a l'air.* Vous êtes un habitué?
DUBOIS	J'y viens de temps en temps. A propos je m'appelle Dubois – Marc Dubois.
SANDERSON	John Sanderson – je suis anglais – *enchanté de faire votre connaissance.*
DUBOIS	Enchanté. Mais dites-moi, *vous parlez très bien le français!*
SANDERSON	Pas vraiment, mais comme je viens souvent en France, je fais chaque fois des progrès, et je parle de mieux en mieux.
DUBOIS	Votre français est bien meilleur que mon anglais en tout cas. Vous voyagez beaucoup alors? Vous devez avoir un métier plus intéressant que le mien!
SANDERSON	Je suis chef du service des exportations des établissements SOLPEX qui a sa base en Angleterre. En effet, je voyage beaucoup. Et vous, *qu'est-ce que vous faites dans la vie?*
DUBOIS	Je suis expert-comptable dans une grande entreprise qui emploie plus de 5 000 ouvriers – SONA. *Vous en avez peut-être entendu parler?* Nous fabriquons des pièces pour l'industrie automobile. *Notre société a son siège social à Paris* et *des succursales dans toute la France,* et même plusieurs filiales à l'étranger, dans les pays membres de l'UE. Vous habitez Londres?
SANDERSON	Non, j'habite un coin bien plus joli mais un peu moins connu à l'étranger, le sud-ouest de l'Angleterre, dans le Devon, à côté de Plymouth.
DUBOIS	Le Devon et la Cornouailles, c'est plutôt agricole et touristique, n'est-ce pas?
SANDERSON	Oui, vous avez raison, et *c'est un des coins de vacances les plus populaires* pour la plupart des Britanniques. Cependant quelques industries se sont installées dans les environs des villes principales.
DUBOIS	Il y a combien d'habitants à Plymouth?
SANDERSON	A peu près 250 000. Ce n'est pas très grand. Tout autour la campagne est très belle; il y a la lande de Dartmoor toute proche, qui est un parc national. Il y a aussi tous les plaisirs du littoral. J'estime que j'ai de la chance de vivre en province, car la vie y est plus agréable.
DUBOIS	Je n'en doute pas. *Laissez-moi vous offrir un verre.* Qu'est-ce que vous prenez?
SANDERSON	Un whisky, s'il vous plaît. Est-ce bien vrai qu'il est moins cher en France qu'en Angleterre?
DUBOIS	Je ne sais pas s'il est meilleur marché, mais de toutes vos exportations c'est certainement la plus appréciée *de ce côté-ci de la Manche* . . . Garçon, deux whisky, s'il vous plaît!

SECTION B *Grammar*

1 *How to ask questions in French*
Savoir poser des questions en français

a Simple questions

There are three basic ways of asking questions in French:
(i) simply make the statement and inflect the voice:
   Vous êtes britannique?
   Monsieur Dupont n'est pas là?

(ii) put *est-ce que (qu')* in front of the statement:
> **Est-ce que** *vous allez en France?*
> **Est-ce qu'***ils sont partis?*

(iii) invert (reverse the order of) subject and verb:
> **Avez-vous** *lu la lettre?*

Note: it is not good style to use (i) and (ii) in written French where inversion is more advisable.

When inverting remember to insert the hyphen and a '*t*' to separate vowels:
> *Reste-**t**-elle à la maison?*
> *Quand arrivera-**t**-il?*
> *A-**t**-il fini ses études?*

However, you should not invert with the first person singular (*je* form) unless the verb ends in *-uis*:
> *suis-je? puis-je?* (but *est-ce que je peux?*)

You should also not invert when the subject of the verb is a noun. You can use inflection or *est-ce que (qu')*:
> *Les clients sont arrivés?*
> *Est-ce que les clients sont arrivés?*

Or you can state the noun first, then ask the question by using a pronoun:
> **Les clients***, sont-**ils** arrivés?*

This is the best method of asking questions where nouns are involved. Note also:
> *Quand Monsieur Laroche est-**il** parti?*
> *Pourquoi Jacques et Paul ne veulent-**ils** pas venir nous voir?*
> *Comment votre secrétaire a-t-**elle** su que vous étiez là?*
> *Où son collègue travaille-t-**il** maintenant?*

Note: you cannot say 'sont les clients arrivés?'

b Questions involving 'what'

It is important to distinguish here between the adjective used with a noun and the pronoun (replacing a noun).

Adjective: *quel(s)/quelle(s)?*
> **Quel** *est votre* **hôtel***?*
> *A* **quelle heure** *le client veut-il se lever?*
> **Quels** *vont être les* **résultats** *de l'enquête?*
> **Quelles** *étaient les* **raisons** *de son échec?*

Pronoun: *qu'est-ce qui, que/qu'est-ce que?*

Qu'est-ce qui is used (without inversion) when 'what' is the subject of the verb, i.e. responsible for the action of the verb (the verb agrees with 'what').
> **Qu'est-ce qui** *vous amuse?*
> **Qu'est-ce qui** *est arrivé à votre soeur?*

Que (qu') (with inversion) or *qu'est-ce que (qu')* (without inversion) is used when 'what' is the direct object of the verb, i.e. 'suffering' the action of the verb.

> ***Que*** *pensez-vous de cette chambre?* ***Qu'est-ce que*** *vous pensez de cette chambre?*
>
> ***Qu'****a-t-il fait?* ***Qu'est-ce qu'****il a fait?*

Note also:

What is he like? − *Comment est-il?*

What is he called? − *Comment s'appelle-t-il?*

c Questions involving 'how'

How?

> ***Comment*** *allez-vous?*
>
> ***Comment*** *dit-on 'subsidiary' en français?*
>
> But: *Quel âge avez-vous?*

How much/how many?

> *Vous restez* ***combien*** *de nuits?*
>
> *Elle fait* ***combien*** *la chambre avec douche?*

How often?

> *Vous avez un cours de français* ***tous les combien?*** *(tous les jours!)*
>
> *Vous envoyez un relevé de compte* ***tous les combien?*** *(tous les mois!)*
>
> *Il y a un train* ***tous les combien?*** *(toutes les deux heures!)*

How long?

> ***Depuis*** ⋆   *quand*
>
>   *combien de temps*   *travaille-t-il chez SOLPEX?* −
> How long has he been working for SOLPEX? (implying 'since')

> ***Pendant*** *combien de temps a-t-il travaillé chez SOLPEX?* − How long did he work for SOLPEX?

d Word order with negative questions

> *N'êtes-vous pas satisfait de votre chambre?*
>
> *Pourquoi Monsieur Sanderson n'a-t-il pas téléphoné?*
>
> *Vous ne voulez pas rester jusqu'au 18?*
>
> *L'entreprise, ne s'est-elle pas installée à Paris en 1993?*

⋆ see *Grammar* in Chapter 7

2 Comparison of adjectives and adverbs
Les adjectifs et les adverbes/comparatifs et superlatifs

	Positive	Comparative	Superlative
Regular Adjective (agreement)	*grand(e)(s)*	*moins grand(e)(s)* *que* *aussi* *plus*	*le/la/les plus grand(e)(s)* *de* *le/la/les moins grand(e)s*
Adverb (no agreement)	*vite*	*moins vite* *que* *aussi* *plus*	*le plus vite* *le moins vite*
Irregular Adjective (agreement)	*bon(ne)(s)* *mauvais(e)(s)*	*moins bon(ne)(s)* *que* *aussi bon(ne)(s)* *meilleur(e)(s)* *moins mauvais(e)(s)* *que* *aussi mauvais(e)(s)* { *plus mauvais(e)(s)* { *pire(s)*	*le/la/les moins bon(ne)(s)* *de* *le/la/les meilleur(e)(s)* *le/la/les moins mauvais(e)(s)* *de* { *le/la/les plus mauvais(e)(s)* { *le/la/les pire(s)*
Adverb (no agreement)	*bien* *mal*	*moins bien* *que* *aussi bien* *mieux* *moins mal* *que* *aussi mal* *plus mal*	*le moins bien* *de* *le mieux* *le plus mal* *de*

*Ce pays est **moins grand que** la France* – This country is *not as big as* France.
*Ils parlent **aussi vite que** les Italiens* – They speak *just as quickly as* the Italians.
*C'est le **meilleur** joueur* – He's the *best* player. (adj.) but
*C'est lui qui joue **le mieux*** – He plays *best*. (adv.)

3 Position of adjectives in comparative and superlative forms
La position des adjectifs au comparatif et au superlatif

Before or after the noun as in the positive form, e.g.

*la **bonne** cuisine*   *la **meilleure** cuisine du monde*
*les voitures **chères***   *les voitures **les plus chères** du monde*

4 Nationalities/languages
Nationalités/langues

a Capital initial letter for *country and inhabitant* when preceded by article:
Le **Français** *que j'ai rencontré en Italie*, but
Mon ami est **français**.

b Small initial letter for *language and adjective*:
Dans beaucoup de villes **suisses** *on comprend le* **français** *et l'* **allemand**.

c Definite article with the language in the majority of cases:
Le russe *est plus difficile que l'* **italien**.
Il comprend l' **espagnol** *et* **le portugais**.

But: *Il parle* **français**. The article is only used with *parler* when an adverb is present, e.g.:

Il parle	bien	*le français.*
	très bien	*l'anglais.*
	mal	**le** *russe.*
	très mal	
	couramment	

5 Countries/counties
Pays/comtés

a Most countries are feminine and are usually preceded by the definite article:
La *France est mon pays préféré.*
Il visite souvent l' **Espagne**.
L' *Italie et* **la** *Grèce sont des pays touristiques.*
Note the exception to the rule with 'returning':
Il rentre **de** *France.*
Elle revient **d'** *Angleterre.*
'In' or 'to' are expressed by *en* when the country is feminine:
J'ai passé une année **en** *France.*
Il va chaque année **en** *Allemagne.*

But note: **le** *Portugal,* **le** *Danemark,* **le** *Japon,* **les** *Etats-Unis* and **au (aux)** to express in/to: *ils sont allés* **au** *Portugal*
elle travaille **aux** *Etats-Unis*

b With the exception of Cornwall (*la Cornouailles*), English counties are masculine singular:
Le *Devon est magnifique.*
Le plus grand comté de l'Angleterre c'est **le** *Yorkshire.*
Je passe mes vacances dans **le** *Kent (* **en** *Cornouailles).*
Les spécialités **du** *Somerset (* **de la** *Cornouailles).*

Structural exercises

A Les régions/les points cardinaux

En vous servant des renseignements dans les cases, faites une description des villes ou des régions dans la liste.

> Manchester; la Côte d'Azur; Hambourg; Brighton; Milan;
> le Devon; le Bordelais; Cardiff

ville	agricole	nord	Angleterre
région	industriel(le)		France
station	viticole	ouest ← → est	Italie
port	balnéaire		Allemagne
	touristique	sud	Fédérale
			Pays de Galles

Exemple: Manchester? C'est une *ville industrielle* dans le *nord-ouest* de
l'Angleterre.

Continuez.

B Les pays/superficies comparatives

Ecoutez l'enregistrement et dressez une liste (en commençant par le plus grand) des six pays mentionnés et de leur superficie.

Ordre	Pays	Superficie (km²)
1		
2		
3		
4		
5		
6		

C Les adjectifs et les adverbes à la forme comparative

En vous servant des renseignements dans les cases, Etudiant(e) A compare la campagne à la ville et Etudiant(e) B compare la ville à la campagne.

A   B

A la campagne		En ville	
la vie	■ calme	■ monotone
	■ saine	■ agréable
	■ bon marché	■ mouvementée
les gens	■ sympathiques	■ surmenés
	■ pressés	■ polis
	■ se porter	■ sortir
	■ s'énerver	■ aller au cinéma/théâtre
l'air	■ pur	■ sale
	■ pollué	■ frais

Exemple: A La vie est *plus calme* à la campagne *qu'*en ville.

           B La vie est *moins monotone* en ville *qu'*à la campagne.

Continuez.

D Nationalités/superlatifs

a Trouvez dans la case de gauche l'activité que font d'une manière superlative les habitants du pays qui figure dans la case de droite.

b Pour les habitants de chacun des deux pays qui restent, trouvez une activité qu'ils font d'une manière superlative.

■ parler vite	■ Ecosse
■ parler mal les langues étrangères	■ Japon
	■ France
■ voyager beaucoup	■ Angleterre
■ manger bien	■ Etats-Unis
■ travailler dur	■ Pays de Galles
■ apprécier le whisky	■ Italie
■ parler beaucoup de langues étrangères	■ Suisse
	■ Chine

Exemple: Ce sont les *Italiens* qui *parlent le plus vite*.

Continuez.

E Les adjectifs et les adverbes au comparatif

Terminez la phrase qui figure dans la case de droite pour qu'elle corresponde à celle de la case de gauche comme le premier exemple.

Monsieur Dubois parle moins bien l'anglais que Mr Sanderson le français.	Mr Sanderson parle mieux le français que Monsieur Dubois l'anglais.
a Mr Sanderson vient plus souvent en France que ses collègues.	Les collègues de Mr Sanderson . . . .
b La campagne est belle en Angleterre, mais pas plus qu'en France.	La campagne en France . . . .
c Il n'y a pas beaucoup d'industries dans le sud-ouest de l'Angleterre comparé au nord.	Le nord de l'Angleterre . . . .
d En Angleterre tous les alcools sont beaucoup plus chers qu'en France.	Les alcools en France . . . .

F La durée de travail en Europe

Etudiez l'article ci-contre et remplissez les blancs du résumé. A vous de choisir dans la liste le mot ou l'expression qui convient, mais attention, elle en contient deux de trop!

> Italiens; l'Espagne; le plus; plus élevée; Danois; Union Européenne; le Portugal; européenne; Belges; la Grèce; moins longue; l'Irlande; plus long;

Ce sont les Britanniques qui travaillent [(a)] . . . . . . Même si la semaine de travail au Royaume-Uni est légèrement [(b)] . . . . . pour les femmes que pour les hommes, la moyenne est [(c)] . . . . . que les 40,3 h par semaine travaillées en moyenne par l'ensemble des salariés en [(d)] . . . . . . Les autres pays où la durée de travail hebdomadaire est plus élevée que la moyenne [(e)] . . . . . sont [(f)] . . . . . , ... et [(g)] . . . . . . Au bas de l'échelle ce sont les [(h)] . . . . . qui travaillent le moins d'heures, les [(i)] . . . . . et les [(j)] . . . . . ne travaillant, respectivement, que 0,3 h et 0,6 h de plus par semaine.

> **La durée de travail en Europe**
>
> Selon les statistiques d'Eurostat, en Union européenne, l'ensemble des salariés, hommes et femmes, travaillent en moyenne 40,3 h par semaine (41,1 h pour les hommes, 38,7 h pour les femmes).
>
> C'est le Royaume-Uni qui présente une durée hebdomadaire la plus élevée : 43,4 h pour les hommes, 40,2 h pour les femmes. Ces états ont été faits sur l'année 1992. Trois autres pays dépassent les quarante heures par semaine : l'Irlande (40,2 h), la Grèce (40,5 h), l'Espagne (40,6 h) et le Portugal (41,3 h). Les pays pour lesquels la durée est la moins élevée sont le Danemark (38,8 h), l'Italie (38,5 h), la Belgique (38,2 h).
>
> **Joselyne Studer-Laurens - CTI**

Secretaires et Assistantes, N° 33, May 1995

G Savoir poser des questions

I Changez les phrases suivantes en questions en utilisant *Est-ce que (qu')* … et en inversant le sujet et le verbe.

Exemple: Il veut une chambre avec douche.
Réponse: *Est-ce qu'il veut* une chambre avec douche?
Veut-il une chambre avec douche?

Continuez:

a Le représentant va bientôt en France.
b On ne peut pas réserver par téléphone.
c Votre collègue vient avec nous.
d Elle a déjà écrit à la société.
e J'ai laissé mon portefeuille dans ma chambre.

2 Voici les réponses. Quelles sont les questions? Donnez toutes les formes possibles.

a Il s'appelle Buron.
b Mes fils habitent en Espagne.
c Elle est mariée depuis trois ans.

d Son prénom est Marc.

e Je suis arrivé(e) à 7 heures.

f Le chocolat me fait envie.

g Les heures d'ouverture sont de 9 heures à 19 heures.

h Je vois une très belle maison.

i Si, j'ai réservé!

j Il fait beau.

k Nous envoyons un relevé de compte tous les mois.

l J'apprends l'allemand depuis 10 ans.

m La chambre fait 300F.

Jeu de rôle 1

Vous êtes en mission pour votre compagnie à Paris. Au bar de votre hôtel vous parlez avec un Français qui vous prend pour un fumeur!

M. RAOUL   Pardon, monsieur, vous avez du feu?
■ *(Say you're sorry but you don't smoke.)*

M. RAOUL   Vous avez raison. C'est une très mauvaise habitude! Vous n'êtes pas d'ici?
■ *(Introduce yourself, giving your name and nationality.)*

M. RAOUL   Enchanté de faire votre connaissance. Raoul, Dominique Raoul.
■ *(You're pleased to meet him.)*

M. RAOUL   Vous êtes de passage à Paris? . . . en touriste ou pour affaires?
■ *(You are here on business.)*

M. RAOUL   Vous parlez couramment le français je vois.
■ *(Not fluently, but you come to France often and your French keeps improving.)*

M. RAOUL   Vous voyagez beaucoup dans votre métier?
■ *(Yes. You are in the Export Dept. of a small company based in Taunton in Somerset in the south-west of England. It's a subsidiary of an American company, making parts for the aircraft industry[1]. Your subsidiary supplies[2] EU countries. Ask what he does for a living?)*

M. RAOUL   Je suis expert-conseil en publicité. Je travaille à mon compte.
■ *(Ask if he speaks English.)*

M. RAOUL   Malheureusement non. Je le comprends un peu, mais parler c'est beaucoup plus difficile! Vous êtes originaire de quelle région en Angleterre?
■ *(Give details of the town/area you come from, giving the number of inhabitants and saying whether it is industrial, agricultural, etc.)*

M. RAOUL   Et Taunton? C'est bien comme ville?
■ *(Say Somerset is a beautiful area and Taunton is a fine historic town. You like living there.)*

M. RAOUL   Quant à moi, j'habite Paris et je trouve la vie ici de plus en plus pénible. On se sent vite surmené[3] dans les grandes villes.

    ■ *(You agree. Life in the provinces is much more pleasant. Offer him a drink.)*

M. RAOUL   Oui, volontiers, je prends un cognac – merci bien. Je suppose que vous aimez mieux le whisky, n'est-ce pas?

    ■ *(You're going to have a small beer[4] and say that beer is your national drink[5] in England. It's a lot cheaper than whisky!)*

[1] industrie aéronautique (f)
[2] fournir
[3] surmené *under stress*
[4] un demi
[5] boisson (f)

 # Jeu de rôle 2

Travaillez avec un(e) partenaire. L'un(e) de vous joue le rôle d'un(e) Français(e) et l'autre le rôle d'un(e) Britannique en voyage d'affaires en France.

Imaginez une conversation (en français) qui pourrait avoir lieu suite à une rencontre dans un hôtel. Chacun(e) doit:

- dire d'où il/elle vient
- décrire l'entreprise qui l'emploie
- expliquer ce qu'il/elle fait comme métier
- donner les raisons pour lesquelles il/elle se trouve actuellement dans cet hôtel
- faire des remarques sur ses propres compétences linguistiques et celles de son interlocuteur/interlocutrice
- offrir ou accepter quelque chose à boire

Résumé

En vous servant de l'aide-mémoire, écrivez un résumé du dialogue aux pages 31–2.

- Mr Sanderson au bar
- sa rencontre (avec qui? comment?)
- le Français (un habitué? sa situation?)
- Mr Sanderson (son français? pourquoi?)
- la SONA (importance? internationale? produit?)
- le pays de Mr Sanderson (où? ce qu'il en pense?)
- le whisky (la remarque du Français)

SECTION C *Listening, reading & reacting*

A *Portraits professionnels*

Ecoutez ce que dit George Leroy à propos de son travail.

Ensuite écoutez les enregistrements de deux autres employés et préparez pour chacun(e) un dossier en anglais en vous servant du modèle de George Leroy.

SURNAME: Leroy	**SURNAME:**	**SURNAME:** ....
FIRST NAME(S): George	**FIRST NAME(S):**	**FIRST NAME(S):** ....
AGE: 45	**AGE:**	**AGE:** ....
COMPANY: S.A.M. (Société Auvergnate de Manutention)	**COMPANY:**	**COMPANY:** ....
HEAD OFFICE: Clermont-Ferrand	**HEAD OFFICE:**	**HEAD OFFICE:** ....
BRANCHES/SUBSIDIARIES/DEPOTS: Perpignan; Lyon	**BRANCHES/SUBSIDIARIES/DEPOTS:**	**BRANCHES/SUBSIDIARIES/DEPOTS:** ....
WORKFORCE: 3,500	**WORKFORCE:**	**WORKFORCE:** ....
SECTOR: Mechanical engineering	**SECTOR:**	**SECTOR:** ....
PLACE OF WORK: Clermont-Ferrand	**PLACE OF WORK:**	**PLACE OF WORK:** ....
POST/DEPARTMENT: Director/Reserch Dept.	**POST/DEPARTMENT:**	**POST/DEPARTMENT:** ....
PROFESSION/TRAINING: Engineer	**PROFESSION/TRAINING:**	**PROFESSION/TRAINING:** ....
ENTERED COMPANY: 20/5/92	**ENTERED COMPANY:**	**ENTERED COMPANY:** ....

B *La France championne du monde*

I What do the following figures represent?

a 52 million
b 51.3 billion
c 120 billion

2 To what do the following percentages refer?

a 17%
b 40%

3 What two points are made in the article about the USA?

LA FRANCE CHAMPIONNE DU MONDE

Avec 52 millions de touristes, en 1991, la France a battu les Etats-Unis en nombre de visiteurs étrangers. Et devient ainsi la première destination mondiale. Ce résultat lui a permis de réaliser un excédent touristique de 51,3 milliards de francs, puisque les dépenses des touristes français à l'étranger augmentent beaucoup moins vite que celles des étrangers en France: les Français partent moins à l'étranger (17%) que les Allemands, les Belges (60%) et les Britanniques (40%).

Avec 120 milliards de francs de recettes, la France est encore loin du champion américain (215 milliards) mais devance l'Italie (108) et l'Espagne (100). Ce sont les Allemands (11 millions de séjours), suivis des Britanniques (8 millions) et des Italiens (6,5), qui demeurent nos meilleurs clients.

Ceux qui viennent chez nous
En millions de séjours pour l'année 1991

Nos concurrents
Recettes 1991 au titre du tourisme international (en milliards de francs)

Chiffres communiqués par le Ministère du Tourisme

Le Point, No 1119, 26/2/94

SECTION D *Faisons le point sur . . .*

La population française

En 1996, la France comptait environ 58,5 millions d'habitants. Ajoutons à ce chiffre les deux millions de Français des DOM-TOM et le million et demi de nos compatriotes qui vivent un peu partout dans le monde. Au total, près de 62 millions de personnes portent la nationalité française.

Sur le territoire national, il y a une baisse du taux de natalité depuis 1973. Le rythme de croissance fléchit. Ceci dit, il faut relativiser car la situation concernant le renouvellement de la population n'est pas aussi grave que dans les pays voisins. Le taux de mortalité est l'un des plus bas du monde.

La population occupe le vingtième rang mondial, loin derrière la Chine, l'Inde et les Etats-Unis.

A combien s'élève le nombre total d'étrangers en France?

Les polémiques se multiplient à ce sujet.
Cependant, selon le dernier recensement, le
chiffre ne dépasse pas les quatre millions de
personnes – soit moins de 7%. La population
totale étrangère est très inégalement répartie sur le
territoire national.

L'INSEE estime que 14 millions de personnes,
soit un quart de la population de l'Hexagone, sont
soit immigrés, soit enfants ou petits enfants
d'immigrés et parmi eux 10 millions sont d'ores et
déjà français.

Les Français des DOM-TOM

Les DOM (les Départements d'Outre-Mer) . . .

    La Guadeloupe   la Guyane   la Martinique
    la Réunion

. . . sont régies par les mêmes lois que dans la
métropole.

Les TOM (les Territoires d'Outre-Mer) . . .

    Wallis   Futuna   la Polynésie française
    la Nouvelle Calédonie

. . . ont une plus grande autonomie que les
départements. L'Assemblée territoriale qui gère
l'autonomie financière est élue par la population.

Les Terres Australes et Antarctiques Françaises
(TAAF) sont sans population résidente
permanente.

Où parle-t-on le français?

    en Belgique   au Luxembourg   en Suisse
    en Suède   au Québec (au Canada)

. . . et dans dix-sept états africains où 45 millions
de personnes ont le français comme langue
officielle et d'enseignement.

La langue française conserve donc un rôle
international mais elle est loin derrière la langue
anglaise. Un quart des délégués des Nations-Unis
s'expriment en français. Le français est une des
quatre langues principales parmi les onze langues
officielles de l'Union européenne.

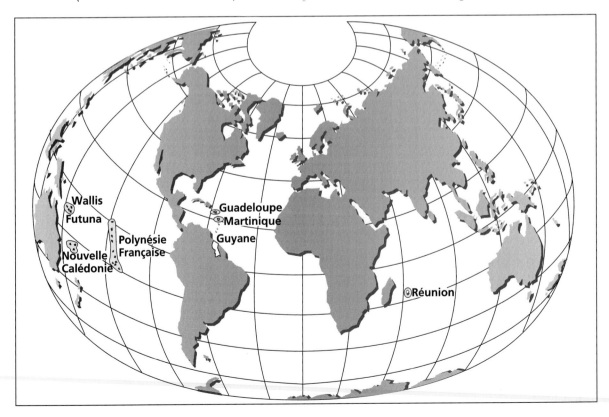

Activité de recherche

Renseignez-vous sur le tourisme en France à l'heure actuelle:

- où se situe-t-il par rapport aux autres grandes industries françaises?
- trouvez des chiffres récents pour les recettes du tourisme en France
- la France, où se classe-t-elle par rapport aux autres pays touristiques (l'Espagne, l'Italie, les Etats-Unis)?
- de quels pays proviennent les touristes?
- où vont-ils (mer, montagne, campagne)?
- quelle formule d'hébergement préfèrent-ils (hôtel, chambre d'hôte, gîte, camping)?

Rédigez votre rapport en français.

3 RENDEZ-VOUS D'AFFAIRES (I)

SECTION A

Mr Sanderson arrive en avance au bureau de Madame Legrand pour son rendez-vous. Il est accueilli par sa secrétaire.

 Ecoutez le dialogue et répondez aux questions de la Section A sans regarder le texte pour commencer.

Vocabulaire

rendez-vous (m)	*appointment*
en avance	*early*
occupé	*busy*
retard (m)	*delay*
décollage (m)	*take-off*
brouillard (m)	*fog*
grève (f)	*strike*
personnel au sol (m)	*airport ground staff*
augmentation (f) de salaire	*pay increase*
hausse (f) des prix	*price rise*
coût (m) de la vie	*cost of living*
élevé	*high* (of prices, rates, etc.)
(s')améliorer	*to improve*

moyen (m)	*method, way*
banlieue (f)	*suburb(s)*
suivre des cours (de)	*to take courses (in)*
sténographie (f)	*shorthand*
dactylographie (f)	*typing*
lycée technique (m)	*technical/further education college*
faire de bonnes affaires	*to find bargains*
occidental	*western*
taux (m)	*rate*
baisser	*to fall/drop*
prévenir	*to warn/let know*
se déranger	*to disturb/trouble oneself*

Qu'avez-vous compris?

1 Répondez en anglais.

a At what time is Mr Sanderson's appointment with Madame Legrand?
b What problems were there at London Airport and how was his flight affected?
c Where exactly did the secretary stay when she was in England?
d How did she go about improving her English?

 ## 2 Répondez en français.

a De quoi Mr Sanderson s'excuse-t-il en arrivant?
b Pourquoi la secrétaire était-elle à Londres?
c Qu'achetait-elle à Londres? Pourquoi?
d Maintenant qu'il est onze heures moins cinq, que va faire la secrétaire?

3 Voici les réponses. Quelles sont les questions?

a Parce qu'elle est occupée jusqu'à 11h00.
b Afin d'obtenir une augmentation de salaire pour compenser la hausse des prix.
c Elle lui propose une tasse de café.

4 Comment diriez-vous en français?

a Allow me to introduce myself.
b I have an appointment at 11h00.

c Did you have a good trip?

d The cost of living wasn't as high.

e A few years ago.

f The best way (method).

g I attended lectures.

h In those days you could find bargains.

i The rate of inflation is falling.

j The economic situation is improving.

k I'll let Madame Legrand know you're here.

5 Cherchez dans le texte le mot ou la phrase qui correspond aux suivants.

a si vous voulez bien vous asseoir

b au départ

c un relèvement

d je me souviens

e rien ne coûtait cher

f les prix augmentent moins rapidement

Dialogue

SECRETAIRE   Bonjour monsieur.

SANDERSON   Bonjour mademoiselle. *Permettez-moi de me présenter.* Je suis John Sanderson des Etablissements SOLPEX de Londres, et *j'ai rendez-vous* avec Madame Legrand *à 11h00.* Excusez-moi d'arriver un peu en avance mais . . .

SECRETAIRE   Ça ne fait rien, Monsieur Sanderson. Malheureusement Madame Legrand est occupée jusqu'à 10h45 donc elle ne peut pas vous recevoir tout de suite, mais si vous voulez bien attendre un quart d'heure . . .

SANDERSON   Bien sûr, pas de problème.

SECRETAIRE   Asseyez-vous, je vous en prie. En attendant voulez-vous prendre une tasse de café?

SANDERSON   Oui, volontiers. Vous permettez que je fume?

SECRETAIRE   Je vous en prie. *Vous avez fait bon voyage,* Monsieur Sanderson?

SANDERSON   Oui, je vous remercie, très bon, à part un peu de retard au décollage.

SECRETAIRE   Pourquoi? A cause du brouillard?

SANDERSON   Non, à cause d'une grève du personnel au sol.

SECRETAIRE	Et pour quelle raison les employés étaient-ils en grève?
SANDERSON	Oh, vous savez, comme d'habitude – afin d'obtenir une augmentation de salaire pour compenser la hausse des prix.
SECRETAIRE	C'est pareil chez nous. Mais je croyais que *le coût de la vie était moins élevé* en Angleterre qu'en France. Je me rappelle que quand j'étais à Londres tout était bon marché chez vous comparé à la France.
SANDERSON	Vous connaissez mon pays alors?
SECRETAIRE	Oui, *il y a quelques années* quand j'étais étudiante je voulais améliorer mon anglais, et *le meilleur moyen* était, bien entendu, de faire un séjour linguistique dans le pays. Je logeais dans une famille dans la banlieue de Londres et *je suivais des cours* de sténographie, de dactylographie, et d'anglais bien sûr, dans un lycée technique. *A cette époque on pouvait faire de bonnes affaires* . . . je me rappelle, j'achetais des pullovers. Ils étaient tellement meilleur marché!
SANDERSON	Si vous voyiez les prix maintenant! Ils ont énormément augmenté depuis cette époque-là.
SECRETAIRE	Et pourtant on nous affirme que dans les pays occidentaux *le taux d'inflation baisse* et que *la situation économique s'améliore* . . . Ah, mais je vois qu'il est *10h55, je vais prévenir Madame Legrand de votre arrivée.* Ne vous dérangez pas, vous avez le temps de finir votre café!

SECTION B   *Grammar*

1   *Welcoming people and putting them at ease*
Comment accueillir les gens et les mettre à l'aise

a   *prier (de)*

je vous prie de + infinitive – please (do)
   e.g. *je vous prie de m'excuser* – please excuse me
Note also: *je vous en prie* –   don't mention it
                     please do

b   *vouloir bien* + infinitive

si vous voulez bien . . . – if you would care to . . .
   e.g. *si vous voulez bien attendre quelques minutes* – if you would care to wait a few minutes

c   *permettre (de)*

permettez-moi de + *infinitive* – allow me to

e.g. *permettez-moi de vous offrir quelque chose* – allow me to offer you something (to drink)

Note also: *vous permettez . . ?* – may I?

vous permettez que je (+ subjunctive★) . . . ? – do you mind if I . . ?

★ see Chapter 11

d (s')excuser (de)

Excuser is often used reflexively and you will frequently hear *je m'excuse* (I'm sorry) or *je m'excuse de . . .* (I apologise for . . .). Strictly speaking, however, you cannot 'excuse yourself' – it is up to the other person to excuse you! It is therefore better to say:

excusez-moi (de) . . . – forgive me (for) . . .

e (se) déranger

ne vous dérangez pas! – don't disturb/trouble yourself

2 The imperfect tense L'imparfait

Formation

Imperfect stem + imperfect ending.

je	*–ais*
tu	*–ais*
il	*–ait*
nous	*–ions*
vous	*–iez*
ils	*–aient*

With the exception of *être*★ the imperfect stem of all verbs is formed from the 1st person plural present indicative which drops the *–ons* ending, e.g.:

avoir:	**av**ons	*av–*
faire:	**fais**ons	*fais–*
loger:	**loge**ons	*loge–*
★*être:*	sommes	*ét–*

j'avais	*nous avions*	*j'étais*	*nous étions*
tu avais	*vous aviez*	*tu étais*	*vous étiez*
il avait	*ils avaient*	*il était*	*ils étaient*

Use

a The imperfect always translates 'was (were) doing' and 'used to do'/'would do':

J'achetais des pullovers – I (used to/would) buy pullovers.
*Il **attendait** le train* – He was waiting for the train.
*Quand j'**étais** jeune, j'**allais** souvent en France* – When I was young I often went (i.e. used to/would go) to France.

b Habitual/repeated actions in the past:

e.g. *Il **avait** l'habitude de venir me voir tous les lundis* – He was in the habit of coming (he would/he used to come) to see me every Monday.
*Ils le **répétaient** sans cesse* – They kept on saying it.

c Description in the past (when time of starting is not indicated):
*Il y **avait** des embouteillages aux heures de pointe* – There were traffic jams during the rush hour.
*Ils **dormaient** à poings fermés* – They were fast asleep.

d Imperfect in 'if' clauses:
*Si seulement il **avait** de l'argent!* – If only he had money!
   Imperfect   Conditional
*S'il **avait** de l'argent il **pourrait** venir nous voir.*

e Imperfect in reported/indirect speech:

As in English, the imperfect is used when reporting a statement or question which was in the present tense in direct speech, e.g.:

| **Direct** | → **Indirect/Reported** |
| **Speech (Present)** | **Speech (Imperfect)** |

*"Je **suis** malade."* → *Il a dit qu'il **était** malade.*
*"**Parlez**-vous français?"* → *Il m'a demandé si je **parlais** français.*

Structural exercises

A Pour mettre les gens à l'aise

I Pour mettre les gens à l'aise que diriez-vous? Trouvez l'expression qui convient dans la case, mais attention, elle en contient deux de trop!

> Ça ne fait rien.
> Vous permettez . . ?
> Ne vous dérangez pas.
> Je vous en prie.
> De rien.

a Il fait chaud, n'est-ce pas! Vous permettez que j'ouvre la fenêtre?
b Excusez-moi, je suis en retard!

c On a du café, mais si vous préférez le thé je peux aller vous en chercher à la machine au rez-de-chaussée.

2 Trouvez ce qu'a dit la personne Ⓐ pour provoquer la réponse de la personne Ⓑ.

a Ⓐ . . . . . . ?
  Ⓑ Volontiers, un jus d'orange s'il vous plaît!

b Ⓐ . . . . . . ?
  Ⓑ Je vous en prie; il y a un cendrier là-bas sur la table.

c Ⓐ . . . . . . ?
  Ⓑ Ça ne fait rien. Madame Legrand peut vous recevoir tout de suite.

3 Comment diriez-vous en français?

a How would you ask someone if he/she would care to ring back (rappeler) at 4 o'clock?

b How would you apologise for disturbing (déranger) somebody?

c How would you tell someone to please take a seat (s'asseoir)?

d How would you ask permission to call round (passer) later?

B L'imparfait

Mettez les verbes entre parenthèses à l'imparfait.

a A cette époque-là on . . . . . . (voir) beaucoup de touristes étrangers qui . . . . . . (venir) en Angleterre faire des courses.

b Beaucoup de jeunes Français . . . . . . (suivre) des cours d'anglais quand ils . . . . . . (être) en Angleterre parce qu'ils . . . . . . (vouloir) améliorer leurs connaissances de la langue.

c Je me rappelle les gens nous . . . . . . (demander) quelquefois si on . . . . . . (être) anglais.

d Dans les années 80 on . . . . . . (pouvoir) faire de bonnes affaires.

e Il ne . . . . . . (faire) jamais de brouillard mais il . . . . . . (pleuvoir) souvent.

f Jusqu'au vingtième siècle les Français ne . . . . . . (connaître) pas bien l'Angleterre.

g Avant la mise en service du Shuttle je . . . . . . (mettre) une heure et demie pour traverser la Manche.

h Il y . . . . . . (avoir) de temps en temps des grèves à l'aéroport.

i Nous . . . . . . (se promener) souvent dans les parcs le soir.

j Quel âge . . . . . . (avoir)-vous quand vous . . . . . . (vivre) à Londres?

C L'imparfait (description au passé)

La matinée de Monsieur Mercier

Monsieur Mercier est directeur d'une entreprise commerciale à Lyon.

Que *faisait-il* hier matin aux heures indiquées?

Exemple: Entre neuf heures et neuf heures dix *il consultait* son agenda.

Continuez:

	09h00–09h10	consulter agenda
a	09h10–09h30	lire courrier
b	09h35–10h30	s'occuper d'affaires urgentes
c	10h30–10h45	prendre pause-café
d	10h45–11h25	s'entretenir avec ses chefs de service
e	11h25–12h00	recevoir client
f	12h00–14h00	déjeuner au restaurant avec client

 # D *L'imparfait (habitude et action répétée au passé)*

Etudiant(e) A fait une enquête pour une revue de voyages sur les différents moyens de transport utilisés par les hommes d'affaires européens dans les années 80.

Imaginez le dialogue en vous basant sur les renseignements donnés par Etudiant(e) B.

Exemple: A Pour qui *travailliez-vous* à l'époque?

B Je *travaillais* à l'époque pour la Société METALLO à Paris.

Continuez:

	A	B
	. . . . . . ?	à l'époque/travailler/Société METALLO/Paris
a	. . . . . . ?	aller/souvent/Angleterre
b	. . . . . . ?	partir/très tôt/matin/Gare du Nord
c	. . . . . . ?	très bon service tous les jours/Paris-Boulogne par Amiens
d	. . . . . . ?	arriver/Boulogne/10h30
e	. . . . . . ?	traversée/aéroglisseur/durer/40 minutes/Folkestone
f	. . . . . . ?	prendre/train/Charing Cross/12h30
g	. . . . . . ?	manger/arriver/Londres
h	. . . . . . ?	pas beaucoup de temps/premier rendez-vous 14h30

 # E *L'imparfait dans le style indirect*

Vous êtes stagiaire dans une entreprise parisienne. La directrice, Mlle Mondière, est en déplacement et elle vous a demandé de vous occuper de ses messages téléphoniques pendant son absence. Le standard vous passe M. Joussein qui téléphone de Brest.

En vous servant des notes, prises au cours de la communication téléphonique, rédigez en français une note de service à Mlle Mondière pour lui résumer le message.

regretter – obligé de repousser visite du 18 – trop de travail à l'usine en ce moment – venir[1] de recevoir grosse commande – client allemand – ouvriers absents (épidémie de grippe) + grève personnel service des expéditions – pas voir comment ils vont faire pour exécuter commande en temps voulu – évident pas pouvoir s'absenter en ce moment – obligé téléphoner aujour-d'hui – va être très occupé le reste de la semaine – va retéléphoner la semaine prochaine pour fixer autre rendez-vous – désolé

Commencez votre note de service:

Monsieur Joussein de Brest a téléphoné. Il a dit qu'il regrettait de vous informer . . .

☒ *Jeu de rôle 1*

Vous êtes Mike Wilson de Leeds. Vous avez rendez-vous avec Monsieur Laroche à 10h30. Vous arrivez un peu en retard.

SECRETAIRE   Bonjour monsieur.
  ◼ *(Say hello, give your name and say where you are from.)*

SECRETAIRE   Avec qui avez-vous rendez-vous Monsieur Wilson?
  ◼ *(With M. Laroche at 10h30. Apologise for being late – there was a lot of traffic!)*

SECRETAIRE   Ça ne fait rien monsieur. Je vais voir si Monsieur le Directeur peut vous recevoir tout de suite. Attendez un instant, je vous prie!
  ◼ *(That's very kind – thank her.)*

SECRETAIRE   Je regrette mais Monsieur Laroche n'est pas libre avant 11h00. Si vous voulez bien patienter un instant, il pourra vous recevoir à cette heure-là. En attendant, voulez-vous prendre quelque chose? Du café, ou préférez-vous du thé? Les Anglais aiment beaucoup le thé, n'est-ce pas?
  ◼ *(Yes, English people do drink a lot of tea, but nowadays[1] more and more people[2] are drinking coffee in England. However, it's not as good[3] as French coffee, so coffee please! Does she mind if you smoke?)*

SECRETAIRE   Je vous en prie . . . Est-ce qu'il y avait du brouillard à Londres?

[1] see *Grammar*, p. 130

■ *(No, the weather was very good[4], but there were problems at the airport because of a strike of ground staff, so there was some delay at take-off.)*

SECRETAIRE   Oh, il y a beaucoup de grèves ces jours-ci; c'est pareil chez nous. Le métro parisien était en grève l'autre jour et il y avait des embouteillages monstres, surtout aux heures de pointe le matin et le soir. Et la circulation à Londres, est-elle toujours aussi intense? A Paris c'est de pire en pire comme vous venez de le voir!

■ *(It's getting worse in London, too, but fortunately you live in the provinces. Ask if she knows England well?)*

SECRETAIRE   Oui, quand j'étais étudiante, j'allais souvent à Londres. Je me rappelle combien la vie y était meilleur marché que chez nous à l'époque.

■ *(Unfortunately the cost of living is much higher now, particularly in London. Everything is going up, especially house[5] prices.)*

SECRETAIRE   Ah, je vois qu'il est maintenant 11h00. Je crois que Monsieur Laroche doit pouvoir vous recevoir maintenant. Si vous voulez bien me suivre.

[1] de nos jours
[2] de plus en plus de gens
[3] il n'est quand-même pas aussi bon
[4] don't translate 'weather'; use 'faire très beau'
[5] logements (m.pl.)

Jeu de rôle 2

Travaillez avec deux partenaires. Chacun(e) choisit un moyen de transport trans-Manche (tunnel; car ferry; avion) et prépare des arguments pour défendre son choix et mettre en évidence les inconvénients des deux autres moyens de transport. Servez-vous des arguments dans le tableau.

moyen	pour	contre
avion	■ rapidité ■ restauration gratuite ■ achats hors-taxe	■ pas d'embarquement de voitures ■ tarifs élevés ■ aéroports loin du centre-ville ■ manque d'aéroports régionaux ■ vols peu fréquents
ferry	■ embarquement de voitures ■ aspect 'croisière' (achats hors-taxe; restaurants; bars; cabines)	■ durée du trajet ■ loin de Paris et de certaines régions (lesquelles?)

moyen	pour	contre
	■ service fréquent ■ choix de compagnies ■ choix de ports	■ mauvais temps/mal de mer!
tunnel	■ rapidité ■ pratique: centre-ville → centre-ville pour passagers non motorisés (Eurostar); service unique (Londres–Paris–Bruxelles)	■ manque d'aspect 'croisière'
	Le Shuttle pour passagers motorisés: ■ pas de réservation ■ départs fréquents 24/24h et par tous les temps ■ rapidité du trajet (35m) ■ achats hors-taxe au terminal ■ grand centre commercial (en Angleterre et en France)	■ automobilistes ne quittent pas leur véhicule ■ on ne voit rien (même pas la mer!)

Résumé

En vous servant de l'aide-mémoire, écrivez un résumé du dialogue aux pages 50–1.

- le rendez-vous de Mr Sanderson (à quelle heure? avec qui?)
- sa réception par la secrétaire (obligé d'attendre; boisson)
- leur conversation (son voyage; la grève; les prix)
- la secrétaire (son séjour en Angleterre; ses achats; l'inflation; ce qu'elle fait à 10h55)

SECTION C *Listening, reading & reacting*

A *L'Angleterre au plus court*

On vous a demandé de préparer du matériel publicitaire en français pour promouvoir Douvres comme ferryport. En vous servant de l'article sur Calais, traduisez les phrases suivantes en français.

L'Angleterre au plus court . . .

Pour aller en Angleterre passez par Calais.
Port le plus proche de l'Angleterre dont il n'est séparé que par
un bras de mer de 33km de large, Calais est naturellement le 1er port transmanche du Continent (+ de 9 millions de passagers).

Les installations de transit les plus modernes offrent aux voyageurs un ensemble de facilités, dans un cadre agréable et particulièrement soigné: billetteries des compagnies, bureau de change, boutiques, bar, restaurant, self-service, etc.
30 hectares de parking, des voies de circulation et des passerelles à double niveau vous assurent un embarquement facile et rapide.

La plus grande fréquence de traversées.
Calais vous offre jusqu'à 104 traversées par jour.

Cela vous permet de profiter plus vite de l'Angleterre.
Avec la nouvelle génération de car-ferries, 75 minutes d'une agréable mini-croisière suffisent pour franchir la Manche et si vous choisissez les aéroglisseurs, vous serez à Douvres en 30 minutes.
Pour le détail des horaires et des prix, consultez votre agent de voyages ou les compagnies: P & O European Ferries et Sealink pour les car-ferries et Hoverspeed pour les aéroglisseurs.
Alors, bon voyage via Calais!

VIA **Calais**
1er PORT EUROPEEN
POUR LES ECHANGES
AVEC L'ANGLETERRE

a Go to France via Dover!
b Dover is the number 1 Channel port.
c Dover is the nearest port to France.
d Take the hovercraft and you'll be in France in 30 minutes.
e For sailing times and fares, see your travel agent.
f Ultra-modern transit amenities offer travellers a whole range of services.
g Boarding is simple and fast thanks to two-tier loading facilities.

B Paris–Londres

Au cours d'un stage que vous effectuez à Paris, on vous demande d'organiser un séjour de quatre jours au mois de novembre pour quatre personnes (vous-même plus trois collègues de bureau). Vous voyagez tous dans la même voiture. Vos collègues préféreraient prendre le Shuttle si possible mais l'aspect financier est primordial au mois de novembre.

En vous basant sur les renseignements qui figurent dans les deux tableaux aux pages 60 –1, calculez les différents prix aller-retour et les différentes durées du trajet afin de compléter la note de service.

Note de service   Date: . . . . . .

De: . . . . . .

A: Messieurs Mouden, Olivier et Buron

Obj: Trajet Paris–Londres du 5 novembre

Par le Shuttle le prix aller-retour serait de [a]. . . . . .F ce qui comprend les [b]. . . . . . et la [c]. . . . . . . A cela il faut rajouter [d]. . . . . .F pour le péage et l'[e]. . . . . .

Par car-ferry ce devrait normalement être [f]. . . . . cher mais le tarif [g]. . . . . de l'heure d'[h]. . . . .; les prix se situant entre [i]. . . . .F et [j]. . . . .F et à cela on [k]. . . . . . rajouter 200F comme pour le Shuttle.

L'avantage du tunnel c'est qu'il y a un maximum de quatre [l]. . . . . . et la [m]. . . . . ne dure que [n]. . . . . minutes. Par car-ferry il y a des [o]. . . . . toutes les [p]. . . . . minutes et il faut se [q]. . . . . vingt minutes avant le départ. En prenant le tunnel on devrait arriver à Londres [r]. . . . . minutes plus [s]. . . . . que par le ferry.

A vous de décider!

PARIS–LONDRES
(aller-retour)
domicile à domicile[(1)]

		Pleins tarifs	Tarifs vacances
TGV-Eurostar: **4 h 15** **(dont 3 h de train)** **dès juin 1994**		1re classe: **2 000 à 2 400 francs** 2e classe: **environ 1 400 francs** (2)	Calqués sur la concurrence
Avion: 4 h **(dont 70 min.** **de vol)**		Club: **2 797 francs** Economique: **2 377 francs**	Tarif vacances: 1 287 francs "Coup de cœur": 687 francs
Train **classique +** **bateau: 9 h**		1re classe: **1 320 francs** 2e classe: **880 francs**	–
Autocar: **11 h par le ferry,** **8 h par le tunnel** **(dès l'automne)**		**530 francs** **430 francs** (-26 ans)	–
Voiture: **6 h 30 par le** **ferry, 5 h par** **le tunnel**		Rajouter 200 francs (péage + carburant) au prix de la traversée de la Manche (tableau ci-dessous)	

(1) Les temps affichés comprennent également les trajets domicile-gare de départ (ou aéroport) et gare d'arrivée (ou aéroport)-domicile. Estimations fournies par Air France et la SCNF.
(2) Estimations. Les tarifs seront publiés en avril.

LA TRAVERSÉE DE LA MANCHE

Prix d'un aller-retour pour une voiture et ses passagers[1]

	Séjour de plus de 5 jours	Séjour de 5 jours maximum
Shuttle (tunnel): *35 min.* (2)	Nov-déc: **1 900 francs** Sept-oct: **2 200 francs** Mai-août: **2 500 francs** (+ 300 francs les week-ends de juillet et août) (3)	Nov-déc: **1 200 francs** Sept-oct: **1 400 francs** Mai-août: **n'existe pas** (3)
Ferries *P&O: 75 min.* *Sealink: 90 min.* (4)	**1 250 à 2 950 francs** (5)	**700 à 1 620 francs** (5)
Hover Speed (aéroglisseur): *35 min.* (6)	**2 040 à 2 490 francs** (5)	**1 170 à 1 500 francs** (5)

(1) Le Shuttle accepte jusqu'à 16 passagers par véhicule! Nous avons donc choisi pour les ferries le tarif minigroupe : jusqu'à 9 passagers, chauffeur compris pour P&O, jusqu'à 5 passagers, chauffeur compris pour Sealink et Hover Speed.
(2) Pas de réservation. Jusqu'à 4 navettes/heure en pointe.
(3) Le tarif reste identique tout au long de la journée durant la période considérée.
(4) Départ toutes les 45 minutes. Présentation 20 minutes avant le départ.
(5) Le tarif dépend exclusivement de l'heure d'embarquement. Le prix le moins cher est donc accessible tous les jours (sauf en période de pointe).
(6) Départ toutes les 2 heures.

15/1/1994, *LE POINT*, No 1113

 ## C *France Inter*

Ecoutez l'enregistrement tiré du flash d'information de France Inter lors de l'ouverture du Shuttle aux automobilistes le 22 décembre 1994.

1 According to the report ...

a Culminating with this latest 'first', what cross-Channel services have now been introduced by Eurotunnel?

b Assuming both services left punctually at 11 a.m., which of the two shuttles (England to France or France to England) recorded the fastest travelling time and by how much?

c What was the cost of a day return?

d What two Christmas or New Year's gifts might French people wish to buy in London?

2 Ecoutez à nouveau l'enregistrement puis remplissez les blancs dans les phrases suivantes en vous servant des mots dans la liste. Mais attention, il y a trois mots de trop!

cadeaux; Belgique; rapide; auraient; en; pratique; Suisse; bon marché; venaient; confortable; Hollande; profiter; Angleterre; silencieux; déroulé; moindre; de; passée; envie; billets;

a La traversée s'est . . . . . sans le . . . . . problème et les passagers ont trouvé le trajet . . . . . , ... et . . . . . .

b Les passagers . . . . . non seulement . . . . . France mais aussi d' . . . . . , de . . . . . et de . . . . . .

c Etant donné qu'Eurotunnel . . . . . des tarifs . . . . en cette période, les Français qui ont . . . . . d'acheter leurs . . . . . de fin d'année à Londres . . . . . tort de ne pas . . . .

3 Comment diriez-vous en français?

a The shuttle service for car passengers officially got under way this morning.

b In the other direction the first car emerged on the French side at about 11.42.

c How did the crossing go?

d The customers were mainly tourists taking advantage of Eurotunnel's cheap rates.

e It must be said that at 390F for a day return it would be a mistake not to try the shuttle.

LE SHUTTLE interior

D *Les tarifs Air Inter*

Ecoutez la conversation téléphonique entre une employée dans une agence d'Air France et un client éventuel. Est-ce que les déclarations suivantes sont vraies ou fausses?

a Dans les agences Air France on ne vend pas de billets pour les vols Air Inter.

b Le monsieur qui téléphone veut se renseigner sur les prix des billets d'avion pour des vols à départ de Paris vers quatre autres villes françaises.

c Pour bénéficier du tarif 'week-end' il faut passer les nuits du samedi et du dimanche sur place.

d Avec la carte 'Evasions' les vols bleus sont moins chers quelque soit le jour où l'on voyage.

e Pour avoir des réductions sur les vols blancs il faut voyager le week-end.

f Pour les vols en classe 'loisirs' on ne vous sert le petit déjeuner que si le prix de votre billet dépasse 400F.

SECTION D

Faisons le point sur . . .

Le trafic ferroviaire – La SNCF

Issue du regroupement, dans la période d'avant-guerre, de plusieurs réseaux privés (PLM, Orléans, Nord) et de leur nationalisation, la Société Nationale des Chemins de Fer (SNCF) est la première entreprise française de transport (60% voyageurs et 40% marchandises).

Le trafic voyageurs

En 1991, la France occupe le premier rang européen quant au transport ferroviaire de voyageurs.

Le trafic voyageurs, à l'origine de la moitié des recettes de la SNCF, continue certes à se développer très lentement mais régulièrement. Il faut souligner la part très importante prise par deux grandes masses de trafic:

- celui de la banlieue parisienne, qui représente 62% du nombre des voyageurs transportés dans l'Hexagone mais seulement 14% du kilométrage parcouru.

- celui des TGV: 14,9 milliards de voyageurs-kilomètres, soit 31% du trafic total des grandes lignes. Pourtant, la mise en service du TGV Sud-Est n'a pas sensiblement ralenti le développement du trafic aérien entre Paris et les villes méridionales.

En 1992, le TGV, dont le trafic est en constante progression, transporte 13,6% des voyageurs du réseau principal et réalise 35,8% du trafic kilométrique. Le nombre de voyageurs utilisant le réseau principal SNCF a augmenté de 13,8% depuis 1980 et le trafic SNCF en banlieue parisienne a progressé de 25%. Le Métro et le RER, réseaux confondus, ont vu leur nombre de voyageurs croître de 28,8% en douze ans.

En 2015, la France disposera donc de 4 432 km de voies à grande vitesse, mais du fait de la capacité des TGV à rouler aussi sur les voies classiques, ce sont 11 000 km de voies qui seront parcourus par ce type de trains.

La société reçoit chaque année un dédommagement financier très important de la part de l'Etat qui vient compenser les obligations de service public qui lui sont imposées. Les investissements de la SNCF continuent de progresser, notamment du fait de la construction de lignes à grande vitesse. Les effectifs de la société sont en déclin régulier: ils ne s'élevaient plus qu'à environ 200 000 salariés, en 1992.

Le trafic marchandises

Par contre, le trafic marchandises continue de décroître. D'une manière générale, depuis une dizaine d'années, ce trafic s'est régulièrement détérioré, il a chuté d'à peu près un quart. Sa part dans l'ensemble du trafic national est passée de 27,5% en 1980 à 22,2% de nos jours. La diminution de certains gros trafics (hydrocarbures, charbon, produits métallurgiques) et la concurrence acharnée de la route pour l'acheminement des produits légers, les denrées périssables en particulier, en sont les causes principales.

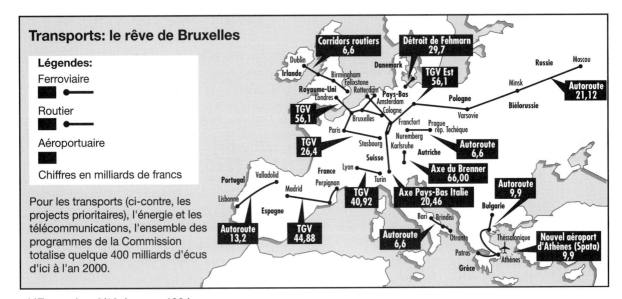

Transports: le rêve de Bruxelles

Légendes:
Ferroviaire

Routier

Aéroportuaire

Chiffres en milliards de francs

Pour les transports (ci-contre, les projects prioritaires), l'énergie et les télécommunications, l'ensemble des programmes de la Commission totalise quelque 400 milliards d'écus d'ici à l'an 2000.

L'Expansion, 6/19 January 1994

Activité de recherche

Vos amis français (un jeune couple parisien) vont visiter Londres et le sud-est de l'Angleterre en juin.

Ils ont l'intention de traverser la Manche le 6 et de rentrer en France le 16.

Renseignez-vous dans une agence de voyage et dressez pour eux un tableau (de préférence sur ordinateur) des différentes possibilités (compagnies car-ferry; aéroglisseurs; le Shuttle) qui leur sont proposées le 6 juin y compris les tarifs pour deux passagers avec leur voiture.

4 RENDEZ-VOUS D'AFFAIRES (2)

(*Reproduced by permission of Punch.*)

SECTION A

Mr Sanderson fait la connaissance de Mme Legrand. Il lui présente ses nouveaux produits et explique pourquoi les prix ont augmenté.

Ecoutez le dialogue et répondez aux questions de la Section A sans regarder le texte pour commencer.

Vocabulaire

faire attendre (qn)	*to keep (sbdy) waiting*
s'occuper de (qn)	*to look after (sbdy)*
parler affaires	*to talk/get down to business*
produit (m)	*product*
échantillon (m)	*sample*
jeter un coup d'oeil	*to have a look*
éventail (m)	*spread; range*
gamme (f)	*range* (haut/bas de gamme *top/bottom of the range*)

lancement (m)	*launch*
marché (m)	*market*
se vendre bien	*to sell well (of products)*
consommateur (m)	*consumer*
légèrement	*slightly*
hausse (f)	*increase*
volonté (f)	*will; volition*
relèvement (m) des salaires★	*pay increase*
frais généraux	*general costs; overheads*
entretien (m)	*maintenance*
charges sociales	*national insurance charges (employer's)*
en dépit de	*in spite of*
défier toute concurrence (f)	*to be unbeatable*
concurrent (m)	*competitor*
avoir une faim de loup	*to be ravenous*
se dépêcher	*to hurry*
convenablement	*properly*
oublier	*to forget*

★ *salaires* translates wages as well as salaries; however, most French workers are paid monthly. Job adverts usually show monthly, not annual salaries

Qu'avez-vous compris?

1   Répondez en anglais.

a How long have the new products been available on the British market?
b What reasons does he give for the price increases?
c What comment does Mme Legrand make on seeing the new price list?
d What does she say about the new products?

2   Vrai ou faux?

a Mme Legrand connaissait déjà Mr Sanderson.
b SOLPEX a ajouté deux nouveaux produits à sa gamme.
c Leurs prix ont augmenté de 3,5%.
d Au Royaume-Uni les nouveaux articles ont connu un grand succès.
e Mme Legrand a trouvé que l'augmentation était plutôt forte.

3 *Répondez en français.*

a Pourquoi Madame Legrand demande-t-elle à Mr Sanderson de l'excuser?

b Qu'est-ce qu'il a apporté à Madame Legrand?

c Que dit-il à propos de la qualité de leurs produits?

d Pourquoi Mr Sanderson a-t-il si faim?

4 *Voici les réponses. Quelles sont les questions?*

a Elle lui a offert un café.

b Ils ont augmenté de 2,5%.

c Elle croit qu'ils plairont à la clientèle française.

d Ils se sont bien vendus sur ce marché-là.

5 *Trouvez dans le texte un mot ou une phrase qui correspond aux suivants.*

a ils font combien?

b comme il faut

c je suis désolé de vous faire savoir

d je suis heureuse de vous rencontrer

e ils ont beaucoup plu

6 *Comment diriez-vous en français?*

a I'm sorry to have kept you waiting.

b Thank you for coming.

c Let's get down to business!

d I've come to show you our latest products.

e If you'd care to take a look.

f One top of the range product, one bottom of the range.

g These articles have sold well.

h This increase is outside our control.

i Despite that our prices are unbeatable.

j Our products are clearly better quality.

k French customers will like those two models.

l That's what we thought.

m I'm ravenous!

n I was in a hurry.

o I didn't have time to have a proper breakfast.

Dialogue

LEGRAND Bonjour Monsieur Sanderson, enchantée de faire votre connaissance.

SANDERSON Enchanté madame.

LEGRAND *Excusez-moi de vous avoir fait attendre.*

SANDERSON Cela ne fait rien. D'ailleurs votre secrétaire s'est bien occupée de moi; elle m'a offert un café qui était très bon.

LEGRAND Alors c'est parfait! *Je vous remercie d'être venu* car votre temps est précieux, j'imagine. Maintenant, *parlons affaires!*

SANDERSON *Je suis venu vous présenter nos nouveaux produits.* Je vous ai apporté quelques échantillons ainsi que nos dernières brochures, *si vous voulez jeter un coup d'oeil.* Ces deux pièces-là qui sont nouvelles complètent l'éventail de nos produits avec *un article haut de gamme et un autre dans le bas de la gamme.* Je peux vous assurer que, depuis leur lancement l'année dernière, *ces articles se sont bien vendus* sur le marché intérieur. Ils ont eu énormément de succès auprès des consommateurs britanniques, ce qui nous a vraiment fait plaisir.

LEGRAND Quels en sont les prix?

SANDERSON J'ai le regret de vous informer que tous nos prix ont légèrement augmenté . . !

LEGRAND Si seulement ils baissaient de temps en temps! Et il va sans dire que *cette hausse dont vous parlez est indépendante de votre volonté,* n'est-ce pas?

SANDERSON Exactement! Elle est due à deux choses: d'abord à un relèvement général des salaires (il y a eu des grèves au début de l'année auxquelles on ne s'attendait pas) et ensuite à une augmentation de nos frais généraux – entretien, gaz, électricité, transport, charges sociales. Tout a augmenté. Voici nos derniers tarifs.

LEGRAND Mais cette hausse des prix me semble assez importante!

SANDERSON Elle est de 2,5%[1] seulement, et *en dépit de cela nos prix défient toute concurrence,* car *la qualité de nos produits est nettement supérieure* à celle de nos concurrents.

LEGRAND Effectivement, je crois que *ces deux modèles-là plairont à la clientèle française* malgré leur prix que je trouve assez élevé.

SANDERSON *C'est ce que nous avons pensé.*

LEGRAND Bon, je vois qu'il est déjà midi[2]. Si vous voulez bien, allons déjeuner ensemble. Nous continuerons notre discussion à table ou après.

SANDERSON Volontiers, car *j'ai une faim de loup!* Je me suis levé de bonne heure ce matin, je me suis dépêché, et, comme *j'étais pressé, je n'ai pas eu le temps de déjeuner convenablement.*

LEGRAND Bon allons-y. Mais n'oubliez pas les brochures que vous m'avez apportées.

[1] 2,5% – a comma represents the decimal point; read: *'deux virgule cinq pour cent'*
[2] Lunch is taken early in France and a two-hour lunch break (12.00–14.00) is still common

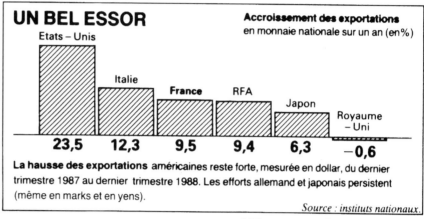

UN BEL ESSOR

Accroissement des exportations en monnaie nationale sur un an (en%)

Etats – Unis	Italie	France	RFA	Japon	Royaume – Uni
23,5	12,3	9,5	9,4	6,3	−0,6

La hausse des exportations américaines reste forte, mesurée en dollar, du dernier trimestre 1987 au dernier trimestre 1988. Les efforts allemand et japonais persistent (même en marks et en yens).

Source : instituts nationaux.

L'Expansion, 16 février–1 mars 1989

SECTION B

Grammar

1 The perfect tense
Le passé composé

Use

The perfect tense (*passé composé*) is used to express a **completed** action, and corresponds to the English forms: has (have) done; did; did do:

Il a apporté des échantillons – He **has brought** some samples.
Il a apporté des échantillons hier – He **brought** some samples yesterday.
S'il a apporté des échantillons, il ne les a pas apportés hier! – If he **did bring** any samples, he **didn't bring** them yesterday!

Formation

Two elements: (i) present tense of an auxiliary verb (*avoir/être*) with (ii) past participle.

a Past participle of regular verbs: formed according to type:

Type	Infinitive	Change	Past Participle
–er	*apporter*	*er–é*	*apporté*
–ir	*finir*	*ir–i*	*fini*
–re	*vendre*	*re–u*	*vendu*

b Past participle of irregular verbs: irregular verbs form their past participle in a variety of ways and must be learned separately, e.g.:

être – été; avoir – eu; faire – fait.

However, some irregular groups tend to have characteristic past participles, and some general guidance can be given, e.g.:

–evoir verbs form their past participle in *–u*:
recevoir – reçu; devoir – dû; apercevoir – aperçu.
–uire verbs form their past participle in *–uit*:
conduire – conduit; produire – produit; cuire – cuit.
–eindre/–aindre verbs form their past participle in *–eint/–aint*:
peindre – peint; atteindre – atteint; craindre – craint.
–oindre verbs form their past participle in *–oint*:
joindre – joint

Auxiliary verbs

a All transitive verbs (i.e. verbs taking a direct object) and a large number of intransitive verbs take *avoir*.
Transitive: *J'ai rencontré mon ami Dupont.*
Intransitive: *Les prix n'ont pas augmenté.*

b All reflexive verbs and intransitive verbs denoting change of place or state take *être*.
Intransitive (change of place): *il est venu ce matin.*
Intransitive (change of state): *ils sont devenus riches.*
Reflexive: *elle s'est levée tôt ce matin.*

Past participle agreement

a *avoir* verbs: no agreement unless the direct object preceeds the auxiliary verb, in which case the past participle agrees in number and gender with that **preceding direct object (PDO)**, e.g.:
*J'ai apporté les **lettres**.* (No agreement)
*Quelles **lettres** (PDO) avez-vous apportées?* (Agreement)
Hence:
*Elle a apporté les lettres **que** j'ai écrites ce matin.*
*J'ai écrit les lettres et je **les** ai signées tout de suite.*
Note also:
*Après **les** avoir lues, j'ai mis les lettres de côté.*

b *être* verbs:
(i) Intransitive verbs:
Past participle agrees in number and gender with the subject, e.g.:
*L'**usine** est devenue très grande.*
*Les **ouvriers** sont partis à 18.00 heures.*
Note also:
*Après être arrivés **ils** ont mangé.* (After having arrived they ate.)
(ii) Reflexive verbs:

Past participles agree with reflexive pronouns unless there is another direct object present, in which case the PDO rule applies (see **a**):

Agreement:

> *Elle **s'**est lavée.*
>
> *Nous **nous** sommes rencontrés l'année dernière.*

No agreement:

> *Elle s'est lavé **les mains**.*
>
> *Ils se sont écrit **plusieurs lettres**.*

Note also:

> *S'est-elle lavé **les cheveux**?*
>
> *Oui, elle se **les** est lavés.* (PDO)

2 Relative pronouns
Les pronoms relatifs

So called because they relate to a noun or phrase (the antecedent) already mentioned in the sentence. The pronouns are:

When the antecedent is a specific noun (person or thing)	When the antecedent is a phrase, i.e. not a specific noun	Function
qui (who, which, that)	*ce qui* (which, what)	subject
que/qu' (whom, which, that)	*ce que/ce qu'* (what, that)	direct object
dont (of whom, of pronoun which, whose)	*ce dont* (that, which)	where the pronoun replaces *de* + noun (*dont*) or a verbal construction with *de* (*ce dont*)
où (where, when)		after a noun of place or time

a *qui/ce qui*

(i) *Le représentant **qui** va souvent en France . . .* – The rep **who** goes to France often . . .

(ii) *Les deux produits **qui** sont sortis l'année dernière . . .* – The two products **which** came out last year have sold well.

Qui is used because the antecedent is a specific noun (*le représentant*, *les deux produits*) and the relative pronoun is the subject of the verb (*va*, *sont sortis*) in the relative clause.

(iii) *Les articles ont eu énormément de succès, **ce qui** nous a vraiment surpris* – The goods were extremely successful **which** really surprised us.

Ce qui is used because the antecedent is a phrase (*les articles ont eu énormément de succès*) rather than a specific noun and the relative pronoun is the subject of the verb (*a surpris*) in the relative clause.

b *que/ce que*

(i) *Le prix **que** j'ai payé, était assez élevé* – The price (**which, that**) I paid, was quite high.
Que is used because the antecedent is a noun (*le prix*) and the relative pronoun is the direct object of *j'ai payé* in the relative clause.
(ii) *Avec le Shuttle, il n'y a pas besoin de réserver, **ce que** je trouve vraiment formidable* – With the shuttle, there is no need to book, **which** I find really marvellous.
Ce que is used because the antecedent is a phrase (*avec le Shuttle, il n'y a pas besoin de réserver*) and the relative pronoun is the direct object of *je trouve* in the relative clause.

c *dont/ce dont*

(i) *La hausse **dont** il parle, est assez élevée* – The increase **of which** he speaks is quite considerable.
Dont is used because the antecedent is a specific noun (*hausse*) and it replaces *de* + noun, i.e. *il parle de la hausse*.
(ii) *Il a noté tout **ce dont** il avait besoin* – He made a note of everything (**that**) he needed.
Ce dont is used because the antecedent (*tout*) is not a specific noun and the verbal construction used involves *de*: *avoir besoin **de** quelque chose*.

d *où*

Relates to
(i) place: *le restaurant **où** on a mangé hier* – the restaurant **where** we ate yesterday
(ii) time: *le jour **où** je l'ai rencontré(e)* – the day (**that**) I met him (her)

e Relative pronouns after prepositions

After prepositions such as *à, près de, à côté de, pour,* etc., as a general rule, if the antecedent is a person you should use *qui*[1]:
> *la secrétaire **à qui** j'ai dicté les lettres*
> *le directeur **pour qui** elle travaille*
> *les deux jeunes **à côté de qui** j'étais assis*

If the antecedent is not a person, you should use *lequel/laquelle/lesquels/lesquelles*:
> *le service **pour lequel** elle travaille* – the department **for which** she works

After *à* or *de*[2] these then become:

auquel	à laquelle
duquel	de laquelle
auxquelles	auxquelles
desquels	desquelles

> *la lettre **à laquelle** il faut répondre tout de suite* – the letter **to which** we must reply straight away
> *il y a eu des grèves **auxquelles** on ne s'attendait[3] pas* – there were strikes **which** we didn't expect
> *on va choisir un hôtel **près duquel** il y a un parking* – we'll choose a hotel **near to which** there is a car park

[1] it is grammatically correct to use *lequel* after prepositions when referring to people but this isn't common practice
[2] here *de* must be part of a prepositional phrase (*près de*, *à côté de*, *à cause de*, etc.) otherwise *dont* is needed (see above)
[3] *s'attendre à* to expect

Structural exercises

A *Le passé composé avec* avoir

Vous parlez avec un(e) collègue français(e) des problèmes de votre société au cours de ces derniers mois.

Exemple:

date	événement
fév.	augmentation de salaire pour les ouvriers

Réponse: *En février* les ouvriers *ont reçu* une augmentation de salaire.

Continuez:

	date	événement
a	mars.	augmentation du prix de l'électricité
b	av.	sortie d'un nouveau modèle par nos concurrents
c	juil.	annonce d'une restriction de crédit par le gouvernement
d	sept.	baisse des ventes
e	nov.	décision de la direction de lancer une nouvelle gamme

B *Le passé composé avec* être

Depuis le lancement de la nouvelle gamme en novembre, les choses sont beaucoup mieux allées pour la société. Avec un(e) collègue vous énumérez les étapes principales de cette amélioration.

Exemple:

date	événement
18/1	les nouvelles machines arrivent

Ⓐ Quand est-ce que les nouvelles machines *sont arrivées?*

Ⓑ *Elles sont arrivées le dix-huit janvier.*

Continuez:

	date	événement
a	16/2	nouveaux clients américains viennent visiter les ateliers
b	17/2	ils se décident à passer une commande importante
c	5/4	notre directeur va ouvrir la nouvelle filiale en Ecosse
d	6/6	la grève des transporteurs se termine
e	13/7	la première commande à destination des Etats-Unis part de l'usine

C *Accord/non accord du participe passé*

Mettez les phrases suivantes au passé composé avec accord ou non accord du participe passé.

a Ils (se laver) les mains, puis ils (partir).

b Il (lire) les documents que son collègue (poser) sur la table.

c Les faillites (se multiplier) cette année.

d Les deux concurrents (se dire) bonjour quand ils (se rencontrer).

e Quelle usine (visiter)-vous?

f Je (visiter) l'usine qui (fermer) à cause de la grève.

g Voici les deux modèles que je (choisir).

h Les directeurs (signer) les lettres que la secrétaire (écrire).

D *Le passé composé/l'imparfait*

Avant de partir en vacances votre collègue vous a laissé un message enregistré indiquant ce qu'il a pu faire et ce qu'il vous reste à faire (vous ou la secrétaire).

Ecoutez le message et cochez la case qui correspond.

task	done	for you to do	for secretary to do
letter to Verdier: dictated			
typed			
signed			
posted			
phone Bourquin			
make appointment with Chabuel			
arrange demonstration of new machine to technicians			
phone Jaillet			
cancel visit to Lille			
inform Managing Director of cancellation			
remind him of dinner with Japanese			
confirm plane seats Paris–Geneva			
find out alternative flight times			
make train reservations Paris–Lyon			
contact Jospin			

E L'imparfait/le passé composé

Remplissez les blancs.

- Trouvez le verbe qui correspond dans la liste.
- Mettez-le à l'imparfait ou au passé composé selon le cas.
- N'oubliez pas les accords qui conviennent.

> estimer; remercier; plaire; montrer (×2); entrer; parler; s'excuser; trouver; élargir; faire attendre; avoir; aller; venir; expliquer;

Quand Mr Sanderson [a]...... dans le bureau de Madame Legrand, celle-ci [b]...... de l'[c]...... Elle l'[d]...... d'[e]......, et il lui [f]...... des échantillons et des brochures. Puis il [g]...... qu'il y [h]...... deux nouveaux articles qui [i]...... l'éventail de leurs produits, un haut de gamme et l'autre bas de gamme. Quand il [j]...... de la hausse de leurs prix, Mme Legrand l'[k]...... importante. Cependant, les deux modèles qu'il lui [l]...... lui [m]...... malgré leur prix, qu'elle [n]...... assez élevé. A midi ils [o]...... déjeuner ensemble.

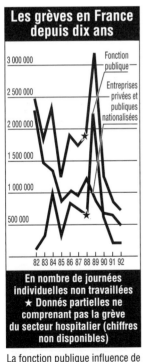

Les grèves en France depuis dix ans

Fonction publique

Entreprises privées et publiques nationalisées

3 000 000
2 500 000
2 000 000
1 500 000
1 000 000
500 000

82 83 84 85 86 87 88 89 90 91 92

En nombre de journées individuelles non travaillées ★ Donnés partielles ne comprenant pas la grève du secteur hospitalier (chiffres non disponibles)

La fonction publique influence de plus en plus le volume des grèves en France. Il y a moins de risque à débrayer quand il n'y a pas de menace sur l'emploi.

L'Expansion, 21 October/ 9 November 1993

F Pronoms relatifs

Trouvez le pronom relatif qui convient.

> qui; ce qui; que; ce que; dont; ce dont; où;

a La secrétaire ...... a reçu Mr Sanderson était très aimable.

b Les deux nouveaux modèles ...... sont sur la brochure ont beaucoup plu aux clients.

c C'est la qualité ...... nous apprécions.

d La livre sterling a baissé, ... a aidé les exportations britanniques.

e Le jour ...... il est parti, tous les vols avaient du retard.

f Le représentant a dit que l'augmentation des prix était inévitable, ... la cliente a trouvé difficile à croire.

g Les grèves ...... il a parlé étaient inattendues.

h Nous ne trouvons jamais ...... nous avons envie.

> lequel; laquelle; lesquel(le)s; à qui; au(x)quel(s); à laquelle/auxquelles; duquel; de laquelle; desquel(le)s;

i Mme Legrand, ... il a présenté ses produits, était une cliente importante.

j Les grèves, ... il a fait allusion, ont entraîné une hausse des prix.

k Il a parlé des produits étrangers, à côté . . . . . . ses articles paraissaient bon marché.

l L'entreprise pour . . . . . . il travaillait a fait faillite.

m Le service . . . . . . elle appartient est situé dans cet immeuble.

Ｑ *Jeu de rôle 1*

Jouez le rôle de Mr Sanderson.

LEGRAND   Bonjour Monsieur Sanderson. Entrez! Colette Legrand, enchantée de faire votre connaissance.

SANDERSON   ■ *(Greet her and say you are pleased to meet her.)*

LEGRAND   Si vous voulez bien vous asseoir. Excusez-moi de vous avoir fait attendre.

SANDERSON   ■ *(That's alright. You were early anyway, and her secretary looked after you very well.)*

LEGRAND   Vous avez fait bon voyage?

SANDERSON   ■ *(Quite good, but there was a strike of ground-staff at Heathrow which delayed your departure.)*

LEGRAND   Hélas, ce genre de problème n'est pas rare quand on voyage beaucoup.

SANDERSON   ■ *(You have come to show her your two new products – of which one is top of the range, the other bottom of the range. You've brought some samples if she would care to have a look.)*

LEGRAND   Volontiers. J'aime beaucoup la présentation de celui-là. Il est vraiment attrayant.

SANDERSON   ■ *(Yes, since their launch last year they have sold well on the home market. They have been extremely successful with British customers, which is very encouraging[1]!)*

LEGRAND   Quels en sont les prix?

SANDERSON   ■ *(Here is your latest price list. Unfortunately, as she can see, all your prices have increased slightly.)*

LEGRAND   Pour quelles raisons vos prix ont-ils augmenté?

SANDERSON   ■ *(Well, the pound[2] is very weak. Overheads have increased and there have been some fairly big[3] wage increases.)*

LEGRAND   Le prix unitaire, TVA comprise, me paraît très élevé; hum . ., il s'agit d'une augmentation fort importante!

SANDERSON   ■ *(Overall[4] it's only 2.5% and, despite that, your prices are still very competitive.)*

LEGRAND	Si leur prix demeure abordable, je crois que ces deux modèles plairont assez aux consommateurs français.
SANDERSON	■ *(That's what you thought, as the quality of your goods is clearly superior to that of your competitors.)*
LEGRAND	Vous m'avez presque convaincue. Mais je vois qu'il est déjà midi et demi . . . Si vous n'y voyez pas d'inconvénient, et si vous n'êtes pas trop pressé, allons déjeuner ensemble.
SANDERSON	■ *(With pleasure as you are feeling ravenous! You got up late this morning and, as you were in a hurry, you didn't have time to have a proper breakfast.)*

[1] encourageant
[2] la livre sterling
[3] assez importantes
[4] globalement

 # *Jeu de rôle 2*

Travaillez avec un(e) partenaire. L'un(e) joue le rôle d'un(e) représentant(e) d'une entreprise exportatrice britannique, l'autre le rôle d'un(e) client(e) français(e).

Vous parlerez:

- du voyage du/de la représentant(e) (voiture – Shuttle)
- d'un nouveau produit récemment sorti par l'entreprise (bas/milieu/haut de gamme – succès)
- des problèmes auxquels sont confrontées les entreprises britanniques à cause de la faiblesse de la livre (hausse des matières premières, des frais et des salaires) mais . . .
- des avantages pour les Français qui, à cause d'un franc fort, bénéficient du taux de change favorable

Le/la représentant(e) termine la conversation en invitant le/la client(e) à déjeuner.

SECTION C *Listening, reading & reacting*

A CIAT

Créée par Monsieur Jean-Louis Falconnier, décédé en avril 1984, la Compagnie Industrielle d'Applications Thermiques voit le jour en 1934.

Un homme, une entreprise: c'est le début d'une exceptionnelle aventure industrielle.

Dès l'origine spécialisée dans l'échange thermique et l'aérolique, CIAT, sous l'impulsion de son fondateur et par l'intermédiaire de son laboratoire de recherche, se diversifie rapidement au profit de la climatisation et de la réfrigération. En un demi-siècle, le bilan est une croissance remarquable sur des créneaux nouveaux.

CIAT est aujourd'hui parmi les leaders européens dans le domaine du Chauffage, de la Ventilation, de la Climatisation et des Economies d'Energie.

Les chiffres sont éloquents:
- Une surface de production couverte de près de 90 000 m² à Culoz dans l'Ain.
- 1400 salariés.
- Un chiffre d'affaires de l'ordre de 900 millions de francs.
- 8 filiales dont 4 à l'étranger (Belgique, Grande-Bretagne, Suisse, République Fédérale d'Allemagne).
- En France, un réseau commercial de 23 agences autonomes et, à l'étranger, une représentation dans plus d'une trentaine de pays.
- 9000 clients.

Parallèlement, la société se donne les moyens de poursuivre sa remarquable expansion:
- Développement du laboratoire de recherche (1 800 m²), déjà considéré en France comme l'un des plus performants.
- Création d'une équipe de recherche en système électronique.
- Ouverture d'une nouvelle usine de 10 000 m² à Belley (près de Culoz) destinée à la production d'échangeurs et de matériel lourd.
- Renforcement des services après-vente et assistance technique. CIAT compte aujourd'hui parmi les 500 premières entreprises françaises et prépare l'avenir comme elle a construit le présent, se donnant les moyens de poursuivre pleinement son essor international.

Depuis 50 ans CIAT repousse les limites de la technologie énergétique

Votre partenaire pour l'avenir

Avenue Jean Falconnier, F-01350 CULOZ
Tel.: 79.42.42.42 – Telex: 980 437 F – Fax: 79.42.42.10

Lisez l'article sur la CIAT et remplissez la fiche.

Full name of company:

Founded:

Founder of company:

Products:

No. of employees:

Turnover:

Ranking amongst French manufacturers of air-treatment equipment:

Size of factory in Culoz:

Subsidiaries:

Sales Network: France:
              Abroad:

Customers:

Current development/expansion programme:

- ●
- ●
- ●
- ●

Vocabulaire

échange thermique (m)	*heat exchange*
(industrie) aérolique (f)	*air-treatment*
pompe à chaleur (f)	*heat pump*
bilan (m)	*result*
créneau (m)	*(market) gap*
essor (m)	*expansion*

B *Produits français à l'étranger*

	FORCES	**FAIBLESSES**
Belgique	Qualité des produits Facilité de communication Innovation	Conditions financières Dynamisme commercial Capacité d'adaptation
RFA	Qualité des produits Innovation	Facilité de communication Promotion-publicité Capacité d'adaptation
Suisse	Qualité des produits Facilité de communication	Dynamisme commercial Promotion-publicité Capacité d'adaptation
Italie	Qualité des produits Innovation Conditions financières	
Royaume-Uni	Qualité des produits Innovation Conditions financières	Promotion-publicité Capacité d'adaptation Délais de réaction
Etats-Unis	Qualité des produits Innovation Promotion-publicité	Facilité de communication Délais de réaction Capacité d'adaptation

FORCES ET FAIBLESSES DES PRODUITS FRANÇAIS À L'ÉTRANGER (classées par ordre décroissant)

source : d'après le COE

Importateurs et acheteurs de produits industriels de grande consommation étaient interrogés sur huit critères (qualité, innovation, facilité de communication, conditions financières, délais de réaction, dynamisme commercial, promotion-publicité, capacité d'adaptation). Fondées ou non, ces opinions subjectives conditionnent dans une large mesure les importations des pays étudiés. La compétitivité des produits français, contrastée selon les secteurs et selon les pays, se situe globalement à un niveau moyen. Leur qualité est reconnue, mais le manque de capacité d'adaptation de nos industriels reste un handicap majeur.

Après avoir étudié l'article sur les produits français à l'étranger remplissez les blancs dans le résumé.

La [a]..... grande faiblesse des [b]..... français à l'étranger reste l'incapacité d'[c]..... signalée par [d]..... les importateurs et [e]..... de produits [f]..... de grande consommation interrogés.

La facilité de communication [g]..... un problème aux [h]..... et aux Américains, mais, chose curieuse, n'est pas citée comme faiblesse par les [i].......

La capacité d'[j]..... et la qualité figurent en tête de liste des [k]..... des produits français, mais seulement deux pays citent les [l]..... ..... parmi les points forts.

C Sofitind: une croissance qui s'emballe

Ecoutez l'interview avec Gilbert Lefebvre, puis répondez en anglais aux questions suivantes.

Gilbert Lefebvre vise le leadership européen, à l'horizon 2000, dans le film plastique hautement protecteur.

a What is the connection between Gilbert Lefebvre and Sofitind?

b What type of product is Valsem and what are its properties/ characteristics?

c Who are Sofitind's main customers?

d What point does Gilbert Lefebvre make about
   (i)   Germany in general?
   (ii) the firm of Mauser in particular?

e (i)   What objective has the company set itself?
   (ii) How is Gilbert Lefebvre planning to achieve this? (mention two things)

f To what do the following figures refer?
   (i) 56,000,000F   (ii) 11,000,000F   (iii) 750

SECTION D *Faisons le point sur . . .*

L'Economie française

'Le Français, naguère réputé casanier et mauvais vendeur, est devenu le quatrième exportateur du monde' (Capital, août 1994). La France se classe au quatrième rang des pays exportateurs après les Etats-Unis, l'Allemagne et le Japon et au troisième rang des importateurs. Le montant des exportations représente environ 20% du Produit Intérieur Brut (PIB).

Parmi les secteurs en plein essor, on trouve:

• **L'industrie chimique:** La France se classe au sixième rang mondial. Des firmes comme Rhône-Poulenc, Ugine-Kuhlman pour la chimie lourde, l'Oréal, Roussel-Uclaf pour la parachimie et Michelin pour les pneumatiques ont propulsé la France parmi les leaders des bio-technologies.

• **La construction automobile:** Peugeot-Citroën (groupe privé); Renault, en voie de privatisation. En 1994, 1,8 million de voitures ont été vendues à l'étranger (ont pris le chemin de l'exportation).

• **L'industrie électrique et électronique:** en plein développement. La France exporte des radars et des centraux téléphoniques mais elle doit importer des appareils radio-TV et des ordinateurs, d'où un solde en diminution. Il faut signaler le succès du micro-ordinateur domestique, le Minitel.

• **L'industrie aéronautique française** (Dassault): La troisième au monde après les Etats-Unis. Les ventes d'Airbus (Aérospatiale), avion européen, améliorent d'une manière spectaculaire la balance commerciale de la France.

- **Le domaine spatial:** La France occupe une position de leader avec la fusée européenne Ariane (ASE). Elle détient un taux de participation élevé: 62,5%. La vente de satellites est un marché lucratif. Les exportations sont trois fois supérieures aux importations.

- **L'industrie ferroviaire:** Un des domaines clés des secteurs de pointe, le TGV (train à grande vitesse) et le Métro ont été vendus dans le monde entier (Alcatel-Alsthom).

- **Le secteur tertiaire:** Parmi les secteurs développés récemment et en pleine expansion. La France est le deuxième exportateur de services dans l'UE.

- **L'EDF (Electricité de France):** Le deuxième producteur mondial d'électricité derrière les Etats-Unis. Elle est chargée du programme nucléaire. L'électricité bon marché 'made in France', produite par ses 21 centrales nucléaires, se vend dans toute l'Europe. Actuellement, le parc électronucléaire français comprend une cinquantaine d'unités. Bien que la France ne produise qu'un taux infime de pétrole, grâce à son nucléaire, son indépendance énergétique est passée de 25% en 1975 à plus de 50% de nos jours.

- **L'armement:** La France se classe au troisième rang mondial.

- **L'industrie des produits de luxe:** Vêtements, créations de grands couturiers, parfums, continue à prospérer.

- **La production agricole:** La France occupe la deuxième place au monde après les Etats-Unis et la première dans l'UE. Elle est la deuxième productrice de vin dans l'UE, après l'Italie, du point de vue de la quantité. Elle s'y classe aussi au premier rang pour les céréales (le pétrole vert). L'industrie agro-alimentaire (BSN) occupe une place grandissante dans l'économie nationale. La balance commerciale, dans ce secteur, est largement excédentaire.

D'autres secteurs ont souffert au cours de ces dernières années, en particulier, les vieilles industries traditionnelles implantées dans le Nord et l'Est de la France:

- **L'industrie textile**, industrie de transformation, a été touchée par la concurrence des pays du Tiers-Monde.

- **La sidérurgie**, industrie de base, continue à péricliter (Usinor et Sacilor).

- **La construction navale** est en déclin. Ce déclin est propre à tous les pays occidentaux concurrencés par des pays comme la Corée. Ce secteur en crise ne fournit que 2% de la production mondiale.

Les principaux clients de la France sont: l'Allemagne, l'Italie et la Grande-Bretagne.

Activité de recherche

Choisissez une société française qui commercialise un produit (à l'exception de l'industrie automobile) ou qui vend un service au Royaume-Uni.

- ■ Dressez une liste des produits/services.
- ■ Trouvez où se trouve son siège social et si elle a des filiales en France et à l'étranger (villes/pays).
- ■ Précisez combien d'employés travaillent pour elle.
- ■ Notez son chiffre d'affaires ainsi que le pourcentage représenté par les exportations.
- ■ Indiquez qui sont ses principaux clients étrangers.
- ■ Rédigez votre rapport en français.

5 AU RESTAURANT

SECTION A

Mr Sanderson et Mme Legrand parlent de voitures et de circulation en se rendant au restaurant où ils prennent un menu typique.

 Ecoutez le dialogue et répondez aux questions de la Section A sans regarder le texte pour commencer.

Vocabulaire

voyage (m) de noces	*honeymoon*
inutile	*useless; no point*
quartier (m)	*district (of town)*
de quartier	*local*
(se) garer	*to park*
parking (m)	*car park*
stationnement (m)	*parking*
gratuit	*free*
pratique	*convenient*
se soucier (de)	*to worry (about)*
parcmètre (m)	*parking metre*

contractuel (m)	*traffic warden*
marque (f)	*make; brand*
ennuis (m.pl.)	*trouble*
conduire	*to drive*
facile	*easy*
courtois	*polite; courteous*
volant (m)	*steering wheel*
se mettre en colère	*to get angry*
chemin (m)	*way*
genre (m)	*style; type*
couvert (m)	*place (at a table)*
convenir	*to suit; be alright for*
ligne (f)	*figure*
faire cuire (qch)	*to cook (sthg)*
farine (f)	*flour*
poêle (f)	*frying pan*
bien cuit	*well done (cooked)*
à point	*medium/medium-rare*
saignant	*rare*
tant pis	*never mind*
renommé	*famous*

Qu'avez-vous compris?

1 Répondez en anglais.

a What does Mme Legrand say about the restaurant to which she invites Mr Sanderson?

b What make of car do (i) Mme Legrand and (ii) Mr Sanderson have?

c What, according to Mme Legrand, annoys Parisian drivers?

d Name one starter, one main course, one vegetable and two desserts on their menu.

2 Voici les réponses. Quelles sont les questions?

a Parce qu'ils vont prendre quelque chose de meilleur à boire.

b Il le préfère 'à point'.

c Ma Renault? Oui, beaucoup. J'en suis très contente!

d Les haricots verts s'il vous plaît.

e Il y a fromage ou fruit ou pâtisserie maison.

3   Comment diriez-vous en français?

a Do you know Paris well?
b We enjoyed our stay there immensely.
c The food is good and not all that expensive.
d Let's go by car.
e It's very handy.
f What make of car do you have?
g Are you (f) pleased with it?
h It hasn't given me any trouble.
i Nothing serious, that is!
j You see a lot in France
k Let's have a look.
l I must think of my figure.
m I think I'll have the steak – medium.
n Something better.
o Never mind!

Dialogue

LEGRAND	Prenons l'ascenseur, cela ira plus vite. *Vous connaissez bien Paris?*
SANDERSON	Un peu, en touriste. J'y suis venu en voyage de noces.
LEGRAND	Alors inutile de vous demander si vous en gardez un bon souvenir!
SANDERSON	En effet, *nous y avons fait un excellent séjour.*
LEGRAND	Je vais vous indiquer un restaurant du quartier où *la cuisine est bonne et pas tellement chère. Allons-y en voiture;* la mienne est garée dans un parking où le stationnement est gratuit. *C'est bien pratique,* car je n'ai à me soucier ni des parcmètres, ni des contractuels.
SANDERSON	*Quelle marque de voiture avez-vous?*
LEGRAND	J'ai une petite Clio[1]. La voici!
SANDERSON	*Vous en êtes contente?*
LEGRAND	Oui, elle me plaît beaucoup. *Je n'ai pas eu d'ennuis avec – du moins, rien de sérieux!*
SANDERSON	J'ai changé la mienne il y a quelques semaines; j'ai une Rover maintenant.
LEGRAND	Oui, je connais. *On en voit beaucoup en France.*
SANDERSON	Conduire dans Paris n'est pas facile; il y a tellement de circulation!

LEGRAND   C'est vrai. En plus le Parisien conduit vite, il n'est pas courtois au volant, et il se met vite en colère si la personne devant lui ne connaît pas son chemin!

Voici le restaurant. Ce n'est pas *la Tour d'Argent*[2], mais ce n'est pas mal dans un genre différent, et le service est rapide – ce qui compte lorsqu'on est pressé.

SANDERSON   Après vous, madame.

GARÇON   Messieurs-dames, deux couverts? Par ici s'il vous plaît . . . Cette table vous convient-elle?

LEGRAND   Merci. Le menu du jour à 120F, tout compris, n'est pas mal d'habitude. *Voyons voir . . .*
– crudités ou pâté maison
– steak ou sole meunière
– haricots verts ou pommes frites
– salade verte
– fromage ou fruit ou pâtisserie maison ou glace
– carafe de vin
Que préférez-vous comme entrée, Mr Sanderson?

SANDERSON   Pour moi le pâté maison.

LEGRAND   Je vais prendre les crudités. *Je dois penser à ma ligne!*

GARÇON   Vous avez choisi messieurs-dames?

LEGRAND   Oui, un pâté maison et une 'crudités'.

GARÇON   Très bien. Et ensuite?

LEGRAND   Je prends la sole meunière et les haricots verts.

SANDERSON   Qu'est-ce que c'est 'meunière'?

GARÇON   C'est une façon de faire cuire le poisson. Ça veut dire roulé dans de la farine et passé à la poêle dans du beurre.

SANDERSON   *Je crois que je vais prendre le steak*, pommes frites.

GARÇON   Comment le préférez-vous, votre steak? Bien cuit? *à point?* saignant?[3]

SANDERSON   A point.

GARÇON   Et comme boisson?

LEGRAND   On ne va pas prendre de carafe[4], mais *quelque chose de meilleur.* Apportez-nous la carte des vins s'il vous plaît.

GARÇON   D'accord, je vous l'apporte tout de suite.

LEGRAND   Oh, et une demi-bouteille d'eau minérale.

GARÇON   Bien, madame.

SANDERSON   Je me rappelle avoir très bien mangé à Paris.

LEGRAND   Oui, il y a beaucoup de bons restaurants à Paris, mais la cuisine lyonnaise[5] est bien meilleure qu'ici. Enfin, *tant pis*, car de toute façon nous n'avons pas le temps aujourd'hui de prendre un menu gastronomique.

SANDERSON   Tout près de chez moi il y a un excellent restaurant qui est renommé pour sa cuisine. J'espère que j'aurai le plaisir de vous y emmener, quand vous viendrez nous rendre visite en Angleterre.

LEGRAND   J'accepte votre invitation avec plaisir et je vous en remercie d'avance.

[1] Renault Clio – see p. 101.
[2] *La Tour d'Argent:* one of the most exclusive and famous Paris restaurants on the bank of the Seine, overlooking Notre-Dame.
[3] By English standards the French undercook their meat. *'A point'*, therefore, should be understood as medium-rare, and those who do not like any hint of redness in their meat would be advised to specify *bien cuit*.
[4] *Carafe de vin:* wine which is included in the price of the meal in small restaurants is usually served in plain glass decanters containing 25 cl of *vin ordinaire* per person.
[5] *La cuisine lyonnaise:* Lyon is generally considered to be the gastronomic capital of France and the city and surrounding areas, in particular le Bugey and la Bresse, are famous for their cuisine (see FRENCH FOR BUSINESS ASSIGNMENTS, Assignment 3).

SECTION B   *Grammar*

1   Personal and reflexive pronouns
Les pronoms personnels et réfléchis

a   Type of pronouns

Direct object
Indirect object

reflexive	reflexive	direct obj	indirect obj	
me				
te	*se*	*le, la, l'*	*lui*	*y en*
nous				
vous	*se*	*les*	*leur*	

b   Word order

(i) In statements, questions and negative commands when more than one pronoun is present, the above order (reading from left to right) is followed. The pronoun(s) come(s) immediately before the infinitive or, if no infinitive is present, before the finite verb:

With infinitive:

*Je veux **les lui** donner* – I want to give them to him/her.

*Je n'ai pas voulu **les lui** donner* – I didn't want to give them to him/her.

*Elle n'a pas à **se** soucier des parcmètres* – She doesn't have to worry about parking meters.

Without infinitive:

***Les lui** donnez-vous?* – Are you giving him them?

*Ne **les lui** donnez pas!* – Don't give them to him!

*Je **les lui** ai donné(e)s* – I gave him them.

Note also: ***Le** voilà!* – There he is!

***Les** voici!* – Here they are!

***En** voilà un!* – There's one!

***En** voici quelques-unes!* – Here are some!

(ii) With positive commands some pronouns and their positions differ slightly,★ and hyphens are placed between the verb and the pronoun(s):

		moi★			e.g.	*donnez-le moi!* – give it me!
verb–	*le*	*toi*★				
	la-	*lui-*	*y-*	*en*		*lève-toi!* – get up!
		nous				*allons-nous-en!* – let's go!
		vous				*permettez-moi de me présenter* – allow me to introduce myself
	les	*leur*				*parlez-leur-en* – talk to them about it

Note: remember to make the reflexive pronoun match the subject:

je → me   il/elle → se   etc.

e.g. *(se rappeler)* ***nous nous** rappelons*

(se spécialiser) ***je me** suis spécialisé(e) dans le marketing*

(se lever) *lève-**toi**!*

2   Use of y and en
Y/en

a *y* replaces the directional preposition plus **any** impersonal object noun:

*Je vais **au restaurant**. (J'**y** vais.)*

*Nous entrons **dans la salle à manger**. (Nous **y** entrons.)*

*Elle pense **à sa ligne**. (Elle **y** pense.)*

b *en* replaces *de, du, de la, de l', des* plus **any** noun:

*Il a **des catalogues**. (Il **en** a.)*

*Il y a **des collègues** avec vous? (Il y **en** a avec vous?)*

*Elle est contente **de son séjour**. (Elle **en** est contente.)*

Note also: ***En** voici un(e)!* – Here's one!

***En** voilà quelques-un(e)s* – There are some!

3 Possessive pronouns (mine, yours, his, etc.) *Les pronoms possessifs*

Masc.	Fem.	Plural
le mien	*la mienne*	*les miens/les miennes*
le tien	*la tienne*	*les tiens/les tiennes*
le sien	*la sienne*	*les siens/les siennes*
le nôtre	*la nôtre*	*les nôtres*
le vôtre	*la vôtre*	*les vôtres*
le leur	*la leur*	*les leurs*

e.g.   *Votre voiture me plaît, mais je préfère **la mienne*** – I like your car but I prefer **mine**.

Combining with prepositions *à* and *de*:

*Votre système de production est différent **du nôtre*** – Your production system is different **from ours**.

*Comparé **au leur** notre système est démodé* – Compared **to theirs** our system is old-fashioned.

4 Disjunctive (emphatic) pronouns *Formes accentuées*

moi	*nous*
toi	*vous*
lui	*eux*
elle	*elles*
(soi)	

The disjunctive pronouns are used:

a For one word answers:

*Qui veut rester? – **Lui!***

Who wants to stay? –**He** (does).

b For emphasis:

***Moi**, je reste, mais **vous**, vous partez!*

I'm staying but **you** are leaving!

c After prepositions:

*Venez manger chez **nous**!* – Come and eat at our place!

*Je travaille avec **eux*** – I work with them.

d For identification:

*Le patron? – C'est **lui**!* – The boss? That's him!

But note:

*Ce **sont eux/elles** qui travaillent ici* – They are the ones who work here.

e With comparisons after *que*:

Nous vendons plus qu'elle – We sell more than she does.

Vous êtes aussi importantes qu'eux – You are just as important as they are.

5 Articles: definite, indefinite and partitive
Articles: définis, indéfinis et partitifs

	masculine singular	feminine singular	before a vowel or a silent 'h'	plural
Definite articles	le menu	la carafe	l'addition	les entrées
Indefinite articles	un menu	une carafe	un œuf une bière	des plats
Partitive articles	du pain	de la sauce	de l'eau	des huîtres

As a general rule most common nouns in French must be preceded by an article. This may be:

a Definite article: (*le, la, l', les*)

In addition to translating 'the', the definite article is often used in French when no article would be present in English.

(i) in general statements:

> *les gâteaux font grossir* – cakes make you fat
>
> *le sucre est mauvais pour les dents* – sugar is bad for (the) teeth

(ii) with likes, dislikes and preferences:

> *j'adore le vin rouge mais je ne déteste pas la bière* – I love red wine but I don't dislike beer

b Indefinite article: (*un(e), des*)

On voit rarement des Rolls Royce – One rarely sees (any) Rolls Royces. Note that although plural articles are frequently omitted in English, this isn't the case in French:

Est-ce que vous vendez des cartes routières? – Do you sell road maps?

c Partitive article (*du, de la, de l', des*)

As their name implies, these precede the noun when a part or an unspecified amount (as distinct from the whole) of the commodity is implied and corresponds to 'some', 'any':

> *Les Français mangent du pain à tous les repas* – The French eat bread with every meal.

*Il y a souvent **du** vin sur la table* – There's often wine on the table.
*Il me faut **de l'**essence et **de l'**huile* – I need (some) petrol and (some) oil.

Note the use of *de* (*d'*) instead of the full article, in the following three circumstances:

(i) After a negative (*pas/plus/jamais/guère*):
*Il reste **du** poisson mais il n'y a plus **de** viande* – There is fish left but there is no more meat.
*J'ai eu **une** Citroën mais je n'ai jamais eu **de** Peugeot* – I've had a Citroën but never a Peugeot.
*On ne voit pas **d'**Anglais dans cette région* – One doesn't see any English people in this area.

(ii) After a word or expression of quantity:
*beaucoup **de** touristes*	*quelque chose **de** meilleur*
*combien **de** couverts?*	*rien **de** sérieux*
*une dizaine **d'**huîtres*	*une quinzaine **de** jours*★

★ *de* is not used with specific numbers (*douze œufs*, *trente litres*) or with *quelques* or *plusieurs* or *certains* (*certains jours*)

(iii) Before a plural adjective which is then followed by a noun:
*Il y a **des** hôtels confortables et **de** très bons restaurants* – There are comfortable hotels and very good restaurants.
*La France a toujours eu **de** grands cuisiniers* – France has always had great chefs.

Structural exercises

A Les pronoms

Remplissez les blancs avec les pronoms qui conviennent.
1   Personal pronouns + *y* and *en*

Exemple: Je garde ma voiture deux ans, puis je . . . . . . vends.
Réponse: Je garde ma voiture deux ans, puis je *la* vends.

Continuez:

a Le steak? Je . . . . . . préfère bien cuit.
b Allez-. . . . . . si vous voulez, mais moi, je reste à la maison.
c Il y avait de très bons desserts au menu mais j'ai décidé de ne pas . . . . . . prendre.
d Madame Legrand? Vous voulez . . . . . . parler? Je crois qu'elle est absente. Ah non, ... voilà!
e La carte des vins? Je . . . ., apporte tout de suite, Monsieur.
f Ils . . . . . . ont écrit mais on n'a pas eu le temps de . . . . . . répondre.

g J'ai oublié ma calculatrice; pouvez-vous . . . . . .'. . . . . . prêter une.

h J'ai téléphoné à votre secrétaire pour . . . . . . dire que vous êtes arrivé.

2   Disjunctive pronouns

Exemple: C'est Monsieur Sanderson qui a téléphoné, n'est-ce pas? Oui, c'est . . . .

Réponse: Oui, c'est *lui*.

Continuez:

a Madame Legrand veut savoir si vous avez reçu une livraison pour . . . .

b Monsieur et Madame Juppé invitent des clients à manger chez . . . . . . ce soir.

c Notre concurrent sait que nous avons plus de produits que . . . .

d Vous pouvez rester si vous voulez, mais . . . . . . je pars.

3   Possessive pronouns

Exemple: Je suis très content de ma voiture, mais mon frère a eu des problèmes avec (his) . . . .

Réponse: Je suis très content de ma voiture, mais mon frère a eu des problèmes avec *la sienne*.

Continuez:

a Mon steak est très bon et (yours) . . . . , comment est-il?

b Nous sommes fiers de nos produits mais nos concurrents sont aussi fiers des (theirs) . . . .

c Madame Legrand doit penser à sa ligne mais sa fille doit aussi penser à (hers) . . . .

d Comment trouvez-vous votre patron? (Mine) . . . . est très sympathique.

e Comparés aux (ours) . . . . . . leurs frais généraux sont moins élevés.

B Révision des pronoms personnels/ possessifs/disjonctifs

Recopiez les phrases suivantes en remplaçant les noms soulignés par les pronoms qui conviennent. N'oubliez pas de changer l'ordre des mots ainsi que les terminaisons si nécessaire (voir aussi, p. 70).

Exemple: C'est un bon restaurant, mais je trouve <u>le restaurant</u> très cher.
Réponse: C'est un bon restaurant, mais je *le* trouve très cher.

Continuez:

a J'adore les escargots mais je ne vais pas prendre <u>d'escargots</u> aujourd'hui.

b Il faut expliquer <u>à nos clients</u> que nous avons sorti deux <u>nouveaux modèles</u>.

c Répondez immédiatement <u>à la lettre</u> pour expliquer <u>à cette cliente</u> que nous allons augmenter <u>les prix</u> au printemps.

d Avez-vous vu <u>la directrice</u>? Non, je crois qu'elle est sortie avec <u>les clients</u>.

e Ne pensez plus <u>à votre ligne</u>! Prenez <u>la pâtisserie maison</u>.

f Les voitures sont très chères n'est-ce pas! <u>Ma voiture</u> m'a coûté une fortune. Combien avez-vous payé <u>votre voiture</u>?

g Je n'ai pas pu envoyer le fax <u>à nos collègues</u> aujourd'hui. Dites <u>à Monsieur Sanderson</u> que je vais envoyer <u>le fax</u> <u>à nos collègues</u> demain.

C Verbes réfléchis

I Remplissez les blancs en vous servant d'un des verbes réfléchis dans la liste. Attention, il y en a un de trop! Faites attention aux temps.

Exemple: La plupart des cuisiniers . . . . . . autrefois dans la cuisine traditionnelle.

Réponse: La plupart des cuisiniers *se spécialisaient* autrefois dans la cuisine traditionnelle.

Continuez:

> s'occuper de;   se tourner vers;   se vendre;   s'améliorer;   se spécialiser;
> se retrouver;   s'asseoir;   se prononcer;   s'implanter;   se déranger;

a Notre entreprise . . . . . . dans le sud-ouest de l'Angleterre en 1993.

b Je ne veux pas . . . . . . trop tôt, mais j'ai l'impression que la qualité des vins . . . . . . depuis l'année dernière.

c Aux Etats-Unis? Pendant longtemps nos produits . . . . . . bien.

d Ne . . . . . . pas Madame, je vais . . . . . . tout de suite.

e Si vos ventes intérieures baissent, pourquoi ne . . . . . . les exportations.

f Cette table? Très bien! Monsieur Sanderson, ... ici, à côté de moi!

2 Faites des phrases en vous servant de tous les verbes réfléchis dans la liste. Essayez d'utiliser une variété de temps (présent; passé composé; imparfait) et servez-vous de personnes différentes (je; vous; nous; il; etc.).

> se diversifier;   s'engager (à);   s'arrêter;   s'intéresser (à);   se retrouver;
> se charger (de);   se présenter;   s'amuser;

D Les articles (définis, indéfinis, partitifs)

Remplissez les blancs avec l'article qui convient (le, la, l', les, un(e), du, de la, de l', des, de).

a . . . . . . Français n'aiment pas beaucoup . . . . . . cuisine anglaise mais je vous assure que l'on trouve . . . . . . excellents restaurants en Angleterre.

b . . . . . . plus grand problème avec . . . . . . grosses voitures, c'est qu'elles consomment trop . . . . . . carburant.

c J'adore . . . . . . fruits de mer et je prends souvent . . . . . . crevettes; avec . . . . . . mayonnaise, je les trouve délicieuses.

d Pour rester compétitives . . . . . . entreprises essaient de sortir régulièrement . . . . . . nouveaux produits.

e Notre société a pris . . . . . . mesures d'économie, mais . . . . . . prix ne cessent d'augmenter.

f Garçon, apportez-nous . . . . . . carafe . . . . . . eau et . . . . . . pain s'il vous plaît.

E Ce plat-là, qu'est-ce que c'est exactement?

Pouvez-vous identifier les plats? Cochez la case qui correspond.

entrées	viandes	légumes	desserts
☐ pâté	☐ entrecôte bordelaise	☐ gratin dauphinois	☐ vacherin
☐ terrine	☐ daube	☐ jardinière de légumes	☐ tarte Tatin
☐ bouillabaisse	☐ navarin d'agneau	☐ morilles à la crème	☐ île flottante
☐ crudités	☐ escalope de veau à la viennoise	☐ pommes Anna	☐ profiteroles

Jeu de rôle 1

Au cours de votre voyage d'affaires à Paris une cliente, Madame Jacquet, vous invite à déjeuner (voir menus p. 98).

MME JACQUET Vous connaissez bien Paris?
■ *(Only slightly, as a tourist. You have been once, that was two years ago.)*

MME JACQUET J'espère que vous en gardez un excellent souvenir!
■ *(Indeed. You enjoyed your stay immensely.)*

MME JACQUET Vous allez voir qu'on ne mange pas mal au restaurant où je vais vous emmener. On va y aller en voiture. Ce n'est pas tellement loin, mais à cette heure-là il y a beaucoup de circulation et on n'avance pas vite.
■ *(Ask her if she is pleased with her car.)*

MME JACQUET Oui, j'en suis très contente; elle est pratique en ville et consomme peu. Et vous, quelle marque de voiture avez-vous, une marque anglaise ou étrangère?
■ *(You had an English car but you changed it a few weeks ago. You bought a Peugeot. You are very pleased with it.)*

MME JACQUET   En Angleterre est-ce que les voitures sont aussi chères qu'en France?
■ *(Say you think they are a little more expensive in England than in France. Yours is certainly cheaper in France.)*

MME JACQUET   Regardons les menus. Qu'est-ce qui vous tente?
■ *(Ask what she would advise[1] you to have[2].)*

MME JACQUET   Je crois que je vais prendre le menu à 130F tout compris. Il n'a pas l'air mal.
■ *(You agree and you will have the same.)*

GARÇON   Vous avez choisi messieurs-dames?

MME JACQUET   Comme entrée je prends le jambon de Parme.

GARÇON   Et vous monsieur?
■ *(You'll have the avocado cocktail with mussels.)*

GARÇON   Très bien, et ensuite?

MME JACQUET   Je vais prendre la côte de veau.
■ *(Ask what 'faux filet grillé beurre maître d'hôtel' is.)*

GARÇON   C'est un morceau de bœuf pris dans le filet cuit au beurre et servi avec une persillade, monsieur.
■ *(Fine, you'll have it.)*

GARÇON   Comment préférez-vous votre viande, monsieur?
■ *(Well done; because you have noticed that the French undercook[3] their meat compared to the English.)*

GARÇON   D'accord, et comme boisson?
■ *(Suggest you have something better than the carafe wine[4] and ask him to bring the wine list and half a bottle of Evian water.)*

GARÇON   Très bien. Je vous l'apporte tout de suite.
GARÇON   Vous avez terminé messieurs-dames? Et comme dessert?

MME JACQUET   Pour moi un café, c'est tout.
■ *(That was very good, but no more for you[5] either. You'll have a coffee too.)*

MME JACQUET   Vous m'apporterez l'addition avec le café s'il vous plaît. Nous sommes pressés.
■ *(Say the bill must be brought to you.)*

MME JACQUET   Non, j'insiste. C'est moi qui vous ai invité. C'est à moi de payer.
■ *(In that case you hope you'll have the pleasure of taking her to lunch when she comes to visit your factory in England.)*

MME JACQUET   J'accepte avec plaisir, et je vous en remercie d'avance.

---

[1] conseiller
[2] prendre
[3] faire moins cuire qch
[4] vin en carafe
[5] use 'avoir assez mangé'

MENU A 100 Frs
Salade de Tomates
ou
Salade Composée
★★★
Faux Filet Grillé Beurre Maître
d'Hôtel
★★★
Garniture Maison
★★★
Plateau de Fromages
ou
Glace ou Sorbet ou Crème
Caramel
ou
Fruits
*Tout Changement à ce Menu
apportera
un Supplément*

MENU A 180 Frs
Cocktail d'Avocat aux Moules à la
Catalane
ou
Melon Glacé
ou
Salade CLAN
(croutons, lardons, ail, noix)
☆☆☆☆
Cassolettes d'Escargots au
Roquefort
ou
Maïs Grillé
ou
Salade de Haricots Verts
ou
Filet d'Oie
☆☆☆☆
Escalope de Veau au Poivron
Rouge
ou
Faux Filet Valromey
ou
Longe de Veau et Porc Sauce
Madère
☆☆☆☆
Garniture Maison
☆☆☆☆
Plateau de Fromages
☆☆☆☆
Dessert au Choix
Prix nets

MENU A 130 Frs
Cocktail d'Avocat aux Moules à la
Catalane
ou
Jambon de Parme
◆◆◆◆
Truite Tour d'Argent
ou
Côte de Veau Grillée
ou
Faux Filet Grillé Beurre Maître
d'Hôtel
◆◆◆◆
Garniture Maison
◆◆◆◆
Plateau de Fromages
◆◆◆◆
Dessert au Choix
Prix nets

Jeu de rôle 2

Vous invitez un(e) Française(e) à manger dans un restaurant ou pub que vous connaissez en Angleterre.

Vous parlez:

- des spécialités proposées par l'établissement et vous expliquez à votre invité(e) en quoi consistent les plats sur le menu.
- de la cuisine en Grande-Bretagne en général, des influences étrangères (indienne, chinoise, américaine, etc.) et de la popularité de la restauration rapide.

Vous posez des questions au/à la Français(e) sur l'évolution de la cuisine en France – 'nouvelle' cuisine, cuisine 'minceur', restauration rapide, etc.

Imaginez la conversation avec un(e) partenaire.

Résumé

Complétez les phrases en remplissant les blancs. Vous trouverez les mots qui manquent dans la liste. Mais attention ... il y en a deux de trop.

choisi; mettent; décidé; venu; lui; femme; viande; se; a; des; du; de; plat; en; de l'; y; poisson; connaît; garé; eux; avoir; être;

a Monsieur Sanderson ...... un peu Paris parce qu'il ...... est déjà ...... avec sa ....

b Madame Legrand a ...... sa voiture au parking pour ne pas ...... à ...... soucier des parcmètres et des contractuels.

c Sa Renault ...... plaît: elle ...... est très contente.

d D'après Madame Legrand, les Parisiens sont ...... mauvais conducteurs. Ils se ...... vite en colère si la personne devant ...... ne connaît pas son chemin.

e Au restaurant, ils ont ...... de prendre le menu du jour. Comme ...... principal, Monsieur Sanderson a ...... un steak-pommes frites et Madame Legrand ...... pris du ...... avec ...... haricots verts.

f Il ont commandé ...... eau minérale et ...... vin.

SECTION C — *Listening, reading & reacting*

A *Les vins de Bordeaux*

Les vins de Bordeaux, les rouges en particulier, s'améliorent en vieillissant. Gardez-les dans un endroit sombre et frais. Bien entendu, les bouteilles seront couchées pour que le vin reste au contact du bouchon.

Manipulez avec délicatesse les Bordeaux blancs qui doivent être bus très frais, mais non glacés et les Bordeaux rouges qui seront 'chambrés', c'est à dire amenés lentement à la température d'un appartement modérément chauffé.

La qualité des vins blancs comme des rouges s'épanouira mieux si vous débouchez une heure avant de servir. Cette légère aération favorise le développement du bouquet que vous percevrez mieux si vous remplissez votre verre seulement au tiers.

Une parfaite concordance entre le vin de Bordeaux et n'importe quel mets est toujours possible. Il est de tradition de boire:
Les vins rosés et clairets sur les hors-d'oeuvre, les entrées;
Les vins blancs secs et demi-secs sur les huîtres, les fruits de mer, et les poissons frits;

Les vins blancs liquoreux sur les poissons en sauce, le foie gras, les fruits, les desserts. On peut également les déguster sous forme d'apéritif;
Les vins rouges légers sur les volailles et les viandes blanches;
Les vins rouges corsés sur les viandes rouges, le gibier, les fromages.

L'accord des vins et des mets est cependant une affaire de goût personnel. Donc pas de règles rigides: les vins de Bordeaux vont avec tout.

Extrait de *L'art de servir les vins*, publié par les vignerons de Bordeaux

According to the text:

a White Bordeaux should be served
  (i)   with ice
  (ii) chilled
  (iii) at moderate room temperature

b *'Chambré'* means
  (i)   unheated (bedroom) room temperature
  (ii) average room temperature
  (iii) kept in air-tight conditions

c Wine should be stored horizontally
  (i)   to avoid sediment forming
  (ii) to reduce the amount of light striking the bottle
  (iii) so that the cork does not dry out

d Bottles should be opened
  (i)   one hour before drinking
  (ii) half an hour before drinking
  (iii) at the last moment

e The above rule applies
  (i)   to white wine only
  (ii) to red wine only
  (iii) to both red and white wines.

f Your wine glass should be
  (i)   filled as much as possible
  (ii) half filled
  (iii) a third filled

g This is to
  (i)   avoid spillage
  (ii) to enable you to appreciate its 'nose'
  (iii) to enable you to appreciate its colour

h What type of Bordeaux wine should you drink with '*les crudités*'?

i What type of Bordeaux wine could you offer someone to drink before a meal?

j What type of Bordeaux wine should you choose if you were eating the *'faux filet grillé'* ordered in the rôle-play (see p. 97)?

B Ça roule pour la Clio!

Etudiez l'article sur la Clio et dressez une liste, par ordre d'importance, des 10 voitures françaises les plus vendues en France en juillet 1994.

classement	modèle	constructeur
1		
2		
3		
4		
5		
6		
7		
8		
9		
10		

Ça roule pour la Clio!

En la lançant sur le marché automobile Renault a trouvé le succès. Et, en quatre ans, l'engouement des Français n'a pas faibli, le modèle reste la voiture neuve la plus vendue

Entre janvier et juin 1994, près de 600 Clio ont été vendues chaque jour. Un record qui n'est dépassé par aucune autre voiture.

Selon les statistiques publiées samedi par le Comité des constructeurs français d'automobiles, et qui dressent le classement des voitures les plus vendues, la Renault Clio reste, avec une voiture sur dix, la voiture neuve la plus achetée en France devant les 106 et les 306 de Peugeot.

Pour les 106 (59.811 modèles) et les 306 (55.251) de Peugeot, le succès est également au rendez-vous avec quelque 750 Français qui, quotidiennement, ont acheté l'une ou l'autre de ces voitures. La 306, grâce notamment au développement de sa gamme diesel, talonne, voire dépasse, la 106 au mois de juillet, selon des chiffres encore provisoires.

Après 7 ans d'existence et des retouches régulières, la Renault 19 reste bien placée au hit-parade des voitures les plus vendues. A la quatrième

place avec les ventes, elle devance sa petite soeur la Twingo, née seulement depuis un an et demi.

Chez Citroën cette fois-ci, trois modèles la Xantia, la ZX et l'AX font un tir groupé aux 6, 7 et 8ème positions du classement devant la "vieille" 405 Peugeot, sortie en juillet 1987. Enfin, la toute nouvelle Laguna (Renault), commercialisée depuis 7 mois, entame sa percée. Avec 32.136 exemplaires achetés par les Français à la fin juin, elle est sur le point de passer devant la 405 et ses 32.971 modèles.

Le Progrès, 8/8/94

C *Renault privatisé: la fin d'un symbole*

Etudiez l'article sur Renault et indiquez si les déclarations suivantes sont vraies ou fausses.

a La Société Renault a été nationalisée après la deuxième guerre mondiale parce que son propriétaire avait collaboré avec les Allemands.

b Les premiers pas vers la privatisation de la Régie Renault ont été faits en automne 1994.

c Les trois grandes centrales syndicales ont annoncé leur intention de s'opposer à la privatisation de la Régie.

d Boulogne-Billancourt était synonyme de revendications syndicales.

e De toutes les voitures particulières construites par la Régie, c'est la R5 qui a été la plus vendue.

f Sa fusion avec Volvo a fait de Renault un constructeur à l'échelle mondiale.

Renault privatisé: la fin d'un symbole

L'emblème du capitalisme d'Etat français va donc être privatisé. L'entreprise qui fut pendant longtemps le véritable baromètre social du pays, va rapporter environ seize milliards de francs à l'Etat.

Un demi-siècle après avoir été nationalisée, Renault va donc retourner dans le giron du privé. Placée en 1940 sous contrôle allemand et accusée à la libération de collaboration avec l'ennemi, Renault devient Régie nationale par une ordonnance du 16 janvier 1945. Alors que les autres constructeurs, Citroën, Panhard et Peugeot, sont restés privés.

La vente devrait, selon une bonne source, intervenir dès la rentrée. Une période que la CGT[1] et la CFDT[1] ont d'ores et déjà privilégié pour mobiliser leurs troupes et s'opposer au retour au privé de Renault. C'est d'ailleurs dans la crainte d'une flambée sociale, qu'à l'automne 1994, le gouvernement d'Edouard Balladur[2] avait renoncé à cette privatisation totale. Il avait simplement ramené la part de l'Etat de 79,2% du capital à 51%. Moins hostile que les deux autres syndicats, la CFTC[1] a demandé des assurances sur l'emploi en déplorant aujourd'hui l'absence de concertation.

Renault, c'était les usines mythiques de l'Ile Séguin à Boulogne-Billancourt où, dans le jardin familial, Louis Renault avait construit en 1898 sa première voiturette. Ce site de légende a été abandonné en 1992, forteresse du syndicalisme ouvrier du pays.

Renault c'était aussi la Dauphine, lancée en 1956 et vendue à plus de deux millions d'exemplaires. Un succès éclipsé ensuite par les six millions de la Renault-4, dont le premier modèle sort en 1961. Et surtout, depuis 1972, par les huit millions de Renault-5.

Seule ombre au tableau, Renault avait tenté, en fusionnant avec Volvo, à acquérir la dimension mondiale. Après le refus des actionnaires suèdois, qui détiennent toujours 11,4% du capital de Renault, le constructeur français se retrouve quelque peu esseulé en Europe.

[1] Main 'blue-collar' French unions (see *Petit Guides des Sigles*, pp. 253)
[2] The last prime minister of the Mitterrand administration who stood against Chirac as alternative RPR candidate in the 1995 presidential elections; he was replaced by Alain Juppét as PM when the Chirac administration took over

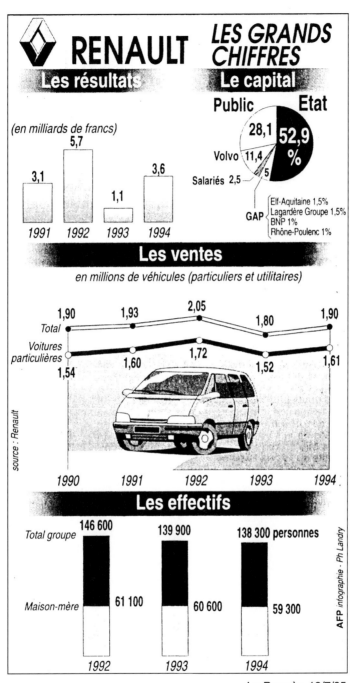

RENAULT — LES GRANDS CHIFFRES

Les résultats

(en milliards de francs)

- 3,1 — 1991
- 5,7 — 1992
- 1,1 — 1993
- 3,6 — 1994

Le capital

- Public 28,1
- Etat 52,9 %
- Volvo 11,4
- Salariés 2,5
- GAP 5
  - Elf-Aquitaine 1,5%
  - Lagardère Groupe 1,5%
  - BNP 1%
  - Rhône-Poulenc 1%

Les ventes

en millions de véhicules (particuliers et utilitaires)

Total :
- 1,90 — 1990
- 1,93 — 1991
- 2,05 — 1992
- 1,80 — 1993
- 1,90 — 1994

Voitures particulières :
- 1,54 — 1990
- 1,60 — 1991
- 1,72 — 1992
- 1,52 — 1993
- 1,61 — 1994

source : Renault

Les effectifs

	Total groupe	Maison-mère
1992	146 600	61 100
1993	139 900	60 600
1994	138 300 personnes	59 300

AFP infographie - Ph Landy

Le Progrès, 19/7/95

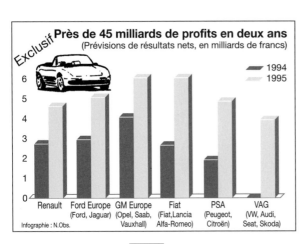

Près de 45 milliards de profits en deux ans
(Prévisions de résultats nets, en milliards de francs)

Exclusif

1994
1995

6
5
4
3
2
1
0

Renault | Ford Europe (Ford, Jaguar) | GM Europe (Opel, Saab, Vauxhall) | Fiat (Fiat,Lancia Alfa-Romeo) | PSA (Peugeot, Citroën) | VAG (VW, Audi, Seat, Skoda)

Infographie : N.Obs.

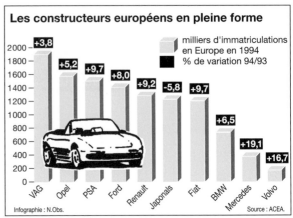

Les constructeurs européens en pleine forme

milliers d'immatriculations en Europe en 1994
% de variation 94/93

2000
1800
1600
1400
1200
1000
800
600
400
200
0

VAG +3,8 | Opel +5,2 | PSA +9,7 | Ford +8,0 | Renault +9,2 | Japonais -5,8 | Fiat +9,7 | BMW +6,5 | Mercedes +19,1 | Volvo +16,7

Infographie : N.Obs.   Source : ACEA

Le Nouvelle Observateur, 2/95

D Voiture électrique: les cobayes au volant

I Ecoutez le reportage enregistré et remplissez les blancs avec un mot ou une expression qui reflète le sens du reportage. Utilisez, dans la mesure du possible, des mots et des expressions qui se trouvent dans l'enregistrement.

a Cinquante Peugeot . . . . . . ou Citroën . . . . . . participent à cette opération.

b Les partenaires du projet sont la ville de la Rochelle, l'. . . . . . et . . . .

c Les véhicules . . . . . . sont testés par des . . . . . . , des . . . . . . et des . . . .

d Le prix de location comprend l'. . . . . . et l'. . . . . . .

e Chantal Vetter, une des . . . . . . cobayes, trouve sa voiture . . . . . . , ... , ... et douce à conduire.

f Pour . . . . . . le plein d'énergie on . . . . . . la voiture sur une prise de courant pendant . . . . . . heures.

g Chantal a calculé que pour . . . . . . rendre à son travail (. . . . . . kilomètres par jour), ça . . . . . . coûtait . . . . . .F.

h On peut faire . . . . . . kilomètres à 50 km/h et 90 kilomètres à . . . . . . km/h.

i En dix minutes les bornes de recharge peuvent . . . . . . suffisamment d'énergie pour . . . . . . vingt kilomètres.

j Le . . . . . . problème avec cette voiture c'est le . . . . La . . . . . . de batteries coûtera environ . . . . . .F par mois et la voiture elle-même coûtera . . . . . .F de plus qu'un véhicule normal.

2 Trouvez dans l'enregistrement l'expression française pour:

a a smart card
b a power point
c no more gears!
d off-peak rates
e in everyday use
f commercial production
g you have been warned!

Les atouts de la voiture du futur

Silencieuse
1 Comme elle n'est pas équipée de moteur à explosion ni de moteur à combustion, elle ne fait aucun bruit.

Propre
2 Pas d'essence, pas de pot d'échappement, donc aucune émission de gaz ou de particules.

Economique
3 L'électricité coûte 5 à 6 fois moins cher que le carburant : 8 F à 14 F pour 100 km (selon le tarif jour ou nuit).

Elle peut faire vingt-cinq fois le tour de la Terre
Cette petite merveille ne se contente pas d'être propre, silencieuse et économique. Son entretien se résume à vérifier l'eau de la batterie tous les 10 000 km. Pas de filtres à huile et à air, ni vidange ni réglage du carburateur. Ecologique jusqu'au bout, les matériaux choisis permettent son total recyclage. Enfin, sa durée de vie est imbattable : elle peut faire 1 million de kilomètres !

Femme Actuelle, 17/4/95

SECTION D *Faisons le point sur . . .*

L'Industrie automobile française

L'industrie automobile française est née à la fin du dix-neuvième siècle grâce aux pionniers de l'automobile tels que Peugeot, Citroën . . .

Cette industrie a connu dans les années cinquante un essor extraordinaire qui s'est poursuivi jusque dans les années soixante-dix où elle a atteint un chiffre record de production.

La France avait modernisé ses moyens de production et adopté des méthodes modernes de fabrication telles que le taylorisme, le fordisme, etc. Elle avait une main-d'œuvre peu exigeante (20% d'étrangers pour la plupart en provenance des pays du Maghreb). Elle avait démontré qu'elle était capable d'innovations telles que la traction avant, la suspension hydraulique . . .

A l'heure actuelle, il ne reste que deux grandes firmes qui se partagent la production:

- la société Renault, nationalisée en 1945, devenue la Régie nationale des usines Renault (1974). Sa filiale Renault Véhicules Industriels, issue de la fusion de Berliet avec Saviem, produit la totalité des poids lourds français. Elle a été privatisée en 1996.

- Le groupe privé Peugeot (PSA, 1979) a été constitué à la suite du rachat de Citroën (1976) et des filiales de Chrysler et Talbot en 1978.

L'industrie automobile à l'étroit dans le tissu urbain où elle avait vu le jour, à Paris et à Sochaux, se disperse vers les banlieues (Flins, Aulnay sous Bois, Poissy) ou vers la province: à Douai, à Rennes, au Mans, à Sandouville . . . Seul un salarié sur deux est encore employé dans la région parisienne. Cette migration sert parfois de solution aux problèmes de reconversion.

La productivité s'est nettement améliorée avec la robotisation. La rationalisation de la production (ateliers flexibles) permet de mieux adapter la fabrication aux fluctuations de l'approvisionnement et de la demande. Il y a eu aussi des réductions d'effectifs et la qualification des salariés est meilleure.

Sur le marché intérieur, la baisse de la TVA qui était passée de 33,3% à 28%, puis récemment à 25%, a stimulé les ventes. La prime à la casse a aussi accru le volume des ventes de voitures neuves.

Peugeot et Renault rivalisent entre elles: l'image créée par la magie du moteur Renault, champion du monde en formule 1, a poussé Peugeot à redorer l'image du groupe en prenant aussi un engagement en formule 1.

De nos jours, la concurrence sur le marché extérieur est acharnée non seulement à l'échelle européenne mais aussi mondiale (le Japon, etc.). La part des concurrents étrangers en France est passée de 20,5% en 1978 à près de 40% au début des années 90.

La France est le quatrième producteur du monde après le Japon, les Etats-Unis et l'Allemagne. Elle se maintient au troisième rang mondial de l'exportation. L'automobile est un secteur clé de l'économie française. Elle exporte près de 50% de sa production. Elle emploie entre 200 000 et 300 000 personnes et en fait vivre trois fois plus dans des activités annexes: accessoires, réparations, assurances, etc.

Activité de recherche

1 Selectionnez un concessionnaire de voitures françaises (Peugeot-Citroën ou Renault) à proximité de chez vous.

- Renseignez-vous sur les modèles qui se vendent le mieux en Grande-Bretagne et comparez avec la France.
- Trouvez si les prix sont comparables entre les deux pays pour les mêmes modèles.
- Quel genre de clientèle achète ces modèles (sexe, âge, catégorie sociale)?
- Existe-t-il des modèles qui ne sont fabriqués que pour un marché (français ou britannique)? Si oui, pour quelle(s) raison(s)?

Rédigez votre rapport en français.

2 Si les voitures ne vous intéressent pas trouvez le nom d'un (grand) producteur de vins d'une région française autre que celle de Bordeaux.

- Précisez la région (servez-vous d'une carte de géographie) et donnez les raisons pour lesquelles la vigne y pousse bien.
- Quelles catégories de vins produit-elle (AOC★, VDQS★) et lesquels sont les plus prestigieux?
- Indiquez quelle est sa production annuelle et le pourcentage exporté.
- Qui sont les principaux clients?

Rédigez votre rapport en français.

★ voir *Petit Guide des Sigles* p.254

6 CONVERSATION TELEPHONIQUE

Les Français s'équipent....   ... pour tout faire sur Minitel

SECTION A

Mr Sanderson téléphone au bureau de Monsieur Olivier pour changer la date de son rendez-vous.

 Ecoutez l'enregistrement de la conversation téléphonique, puis répondez aux questions de la Section A sans regarder le texte pour commencer.

Vocabulaire

poste (m)	*extension*
navré	*sorry*
ennuyeux	*annoying/awkward*
convenir (à qn)	*to suit*
associé (m)	*associate/partner*
déranger	*to disturb*
se rendre compte	*to realise*
agenda (m)	*diary*
concessionnaire (m)	*agent*
annuler	*to cancel*
s'inquiéter	*to worry*

faire la commission (à qn)	to pass the message on
repousser	to postpone
jour férié (m)	holiday
veille (f)	day before
disponible	available
faire le pont	to take an extra day off/make a long weekend of it
contretemps (m)	inconvenience

Qu'avez-vous compris?

1 Répondez en anglais.

a What number did Mr Sanderson dial?
b At what time is M. Olivier expected back?
c Why will it be difficult for Mr Sanderson to ring back at that time?
d What two suggestions does the secretary make to overcome the problem?
e Why does he want to change the date of his meeting with M. Olivier?
f What two alternative dates does he suggest and why are they not possible?
g Where and at what time will they meet?

 ## 2 Répondez en français.

a Quel numéro Mr Sanderson a-t-il composé?
b Pourquoi la standardiste ne pouvait-elle pas lui passer le poste tout de suite?
c A qui Mr Sanderson voulait-il parler?
d Pourquoi ne pouvait-il pas lui parler?
e Pourquoi Mr Sanderson ne pourra-t-il pas rappeler plus tard?
f Pourquoi la secrétaire ne lui a-t-elle pas passé l'associé de M. Olivier?
g Est-ce que Mr Sanderson voulait annuler son rendez-vous avec M. Olivier?
h Pourquoi M. Olivier ne sera-t-il pas disponible le 14?

3 Voici les réponses. Quelles sont les questions?

a Il a demandé le poste 53.
b Parce que la ligne était mauvaise et qu'elle entendait très mal.
c Parce qu'il avait un autre rendez-vous à cette heure-là.
d Non, il voulait simplement le repousser.

4 Comment diriez-vous en français?

a Could I have extension 53 please?

b Hold the line.

c It's engaged. Can you hold?

d You're through. Go ahead (caller).

e Could I speak to M. Olivier please?

f Who shall I say is calling?

g It's a very bad line. I can't hear very well.

h That's awkward

i He'll ring you back at a time that suits you.

j I can put you through to his partner if you like.

k There's no point in disturbing him.

l I had arranged to meet him this Tuesday.

m Don't worry

n I'll pass the message on.

o Could you also convey my apologies for the inconvenience.

p Understood, I'll do it without fail.

q Sorry to have troubled you.

r Not at all. You're welcome, sir.

5 Rédaction d'une note de service.

Vous êtes le/la secrétaire de M. Olivier. Rédigez une note de service en français pour lui expliquer pourquoi Mr Sanderson avait téléphoné. Indiquez:

- l'heure du rendez-vous fixéé au préalable
- les raisons pour lesquelles il faut le changer
- le jour et l'heure du nouveau rendez-vous
- les regrets de Mr Sanderson

Commencez la note: Mr Sanderson de chez. Solpex à Londres a téléphoné . . .

 # Dialogue

SANDERSON	. . . 01 92 87 65 71★ . . .
STANDARDISTE	La Société AMTEC, bonjour!
SANDERSON	Bonjour Madame, *est-ce que je pourrais avoir le poste 53 s'il vous plaît?*
STANDARDISTE	*Ne quittez pas . . . C'est occupé. Pouvez-vous patienter un instant? . . . Ah, voilà, vous êtes en ligne maintenant, parlez!*

SANDERSON	Allô? le poste 53?
SECRETAIRE	Allô oui, j'écoute.
SANDERSON	Ah, bonjour Mademoiselle. *Est-ce que je pourrais parler à Monsieur Olivier*, s'il vous plaît?
SECRETAIRE	*C'est de la part de qui?*
SANDERSON	Monsieur Sanderson des Etablissements SOLPEX de Londres.
SECRETAIRE	Pardon? Qui est à l'appareil? Voulez-vous répéter s'il vous plaît; *la ligne est très mauvaise. J'entends très mal.*
SANDERSON	Sanderson des Etablissements SOLPEX.
SECRETAIRE	Ah oui, bonjour Monsieur. Un instant, s'il vous plaît. Je vais voir s'il est là. Restez en ligne . . . Allô? Je suis navrée, Monsieur Olivier n'est pas là. Il vient juste de sortir mais il sera sûrement rentré à 16h 00 si vous voulez rappeler.
SANDERSON	*C'est ennuyeux ça,* car j'ai un rendez-vous d'affaires à cette heure-là; il me sera difficile de rappeler.
SECRETAIRE	Si vous voulez bien me donner votre numéro de téléphone, *il vous rappellera à une heure qui vous convient* ou *je peux vous passer son associé si vous le désirez?*
SANDERSON	Non, *ce n'est pas la peine de le déranger.* Si c'était possible, je préférerais laisser un message.
SECRETAIRE	Mais bien sûr. C'est de la part de Monsieur Sanderson; c'est bien ça, n'est-ce pas?
SANDERSON	Oui, c'est ça. *Je lui avais donné rendez-vous pour ce mardi 7 à 13h 00 au Café de la Paix, Boulevard des Capucines, or, je viens de me rendre compte que je ne serai pas libre ce jour-là.* Je viens de consulter mon agenda et j'ai rendez-vous avec un concessionnaire. Malheureusement je ne peux absolument pas annuler ce rendez-vouş – je suis désolé.
SECRETAIRE	*Ne vous inquiétez pas, je lui ferai la commission.* Je suis sûre qu'il comprendra.
SANDERSON	Pourriez-vous aussi lui dire que j'aimerais repousser notre rencontre au mardi suivant, même endroit, même heure, si cela lui convient.
SECRETAIRE	Ah, je regrette. Ce serait le 14 or le 14 est un jour férié. L'entreprise sera fermée.
SANDERSON	Ah bon; et la veille, le 13, est-il disponible?
SECRETAIRE	Non, à cause du 14 juillet nous ferons le pont, mais le 15 je vois qu'il est disponible. Ça vous va?
SANDERSON	Le 15 c'est parfait. *Pourriez-vous aussi lui présenter mes excuses pour ce contretemps?*

SECRETAIRE	*Entendu, je n'y manquerai pas.*
SANDERSON	Je vous remercie Mademoiselle, et *excusez-moi de vous avoir dérangée.*
SECRETAIRE	*De rien. A votre service Monsieur.*
SANDERSON	Vous êtes très aimable. Au revoir, Mademoiselle.

⋆ Pour permettre un accroissement du nombre d'abonnés, à partir d'octobre 1996, les numéros de téléphone en France ont 10 chiffres au lieu de 8. Les deux chiffres supplémentaires sont déterminés par votre zone de résidence. Il y en a cinq: 01 (Ile de France) 02 (Nord-Ouest) 03 (Nord-Est) 04 (Sud-Est) 05 (Sud-Ouest)

SECTION B *Grammar*

1 Future tense
Le futur

a Formation:

	Future Stem	+	**Future Endings**
Regular Verbs	Formed by taking the infinitive up to final 'r', i.e. *arriver*→*arriver–* *finir*→*finir–* *vendre*→*vendr–*		Same for all verbs: *je* —*ai* *tu* —*as* *il* —*a* *elle* —*a* *nous* —*ons* *vous* —*ez* *ils* —*ont* *elles* —*ont*
Irregular Verbs	No rule. Stems must be learned separately, e.g. *être*→ *ser–* *avoir*→ *aur–* *faire*→ *fer–* *aller*→ *ir–*		*(note: a convenient way of remembering these endings is to think of the present tense of 'avoir')*

b Use:
(i) Translates 'shall/will do':
*Je **partirai** la semaine prochaine* – **I shall leave** next week.
*S'il pleut, elle **restera** à la maison* – If it rains, she **will stay** at home.
(ii) To express the 'concealed' future when implied after *quand, dès que, aussitôt que*, etc.:

*Quand j'**aurai** 18 ans j'**irai** en faculté* – When **I am** 18 **I shall go** to university.

*Dès que je **saurai** je vous le **ferai** savoir* – As soon as **I find out I'll let you know**.

Note that the immediate future is usually expressed in the same way as in English, i.e. by the present tense of *aller* + infinitive (see p. 15):

Qu'est-ce que vous allez faire maintenant? Je vais lui téléphoner. What are you going to do now? I'm going to phone him.

2   Conditional tense
Le conditionnel

a Formation:

Future Stem   +   **Imperfect Ending**

See p. 111   See p. 52

Conditional of *avoir*:

j'aurais	*nous aurions*
tu aurais	*vous auriez*
il aurait	*ils auraient*
elle aurait	*elles auraient*

b Use:

(i) Translates 'should/would do':

*Je **voudrais** une chambre* – **I would like** a room.

*Si nous voulions apprendre le français, nous **irions** en France* – If we wanted to learn French we **would go** to France.

Note the idiomatic form:

*Vous me le **demanderiez** mille fois, je n'**accepterais** pas* – If you asked me a thousand times I wouldn't accept.

(ii) With *bien* to express 'could just do (with)'/'would really like to':

*Je **mangerais bien** quelque chose de bon* – I could just eat something good.

*Je **fumerais bien** un cigare* – I could just smoke a cigar.

*Nous **resterions** bien quelques jours de plus* – We would really like to stay a few more days.

(iii) In reporting (newspapers, etc.) to imply rumour/hearsay:

*Il y a eu un accident de voiture, les occupants **seraient** grièvement blessés* – There has been a car accident, it seems/it would appear the passengers are seriously injured.

(iv) Direct Speech→Indirect Speech.

As in English, if the future tense is used in direct speech, this becomes conditional in indirect (reported) speech:

Direct Speech: "*J'arriverai à 09h00.*" – I *shall arrive* at 09h00.

Indirect Speech: Il a dit qu'il *arriverait* à 09h00 – He said he *would arrive* at 09h00.

The same rule applies with the concealed future (see notes on future tense 1(b)(ii) above):

> Direct Speech: "Appelez-moi quand vous *serez* au bureau!"
> Indirect Speech: Il m'a dit de l'appeler quand il *serait* au bureau.

Structural exercises

A Le futur

En vous servant des verbes de la liste et en utilisant les formes qui conviennent, remplissez les blancs.

> être; recevoir; partir; s'en occuper; écrire; avoir; donner; joindre; aller; faire;

a We shall leave at about 11 o'clock.
Nous . . . . . . vers 11 heures.
b There will be oysters on the menu this month.
Il y . . . . . . des huîtres au menu ce mois-ci.
c He won't be free at that time.
Il ne . . . . . . pas libre à cette heure-là.
d When you go to see them, say hello from me.
Quand vous . . . . . . les voir, vous leur . . . . . . le bonjour de ma part.
e As soon as I receive the figures, I'll let you know.
Dès que je . . . . . . les chiffres, je vous les . . . . . . savoir.
f When we write to you, we'll enclose a catalogue.
Quand nous vous . . . . . . , nous . . . . . . un catalogue.
g You'll see to it, won't you?
Vous vous en . . . . . . , n'est-ce pas?

B Le conditionnel

Complétez les phrases en mettant un verbe au conditionnel qui convient.

a Est-ce que vous . . . . . . m'aider, s'il vous plaît?
b Je . . . . . . parler avec Mademoiselle Mercier s'il vous plaît.
c Monsieur Laroche ne . . . . . . pas libre demain à 14h00 par hasard?
d Non, je n'aurai pas le temps de rappeler; je . . . . . . laisser un message si possible.
e J'. . . . . . mieux repousser notre rendez-vous.

Avec 5 000 francs, je me ferais plaisir: 11%

Imaginons que vous ayez une rentrée d'argent de 5 000 francs. Quelle serait l'utilisation principale que vous feriez?

Vous l'utiliseriez pour vous équiper (maison, automobile)	26
Vous feriez un autre type de placement (actions, obligations, etc.)	23
Vous l'utiliseriez pour améliorer votre ordinaire (alimentation, vêtements)	18
Vous vous feriez plaisir (sorties, cadeaux)	11
Vous l'utiliseriez pour partir en vacances	9
Vous achèteriez des actions des sociétés privatisables	4
Autres réponses	7
Sans réponse	2

Ce sondage a été effectué par la Sofres pour «le Nouvel Observateur» les 23 et 24 décembre 1993, sur un échantillon national de 1 000 personnes représentatif de l'ensemble de la population âgée de 18 ans et plus interrogées en face-à-face, par la méthode des quotas.

C Le conditionnel avec bien

On vous propose certaines choses dont vous avez vraiment envie. Répondez en utilisant le verbe qui convient.

Exemple: Vous voulez une bière?
Réponse: Oui, je *boirais bien* une bière!

Continuez:

a Vous voulez une cigarette?
   Oui, je . . . . . . bien une cigarette!
b Vous voulez un gâteau?
   Oui, je . . . . . . bien un . . . . . .!
c Vous voulez aller en France?
   Oui, j' . . . . . . bien . . . . . .!
d Vous voulez voir mes échantillons?
   Oui, je . . . . . .!
e Vous voulez faire le tour de l'usine?
   Oui, ...!

D Le conditionnel avec si

Exemple: Et si vous étiez riche? (acheter une grosse voiture)
Réponse: Si j'étais riche, j'achèterais une grosse voiture!

Continuez:

a Et si vous parliez plusieurs langues? (trouver une meilleure situation)
b Et si vous ne pouviez pas venir? (annuler le rendez-vous)

Continuez, en donnant des réponses qui conviennent:

Et si c'était un jour férié?
Et si les prix augmentaient?
Et s'il y avait un imprévu?

E Le conditionnel dans le style indirect

Voici l'agenda de Monsieur Olivier pour la semaine prochaine.

lun. 2 sept.	matin	prévenir Zurich de notre arrivée vendredi; retenir 2 chambres Hôtel Fürstenhof.
	après-midi	envoyer télex à Londres; écrire à Daumont et Frères, Marseille.
mar. 3 sept.	matin	faire visiter l'usine aux Allemands.
	après-midi	emmener les Allemands à l'aéroport 14h30; passer coup de fil à Charles.
mer. 4 sept.	matin	envoyer lettre aux concessionnaires.
	après-midi	organiser programme pour réunion des concessionnaires le 18 oct.
jeu. 5 sept.	matin	commander nouveau photocopieur.
	après-midi	déjeuner avec rep. de chez Barillac; rencontrer Directeur Général 15h00.
ven. 6 sept.	matin	taxi à l'aéroport 11h00; rencontrer Charles bureau Air France 12h15.
	après-midi	prendre vol AF180 pour Zurich; dép. C. de G. 14h00 arr. Zurich 15h30.

Vous êtes la/le secrétaire de M. Olivier et vous recevez un coup de téléphone, de son associée Madame Charlotte Bosson, qui veut savoir ce qu'il a prévu pour la semaine prochaine.

Répondez à ses questions en consultant son agenda. Commencez toutes vos réponses par *'il a noté que (qu') ...'*.

Exemple:

BOSSON	Quand est-ce qu'il va *rencontrer* le Directeur Général?
SECRETAIRE	Il a noté qu'il le *rencontrerait* jeudi après-midi à 15h00.

◱ *Jeu de rôle 1*

Vous téléphonez chez Delmas SA pour repousser votre rendez-vous du jeudi 11, 12h30, avec M. Ilien au mardi suivant même endroit, même heure. C'est la standardiste qui répond.

STANDARDISTE	Allô, la Société Delmas. Bonjour. ■ *(Good morning, could you have ext. 198 please.)*
STANDARDISTE	Oui, un instant . . . Voilà, vous êtes en ligne. ■ *(Hello, you would like to speak to M. Ilien please.)*
SECRETAIRE	C'est de la part de qui? ■ *(Give your name and firm.)*
SECRETAIRE	Ne quittez pas. Je vais voir si M. Ilien est disponible . . . Allô, je suis désolée, mais il vient juste de sortir. Pourriez-vous le rappeler vers 14h00 à son retour au bureau, ou plus tard dans l'après-midi si cela vous convient mieux? ■ *(At 2.00 p.m.! Unfortunately you have a business appointment at that time, and later it will also be difficult for you to ring back.)*
SECRETAIRE	Voudriez-vous parler à son associé? ■ *(No thank you. There's no need to disturb him. Could you leave a message?)*
SECRETAIRE	Un message? Mais certainement. Qu'aimeriez-vous lui dire? ■ *(Could she tell M. Ilien that you are very sorry but you won't be able to meet him as arranged at 12h30 on Thursday 11th as you must see one of your agents on that day to sort out[1] an urgent problem.)*
SECRETAIRE	Ne vous inquiétez pas; je lui ferai la commission et je suis sûre qu'il comprendra. Voulez-vous prendre un autre rendez-vous? ■ *(Yes; you just[2] wanted to postpone the meeting, not cancel it.)*
SECRETAIRE	Alors, quelle heure et quel jour vous conviendraient le mieux? ■ *(What about the following Tuesday in his office – at about 12h30? So that would be at the same time and place, if that's alright with him.)*
SECRETAIRE	Attendez que je consulte son agenda pour vérifier s'il est bien disponible ce jour-là . . . Oui, pas de problème, il est libre à partir de midi. Donc, disons le 16 à 12h30 dans son bureau. ■ *(That's right.)*

SECRETAIRE Alors, entendu. C'est noté et je lui dirai sans faute, mais au cas où il y aurait un imprévu où pourrait-il vous joindre pour vous prévenir? Pouvez-vous me donner vos coordonnées?[3]

 ■ *(At your hotel. You are staying[4] at the Arcade, Paris Cambronne and the telephone number is 45 67 35 20. You are in room 179.)*

SECRETAIRE Très bien, c'est noté.

 ■ *(You will be leaving the hotel early on the morning of the 16th – probably at about 09h00 as you intend to return to England later that day[5] and you'll have several things to do before leaving.)*

SECRETAIRE Soyez tranquille, s'il y avait un imprévu, je vous passerais un coup de fil avant mardi.

 ■ *(That's very kind of her. Thank her.)*

SECRETAIRE Je vous en prie.

 ■ *(Apologise for having disturbed her and say good-bye.)*

[1] résoudre; régler
[2] simplement
[3] donner ses coordonnées *to give one's whereabouts / address and telephone number*
[4] use 'être'
[5] dans la journée; en fin de journée

Jeu de rôle 2

Avec un(e) partenaire imaginez une conversation téléphonique dans laquelle vous annulez un rendez-vous.

Expliquez pourquoi et fixez-en un autre pour une autre date dans un lieu de rencontre différent.

Votre partenaire doit refuser/repousser au moins une fois ce que vous suggérez et expliquer pourquoi ces dates ne conviennent pas.

SECTION C

Listening, reading & reacting

A Les jours fériés de l'Europe

Complétez le tableau pour les douze pays cités dans l'article en commençant par le pays avec le plus de jours fériés par an.

LES JOURS FERIES DE L'EUROPE

Ah! les jours fériés du mois de mai. Fournisseurs, clients, salariés, tous absents. Il faut anticiper ou rattraper. France fêteuse ou France paresseuse? Comparée aux différents pays de la Communauté, avec 13 jours fériés (dont les dimanches de Pâques et de Pentecôte), la France et l'Italie occupent le milieu du tableau. Championne du minimum de jours fériés: l'Irlande, avec 10 jours. Championne du maximum: l'Espagne, avec 18 jours, tout près de l'Allemagne (17 jours). Mais bien loin de la Grèce et des Pays-Bas (11), du Danemark (12), de la Belgique et du Portugal (14), de la Grande-Bretagne et du Luxembourg (15). (Dans certains pays, il y a des jours fériés de portée régionale qui ne figurent pas dans ces moyennes.)

L'Entreprise, fevrier 1984

pays	nombre de jours fériés par an
a	
b	
c	
d	
e	
f	
g	
h	
i	
j	
k	
l	

Les Vacances des Français

La France étant un pays de tradition catholique, la plupart des jours de congé sont des fêtes religieuses plutôt que civiles. En général, si le jour férié tombe un mardi ou un jeudi, les Français 'font le pont', et ne travaillent pas le lundi ou le vendredi pour avoir quatre jours de congé de suite.

Les Français ont droit à cinq semaines de vacances par an. Beaucoup d'entre eux prennent quatre semaines de vacances l'été – surtout en juillet ou en août, et une semaine l'hiver (parfois à la neige). Les commerçants ferment leur magasin en septembre.

Calendrier des fêtes

1er janvier	le Jour de l'An
mars ou avril	Pâques* le lundi de Pâques
1er mai	la Fête du Travail
8 mai	la Fête de la Liberté et de la Paix (commémorant la victoire de 1945)
mai (un jeudi)	L'Ascension
mai ou juin	la Pentecôte le lundi de Pentecôte
14 juillet	la Fête Nationale (commémorant la prise de la Bastille)
15 août	L'Assomption
1er novembre **11 novembre**	la Toussaint la Fête de la Victoire (commémorant l'armistice de 1918)
25 décembre	Noël

*le vendredi saint n'est pas un jour de congé en France, sauf en Alsace où il y a une tradition protestante.

B *Le Minitel a réponse à tout*

LE MINITEL A REPONSE A TOUT

Il n'y a pas que «Alerte Bleue» ou «Aime-moi Mimi» sur le minitel. Chaque semaine, de nouveaux services voient le jour. En voici quelques – uns parmi les plus utilisés ou . . . les plus insolites.

■ Prendre son billet de train sans bouger de chez soi (Télétel 3): composer le 36 15 et taper SNCF.

■ A quelle heure tous les vols en partance (T3): composer le 36 15 (Télétel 3) et taper HORAVION.

■ Les conditions de circulation routière (T3): composer le 36 15 et taper INFOROUTE.

■ Des précisions sur les services de la Poste et des Télécoms: composer le 11 (annuaire électronique) et ensuite sommaire ou le 36 19 91 11, là où l'accès par le 11 n'est pas ouvert.

■ Vérifier l'heure de la séance d'un film (T3): SCOPE, LIBE, PL.

■ Flashes d'information (T3): PL, LIBE, OBS et de nombreux quotidiens.

■ Commander un nouveau livre (T2): LOMBARD.

■ Quels services dans les stations de sports d'hiver (T3): SKITEL.

■ Où suivre un stage de tennis (T3): TEN.

■ Où jouer au squash (T3): SQUASH.

■ Où dîner ce soir (T3): AZP.

■ Faire son marché de chez soi (T2): CADITEL.

■ Où passer ses prochaines vacances (T2): VGL (Voyagel).

■ Trouver un hôtel (T2): RIFTEL.

■ Quel est le centre d'orientation le plus proche (T3): SEVI (Onisep).

■ Apprendre les langues par minitel (T2): CPLE (Linguatel), sur abonnement.

■ Avoir des traductions en langue étrangère (T3): MITRAD.

Et aussi:

■ Commander les produits et vins du terroir (T3): AV et AVT.

■ Choisir un véhicule d'occasion (T3): Argus ou AAT . . .

■ Commander des plantes pour son jardin (T2): INTEX puis taper TELEROSE.

■ Où rencontrer des poètes (T3): CLP.

■ Pronostics sur les courses hippiques (T2): PMU.

■ Le suivi des devoirs des enfants de 17 à 19 h (T3): CRACJ.

■ Comment faire un régime (T2): REGIM.

■ Comment mieux comprendre la Bible (T3): DEXTEL.

Messages
No 358 JUILLET-AOUT 1986

Using your Minitel how would you:

a Find out road and traffic conditions before leaving on a car journey?
b Obtain information on the various services offered by the French Post Office?
c Seek advice on how to diet?
d Go about getting a translation from Japanese into French?
e Find out the price of a three-year-old Renault 5?

C Où il fait bon s'appeler

Regardez le tableau et, en tenant compte des chiffres donnés, remplissez les blancs.

En janvier 1994 une ^{a}...... de trois minutes en Angleterre dans l'après-midi, sans compter les frais d'^{b}...... ou les ^{c}......, coûtait à peu près 1,00F.

Le même ^{d}...... en France aurait coûté, ^{e}...... taxe, 0,61F.

Les ^{f}...... les plus chères ^{g}...... celles faites le ^{h}...... en Angleterre.

Le classement des pays de l'Union Européenne, selon le prix moyen d'un appel de trois minutes, était, en ordre décroissant: l'Angleterre, la ^{i}......, l'^{j}......, l'^{k}......, la ^{l}......, l'^{m}...... et l'^{n}...... .

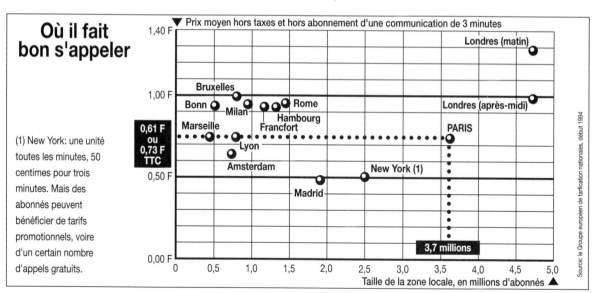

Où il fait bon s'appeler

(1) New York: une unité toutes les minutes, 50 centimes pour trois minutes. Mais des abonnés peuvent bénéficier de tarifs promotionnels, voire d'un certain nombre d'appels gratuits.

▼ Prix moyen hors taxes et hors abonnement d'une communication de 3 minutes

Source: le Groupe européen de tarification nationales, début 1994

Taille de la zone locale, en millions d'abonnés ▲

Le Point, No 1113, 15/1/94

D Le service 'France-Direct' de France Télécom

Ecoutez l'extrait de publicité de France Télécom et décidez si les phrases suivantes sont vraies (v) ou fausses (f).

a Le premier homme d'affaires interviewé ne voulait pas se servir du téléphone de son client.

b La dame était obligée de demander de l'argent à sa secrétaire pour appeler son bureau.

c Le deuxième homme d'affaires avait des problèmes pour appeler la Suède depuis l'Extrême-Orient.

d Pour obtenir des renseignements sur le service France-Direct on peut appeler le 05-01 19 19.

Avec la Carte France Télécom, tous les téléphones deviennent un peu le vôtre.

*A l'étranger,
où vous n'avez jamais de monnaie.*

*Sur la route,
pour téléphoner sans contraintes.*

*A l'hôtel, quand vous ne connaissez
pas le coût des communications.*

*Chez vos amis,
d'où vous ne prenez pas la liberté d'appeler.*

Renseignez-vous au Numéro Vert 05 202 202
ou tapez 3614 FRANCE TÉLÉCOM

*Et si vous communiquiez
avec les outils d'aujourd'hui ?*

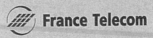
France Telecom

BL/LB

1 million

C'est le nombre de Français désormais équipés d'un téléphone mobile. Deux sociétés se partagent leurs faveurs. France Télécom, qui revendique en tout plus de 750 000 abonnés avec ses trois réseaux (Radiocom 2000, Itinéris, Bi-Bop), arrive loin devant la Société française du radiotéléphone (SFR) et ses 250 000 abonnés répartis sur deux réseaux (SFR et SFR numérique). L'entrée en lice du groupe Bouygues est imminente. La multiplication des opérateurs est une bonne affaire pour les utilisateurs: les offres promotionnelles et les baisses de tarifs sont en plein boum. Déjà, en un an, la facture mensuelle moyenne est passée de 1 000 à 450 francs.

■ **O. B.**
Le Point, No 1175, 25/3/95

SECTION D *Faisons le point sur . . .*

Depuis 1990, la Poste et France Télécom sont deux organismes indépendants. Les termes de la loi les définissent comme 'deux exploitations autonomes de droit public placées sous le contrôle de l'Etat' et gérées comme de véritables entreprises. Ces services sont placés sous la tutelle du ministère des Postes, des Télécommunications et de l'Espace et emploient environ 480 000 personnes.

La poste

Grâce à son chiffre d'affaires, elle se situe dans le peloton de tête des grandes entreprises françaises et réalise des performances financières remarquables.

Le réseau de bureaux dont elle dispose jouit d'une densité très forte. Au cours de ces dernières années, un nombre de services offerts par la Poste ont vu le jour et ces services ont connu un vif succès:

● **Chronopost** est un système ultra-rapide d'acheminement des lettres ou des petits colis.
● **Postéclair** est un service de télécopie au service du public dans les guichets.

Il y a aussi les services financiers:

● **Les CCP** (Comptes-Chèques Postaux) en font un des premiers banquiers de France. Leur nombre augmente légèrement chaque année.

- **La Caisse nationale d'épargne** offre au public différentes formules d'épargne dont une formule d'épargne-logement.
- La Poste propose des **SICAV** sur le marché de l'épargne boursière.

France Télécom

Depuis 1988, France Télécom est un organisme autonome; c'est aussi de nos jours une des premières entreprises françaises. Le secteur des télécommunications affiche une belle performance: il est en pleine croissance et très rentable.

Cet organisme bénéficie d'un investissement massif et régulier. Son effectif compte environ 150 000 personnes.

Le téléphone fournit les deux-tiers des recettes, il demeure donc l'activité principale de France Télécom. Sa modernisation, son automatisation abordées en 1973, se sont terminées en 1980. La proportion des ménages qui disposent du téléphone est évaluée à 98%. Il semblerait que le nombre des abonnés ait atteint un plafond. Le nombre des cabines publiques qui fonctionnent mieux grâce à la généralisation de la carte à mémoire s'est fortement accru. Les télécartes connaissent un vif succès et les innovations se multiplient.

De nos jours, la France peut se vanter d'avoir rattrapé le retard pris dans les années cinquante: elle fait partie du peloton de tête des pays les mieux équipés aux côtés des Etats-Unis, de l'Allemagne, des pays Scandinaves et de la Grande-Bretagne:

- Le **téléphone sans fil**: le système Radiocom permet l'utilisation du téléphone à bord de véhicules (TGV); le système Pointel
- La **transmission de l'écrit**, la télécopie ou fax a supplanté le télex en déclin
- L'**audioconférence** pour des groupes de quatre à six personnes
- La **visio conférence** qui permet aux interlocuteurs de se voir
- La **vidéotransmission**: un film peut être projeté dans plusieurs salles à la fois
- Le système du **courrier électronique**: le télétex, Transfix, Transcom, Numéris
- Le **vidéotext**, c'est à dire le réseau Minitel qui fonctionne depuis fin 1983: 40% de la population active dispose en permanence de l'installation de ces équipements, soit sur son lieu de travail, soit à son domicile

Activité de recherche

I Trouvez les numéros qu'il faut composer en France:

a pour appeler d'urgence

- la police
- les pompiers
- le SAMU★

b pour obtenir un numéro en Angleterre sur le réseau BT soit en PCV★ soit sur carte de crédit téléphonique

2 Quels sont les différents types de télécartes en France et où sont-elles en vente?

3 Trouvez un service proposé par France Télécom qui n'a pas d'équivalent en Grande-Bretagne.

★ Voir *Petit Guide des Sigles* (p. 250)

7 REPARLONS AFFAIRES

SECTION A

Après avoir mangé, Mr Sanderson continue à parler affaires avec Mme Legrand.

 Ecoutez le dialogue et répondez aux questions de la Section A sans regarder le texte pour commencer.

Vocabulaire

bas(se)	*low*
rivaliser	*to compete*
concurrent (m)	*competitor*
fusionner (avec)	*to merge (with)*
PME Petites et Moyennes Entreprises	
informatiser	*to computerise*
fabrication (f)	*manufacture*
procédé (m)	*procedure*
emballage (m)	*packaging*
dorénavant	*from now on*

délais (de livraison) (m.pl.)	*(delivery) schedules/times*
cadre (m)	*manager*
ouvrier (m)	*worker*
patronat (m)	*employers*
syndicat (m)	*trade union*
concertation (f)	*cooperation (between management and workers)*
conflits sociaux (m.pl.)	*industrial unrest/action*
chômage (m)	*unemployment*
chômeur (m)	*unemployed person*
les pays en voie de développement (m.pl.)	*developing countries*
débouché (m)	*(sales) outlet/opportunity*
écouler (marchandise)	*to sell (goods)*
haut/bas de gamme	*top/bottom of the range*
chiffre d'affaires (m)	*turnover*
faire remarquer (qch à qn)	*to point (sthg) out (to sbdy)*
embaucher	*to take on (workers)*

Qu'avez-vous compris?

 ## *1 Répondez en français.*

a De combien les prix ont-ils augmenté?
b Quels sont les concurrents à redouter?
c Depuis combien de temps le nouveau procédé d'emballage existe-t-il?
d Pourquoi la secrétaire a-t-elle dérangé Mme Legrand?
e Que dit M. Sanderson à propos du chiffre d'affaires?

2 Trouvez les phrases qui correspondent pour rappeler les points principaux du dialogue.

a Les produits les meilleur marché se vendront surtout dans les pays du Tiers-Monde . . .	(i) . . . mais ils sont toujours moins chers que ceux de leurs concurrents.
b Leurs prix ont légèrement augmenté . . .	(ii) . . . alors que pour les produits haut de gamme, ce seront les pays européens qui seront ciblés.

c	Il est évident qu'ils se sont bien adaptés aux temps modernes . . .	(iii)	. . . grâce aux bons rapports entre la direction et les employés.
d	Les clients recevront leurs commandes plus rapidement . . .	(iv)	. . . étant donné la restructuration des deux entreprises et l'informatisation de leurs services.
e	Ils ne peuvent pas garantir les livraisons en cas de grève . . .	(v)	. . . à cause du nouveau système d'emballage.
f	Le risque de grève est très faible . . .	(vi)	. . . puisque cela est indépendant de leur volonté.

3 Comment diriez-vous en français?

a In several fields.

b At the present time.

c One must move with the times.

d We have just introduced a new packaging process.

e Within the shortest possible time.

f In the event of a strike.

g I'm sorry to interrupt.

h Would you please excuse me a moment?

i Where were we?

j That's outside our control/not of our making.

k Our manager–worker relations are good.

l Let's hope so!

m It can't happen overnight.

n It's still too hearly to say.

o But to get back to your company . . .

p How's business?

q As far as we're concerned . . .

r I would also point out . . .

s Business is good.

t It (business) is improving.

◻ *Dialogue*

LEGRAND	Reparlons affaires . . .
SANDERSON	Je vous disais donc qu'en dépit des 2,5% d'augmentation, nos prix restaient les plus bas sur le marché.
LEGRAND	Vraiment? Vous êtes capables de rivaliser avec les Japonais? Ce sont des concurrents sérieux *dans divers domaines à l'heure actuelle!*
SANDERSON	Oui, car notre usine a eu le mérite de se moderniser très tôt. En '83 notre société a fusionné avec Seymore & Co., une entreprise qui avait, depuis des années, une très bonne réputation pour la qualité de tous ses produits, et les deux PME ne faisant qu'une ont été entièrement restructurées et les services ont été informatisés.
LEGRAND	Ah oui, *il faut bien s'adapter aux temps modernes.*
SANDERSON	Prenez aussi nos méthodes de fabrication; elles sont ultra-modernes, et *nous venons d'inaugurer un nouveau procédé d'emballage* – un procédé qui n'existe que depuis '88 et qui facilitera la rapidité des expéditions. Vous recevrez dorénavant vos commandes *dans les délais les plus brefs.*
LEGRAND	C'est à dire? Quels sont vos délais de livraison?
SANDERSON	Il faut compter à peu près une quinzaine de jours, trois semaines au maximum. Et nous nous engageons à respecter les dates de livraison.
LEGRAND	Parfait! Même *en cas de grève?*
	(Le téléphone intérieur sonne – c'est la secrétaire de Mme Legrand.)
SECRETAIRE	*Excusez-moi de vous déranger* Madame, mais Monsieur Bertrand voudrait vous voir.
LEGRAND	*Veuillez m'excuser un instant* Monsieur Sanderson . . .
SANDERSON	Je vous en prie!
LEGRAND	Je suis désolée. Reprenons notre conversation. *Où en étions-nous?* Ah oui, nous parlions des délais de livraison. Vous veniez de me dire que vous garantissiez les livraisons même en cas de grève. C'était bien ça, n'est-ce pas?
SANDERSON	Ah non, car *cela est indépendant de notre volonté!* Mais depuis des années *nos rapports cadres-ouvriers sont bons* – un véritable dialogue s'est établi entre le patronat et les syndicats.
LEGRAND	Vous pratiquez donc la 'concertation' – ce n'est pas un mot très à la mode!
SANDERSON	Peut-être, mais nous bénéficions en ce moment d'une période de stabilité sans conflits sociaux.

LEGRAND	Pensez-vous que le chômage va beaucoup diminuer?
SANDERSON	*Espérons que oui*, mais *cela ne peut pas se faire du jour au lendemain. Il est encore trop tôt pour se prononcer*, mais depuis quelque temps le nombre de chômeurs baisse chez nous.
LEGRAND	Tandis qu'en France le nombre de chômeurs demeure plutôt inquiétant.★ *Mais pour en revenir à votre entreprise, comment vont les affaires?*
SANDERSON	*En ce qui nous concerne* nous avons réussi à nous implanter dans plusieurs pays en voie de développement, où nous avons ouvert de nouveaux marchés et trouvé de nouveaux débouchés pour écouler notre marchandise bas de gamme. Bien sûr nous comptons sur les pays de l'Union Européenne pour la vente de notre nouveau produit haut de gamme.
LEGRAND	Celui que vous venez de me montrer.
SANDERSON	C'est ça. Dans l'ensemble nous nous tournons de plus en plus vers l'exportation, et cette année notre chiffre d'affaires a largement dépassé celui de l'année dernière. Il a augmenté de 20%. *Je vous ferais aussi remarquer que notre société vient d'embaucher du personnel supplémentaire.*
LEGRAND	Donc *les affaires vont bien*?
SANDERSON	Disons qu'*elles vont mieux*!

★ Voir 'Nouvelle courbe de chômage' p. 138

SECTION B *Grammar*

1 *Has/have been doing for* Depuis

a *Depuis* + **present tense** – 'has/have been doing for . . .'
J'apprends le français depuis cinq ans – I **have been learning** French **for** five years.
Depuis combien de temps travaillez-vous ici? – How long **have you been working** here?

b *Depuis* + **imperfect tense** – 'had been doing for . . .'
Il était là depuis dix minutes quand je suis arrivé – He **had been** there **for** ten minutes when I arrived.
Depuis quand attendaient-ils? – How long **had they been waiting?**

2 Have just/had just
Venir de + l'infinitif

a The same tenses are used with *venir de* + infinitive to express 'have/has just done' (Present tense) and 'had just done' (Imperfect tense):

*Je **viens de voir** le directeur* – I **have just seen** the manager.
*Il **vient de trouver** une bonne situation* – He **has just found** a good job.
*Elle **venait d'arriver** quand le téléphone a sonné* – She **had just arrived** when the telephone rang.

3 Imperfect[1] and perfect[2] together
L'imparfait avec le passé composé

IMPERFECT	PERFECT
'Background' tense to set scene and describe:	To express action, i.e. what happened:

Pendant que *j'attendais, le soleil*
***brillait** et il **faisait** très*
*chaud. Les gens **étaient** assis*
*à des tables et **discutaient.*** Tout d'un coup une voiture
s'est arrêtée, deux hommes
sont descendus et m'ont
demandé si je

*savais où **se trouvait** la*
*banque. Comme ils **portaient***
*des masques et des révolvers je me **suis rendu** compte qu'il*
***allait** se passer quelque chose et je leur **ai indiqué** le*
chemin du . . . commissariat
de police!

[1] see *Grammar* in Chapter 3 for more detailed explanation of uses of the Imperfect (p. 52)
[2] see *Grammar* in Chapter 4 for more detailed explanation of uses of the Perfect (p. 69)

Structural exercises

A Venir de *au présent* + *l'infinitif*

Répondez aux questions en précisant que l'action *vient d'avoir lieu . . .*

Exemple: Avez-vous *inauguré* un nouveau système d'emballage?

Réponse: Oui, nous *venons d'inaugurer* un nouveau système d'emballage.

Continuez:

a Ont-ils *restructuré* les deux firmes?
Oui, ils viennent de . . . .
b A-t-il *vendu* ses produits?
Oui, il vient . . . .
c Avez-vous *vu* le directeur?
Oui, je . . . .
d Est-ce que leur chiffre d'affaires a *atteint* 10 milliards de francs?
Oui, il . . . .
e Est-ce que les secrétaires se sont *présentées*?
Oui, elles . . . .

B Venir de *à l'imparfait* + *l'infinitif*

Vous expliquez à un(e) client(e) français(e) ce qui *venait d'avoir lieu* quand certains employés ont commencé à travailler pour l'entreprise.

Exemple:

nouveau PDG	amélioration des rapports cadres-ouvriers

Réponse:

Quand le nouveau PDG a commencé à travailler chez nous, on *venait d'améliorer* les rapports cadres-ouvriers.

Continuez:

a

nouveau chef du marketing	fusion avec Seymore & Company

b

nouvelle secrétaire	informatisation de tous les services

c

nouveau directeur commercial	implantation dans plusieurs pays étrangers

d

| nouveau chef du personnel | embauche de 50 ouvriers supplémentaires |

C Depuis + *le présent*

On vous demande depuis combien de temps la situation actuelle existe.

Exemple: Depuis combien de temps utilisez-vous des ordinateurs? (*for 8 years*)

Réponse: Nous utilisons des ordinateurs depuis huit ans.

Continuez:

a Depuis quand l'usine a-t-elle 2000 employés? (*since 1994*)
L'usine a . . . .
b Y a-t-il un bon système d'emballage? (*for a long time*)
Il y . . . .
c Est-ce que votre chiffre d'affaires dépasse 10 milliards de francs? (*since last year*)
Notre . . . .

Maintenant les réponses sont données et c'est à vous de poser la question!

Exemple: Il a une bonne situation depuis l'année dernière.
Réponse: Depuis quand a-t-il une bonne situation?

d Ils font de bonnes affaires depuis la création du Marché unique.
e Nous pratiquons la concertation depuis notre fusion avec Seymour.
f Les affaires vont mal depuis l'annulation d'une grosse commande, il y a deux ans.

D Depuis + *l'imparfait*

Répondez aux questions pour dire depuis combien de temps la (les) personne(s) faisai(en)t certaines choses quand vous l'(les)avez vu(e)(s) pour la dernière fois.

Exemple: Est-ce qu'il travaille en ville? (*two years*)
Réponse: Oui, quand je l'ai vu, il *travaillait* en ville depuis deux ans.

Continuez:

a Est-ce qu'ils font de bonnes affaires? (*several years*)
Oui, quand je les ai vus . . . .

b Est-ce que la secrétaire apprend l'anglais? (*six months*)
Oui, quand je l'. . . . . . .

c Est-ce qu'elles habitent Londres? (*a few weeks*)
Oui, quand . . . .

d Est-ce qu'ils fabriquent des pièces détachées? (*a long time*)
Oui, ...

E L'imparfait et le passé composé

Mettez un des verbes au passé composé et l'autre à l'imparfait et, en vous servant des conjonctions *parce que/quand/lorsque/pendant que* qui conviennent, réunissez les deux phrases en une seule.

Exemple: Ils (visiter) l'usine.
Ils (faire) la connaissance du directeur.

Réponse: Pendant qu'ils visitaient l'usine, ils ont fait la connaissance du directeur.

Continuez:

a Ils (travailler) chez Ford.
Ils (recevoir) une forte augmentation.

b Elle (être) en Angleterre.
Elle (acheter) un pullover.

c Je (aller) en France.
Il y (avoir) une place de libre.

d Nous (regarder) les chiffres.
Nous (voir) que nous (pouvoir) faire un bénéfice.

F Thème/exercice d'interprétation

For interpreting practice, the passage is recorded on the accompanying cassette with pauses at the points marked / followed by the suggested French version. A written translation is provided in the Support Book.

Mr Sanderson's company SOLPEX/merged with Seymore & Co./some years ago/and was completely restructured and computerised./Mr Sanderson said/they had the most up-to-date production methods/and had just introduced a new packaging system/to speed up deliveries.

Mr Sanderson said that they couldn't guarantee to deliver/in the event of industrial action,/but for several years now/their manager–worker relations had been good.

When Mme Legrand asked if business was good,/he said it was much better./They had two new products,/and, with an increase in turnover of 20%,/had just taken on new staff./They were now concentrating* more and more on exports,/not only in the EU countries,/where there was a market for their top-of-the-range products,/but also in the developing countries/where they hoped to sell their new bottom-of-the-range product.

* se tourner (vers qch)

Jeu de rôle 1

Jouez le rôle de Mr Sanderson qui parle affaires avec Mme Legrand.

LEGRAND Vous parliez d'une augmentation de vos prix n'est-ce pas?

SANDERSON ■ *(Yes, 2.5%, but your prices are very competitive. They are still the lowest on the market.)*

LEGRAND Et êtes-vous capables de rivaliser avec les Japonais qui dominent de plus en plus le marché?

SANDERSON ■ *(Yes, because in 1993 your company merged with another firm, and the new company was completely restructured and computerised.)*

LEGRAND Ça a dû être une tâche énorme! Quels changements avez-vous apportés?

SANDERSON ■ *(You use the most up-to-date manufacturing methods, and your new packaging system didn't exist before 1988!)*

LEGRAND Quel avantage ce procédé offre-t-il?

SANDERSON ■ *(It speeds up dispatch and deliveries.)*

LEGRAND J'allais justement vous demander . . . Il faut prévoir combien de temps pour recevoir les commandes? Quels sont vos délais de livraison?

SANDERSON ■ *(About a fortnight; three weeks at the outside.)*

LEGRAND Et vous garantissez la livraison même en cas de grève?

SANDERSON ■ *(No, as this would be outside your control. But for many years your management–worker relations have been very good.)*

LEGRAND Et en ce qui concerne le chômage, comment est la situation actuelle? Est-ce qu'elle s'aggrave ou est-ce qu'elle s'améliore chez vous?

SANDERSON ■ *(For some time now the number of unemployed has been going down.)*

LEGRAND Mais pour en revenir à votre société . . . Vous traversez une période de croissance en ce moment?

SANDERSON ■ *(Yes, business is much better. Turnover is up 20% and you have just taken on extra staff.)*

LEGRAND   Est-ce que les exportations ont joué un grand rôle dans cette croissance?

SANDERSON   ■ *(Of course. You are concentrating more and more on exports. You have just brought out* two new products, and you hope to sell one in the EU and the other in the developing countries.)*

LEGRAND   Alors, j'espère que vous y parviendrez!

SANDERSON   ■ *(Let's hope so!)*

* sortir

Jeu de rôle 2

Travaillez avec un(e) partenaire. Partenaire A joue le rôle d'un(e) client(e) français(e) et Partenaire B prend le rôle d'un(e) représentant(e) d'une société exportatrice britannique.

B essaie d'obtenir une nouvelle commande auprès de A, qui n'est pas encore décidé(e) à en passer une. B doit essayer de le (la) convaincre.

Servez-vous du tableau qui suit mais n'hésitez pas à y ajouter vos propres arguments ...

A	B
– augmentation récente de prix	– très faible/prix encore compétitif
– concurrents espagnols (même produit/moins cher)	– qualité/finition
– dernière livraison/délais pas respectés	– nouveau système d'expédition
– grèves fréquentes en GB	– nouveaux accords avec les ouvriers
– pas assez de choix	– élargissement de la gamme (3 nouveaux modèles)
– ?	– ?

SECTION C · *Listening, reading & reacting*

A La France en 2010

La France en 2010

▲ Davantage de services et d'électronique, moins d'agriculture et de textile: la physionomie de l'économie française devrait changer assez sensiblement d'ici à l'an 2010. Telle est l'une des principales conclusions du Bipe*, qui vient de faire tourner pour la première fois un modèle de prévisions sectorielles à long terme baptisé Diva. Dirigée par Hervé Passeron, chef du département mésoéconomie et économétrie du Bipe, et par Fabrice Hatem, économiste à EDF*, cette étude, qui a pour but d'aider les entreprises à mieux lire l'avenir, se fonde sur un scénario de référence de l'évolution de l'économie mondiale.

Celle-ci croîtrait de 3,1% en moyenne au cours de la période contre 2,6% pour l'Europe et un peu moins encore pour la France, laquelle bénéficierait toutefois d'une accélération progressive d'ici à la fin du siècle. De cette étude, riche d'informations et de chiffres, il ressort que l'arsenal industriel de la France demeurerait assez complet après le cap de l'an 2000: nous continuerions d'être un pôle important de production de voitures et d'avions, tout en conservant un certain nombre d'atouts dans la plupart des industries de base (par exemple la parachimie ou les métaux non ferreux). Globalement, c'est l'agriculture qui serait la grande perdante des vingt-cinq prochaines années en matière de croissance, tout en parvenant cependant à gagner des parts de marché sur le Vieux Continent.   R.D.

PALMARES DES SECTEURS
(taux de croissance annuels moyens entre 1985 et 2010)

LES LOCOMOTIVES

Télécommunications	+5,3%
Matériel électrique et électronique	+4,9%
Services financiers	+4,7%
Construction aéronautique et navale	+4,0%
Assurances	+3,8%
Parachimie	+3,2%
Electricité-gaz	+3,2%

LES TRAINARDS

Charbon	−5,7%
Sidérurgie	0%
Pétrole	+0,8%
Textile-habillement	+0,9%
Agriculture	+0,9%
Chimie	+1,4%
BTP	+1,8%

L'Expansion 17/30 juin 1988

*see *Petit Guide des Sigles*, pp. 251–4

According to the article above, between 1988 and 2010 . . .

a Which sectors of the French economy are likely to decline?
b Which sectors are likely to increase in importance?
c What is the predicted growth of (i) the world economy (ii) the French economy?
d What manufactured goods will France still continue to produce?
e What other industries will still be profitable?

 # B *Entre emploi et chômage – le CES*

Une des nombreuses mesures gouvernementales pour faire reculer le chômage, le CES (Contrat Emploi Solidarité), créé en 1989, est un emploi à mi-temps (20 heures par semaine) rémunéré la moitié du SMIC★. Le contrat peut aller de trois à 36 mois. Il permet à l'employeur de bénéficier d'exonération de charges sociales et l'État assure entre 65% et 85% du salaire. Les CES sont réservés au secteur non-marchand (surtout aux établissements publics et aux collectivités locales). Destinés, à l'origine, aux jeunes peu diplômés ayant de grandes difficultés d'insertion, et aux bénéficiaires du RMI, les CES se voient de plus en plus attribués aux titulaires de BAC★ ou de BTS★ – voire plus! Au printemps 1995 il y avait 431 000 personnes sous Contrat Emploi Solidarité, soit 10% de plus qu'en 1993.

Ecoutez l'interview avec Patrick, un jeune CES qui parle de son Contrat Emploi Solidarité, de son travail et de ses perspectives. Puis, décidez si les déclarations suivantes sont vraies (v) ou fausses (f).

a Patrick est un jeune Antillais qui est venu s'installer en France à l'âge de 22 ans.
b Il est venu faire un apprentissage maritime.
c Il n'a trouvé aucun emploi avant d'obtenir son CES auprès de l'assistance publique.
d Il fait essentiellement un travail de porteur dans un hôpital parisien.
e Aucune personne travaillant à temps partiel en France n'est incluse dans les chiffres officiels du chômage.
f D'après Patrick . . .
    (i) il n'y a de réelles possibilités d'embauche permanente que si on fait un des stages de formation proposés
    (ii) si on lui proposait le même travail à temps complet, il ne sait pas s'il l'accepterait
    (iii) les CES sont exploités d'une part par les organismes qui les emploient et d'autre part par le gouvernement
    (iv) s'il ne trouve rien à la fin de son contrat, il sera obligé de retourner vivre chez ses parents

★ voir *Petit Guide des Sigles* (pp. 251–5)

Le Progrés, 4/8/95

Le nouveau mode de calcul du nombre de demandeurs d'emploi adopté en France permet à l'Etat de se rapprocher des consignes données par le BIT (Bureau international du travail) en la matière. Cela permet aussi au baromètre mensuel du nombre de chômeurs de passer en-dessous du seuil symbolique de trois millions de personnes à la recherche d'un emploi. Le ministère tient toutefois à analyser ces chiffres avec nuance, la difficile mise en place d'une nouvelle carte de pointage ayant perturbé le recensement

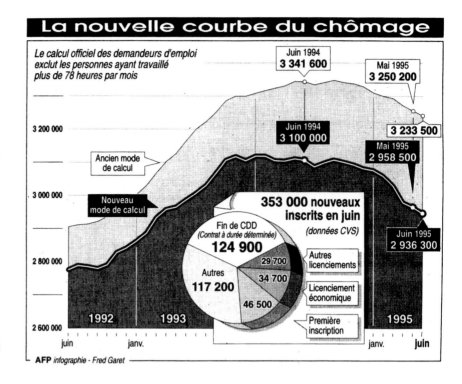

La nouvelle courbe du chômage

Le calcul officiel des demandeurs d'emploi exclut les personnes ayant travaillé plus de 78 heures par mois

Juin 1994 **3 341 600**
Mai 1995 **3 250 200**
Juin 1994 **3 100 000**
3 233 500
Mai 1995 **2 958 500**
Ancien mode de calcul
Nouveau mode de calcul
Juin 1995 **2 936 300**

353 000 nouveaux inscrits en juin *(données CVS)*

Fin de CDD (Contrat à durée déterminée) **124 900**
Autres **117 200**
29 700 — Autres licenciements
34 700 — Licenciement économique
46 500 — Première inscription

1992   1993   1995
juin   janv.   janv.   **juin**

AFP *infographie - Fred Garet*

Faisons le point sur . . .

L'industrie agro-alimentaire

L'industrie agro-alimentaire française est le prolongement naturel de l'agriculture française, elle-même la première d'Europe.

Elle se classe au premier rang des industries nationales par son chiffre d'affaires. Elle compte pour 10% du total des exportations nationales. Dans les échanges extérieurs, elle connaît l'un des excédents les plus élevés du commerce extérieur comparable à celui de l'industrie automobile.

Elle jouit d'un savoir-faire reconnu dans de nombreux domaines, en particulier celui des fromages, des vins et spiritueux et des conserves.

L'industrie laitière occupe le premier rang national avec plus de 25% du chiffre d'affaires total, suivie

- de l'industrie de la viande 22%

- des activités provenant de la transformation des grains (pâtisseries, pâtes) 17%
- des boissons alcoolisées 11%
- des conserves 6%
- du sucre 6%
- des eaux minérales etc.

On trouve l'industrie agro-alimentaire un peu partout en France, répartie en fonction des ressources agricoles des régions (fromages, lait, sucreries) ou bien à proximité des grands centres de consommation par exemple les brasseries. Cependant, six d'entre elles comptent parmi les plus importantes. Ce sont:

- l'Ile-de-France qui représente de loin le premier marché de consommation.
- trois régions de l'Ouest: la Bretagne, le Pays de la Loire, la Basse-Normandie (grandes zones de cultures et d'élevage)

- le Nord-Pas de Calais et Rhône-Alpes sont à la fois des marchés de consommation et des zones de production

Cependant, la France ne vend pas assez de produits élaborés comme les biscuits, les charcuteries, les conserves ou les plats cuisinés qui sont à forte valeur ajoutée. Elle vend surtout des produits agricoles bruts comme les céréales et les viandes.

Les industries agro-alimentaires françaises (IAA) n'occupent que le deuxième rang européen, derrière l'Allemagne 22,1% et devant le Royaume-Uni 17,1% et l'Italie 13,5%.

En ce qui concerne l'excédent agro-alimentaire de la balance commerciale française, le secteur boissons et alcools (vins, apéritifs, champagne, bière, eaux minérales) occupe une place prépondérante. Par contre, le secteur des céréales est faible étant donné que la France est le premier producteur céréalier européen. Encore plus inquiétant est le déficit engendré par le secteur viandes et conserves de viandes.

La France vend les deux tiers de ses exportations de produits agro-alimentaires à l'UE: à l'Allemagne, à l'Italie, à la Belgique et au Royaume-Uni.

Les industries agro-alimentaires sont extrêmement dispersées et comptent 4250 entreprises privées et coopératives agricoles de 10 salariés ou plus. Elles emploient 384 200 salariés soit une baisse des effectifs de 1,5% par rapport à 1991.

Ces industries souffrent d'une concentration insuffisante: à l'exception de BSN*, il n'existe pas de véritables multinationales telles que Unilever ou Nestlé. Cependant, la situation est en train de changer. Le groupe LVMH* est un exemple de cette évolution plus favorable. De nos jours on compte désormais sept groupes français parmi les 100 premiers contre 35 américains et 18 britanniques.

BSN, autrefois spécialisé dans le verre, a évolué vers la fabrication de l'emballage puis vers l'agro-alimentaire. Le groupe a obtenu le contrôle de Gervais Danone, Evian, Kronenbourg, Penzani (pâtes) et certaines activités européennes du géant américain Nabisco sous le nom de Belin en France. BSN est le deuxième biscuitier mondial (Beghin-Say).

Citons parmi les autres groupes LVMH, situé initialement dans le haut de gamme de l'agro-alimentaire avec Moët Hennessy (le champagne, le cognac) s'est récemment orienté vers le haut de gamme de la fabrication des bagages Louis Vuitton. Besnier fabrique des produits laitiers (le camembert Président).

Pernod Ricard produit des apéritifs anisés, de l'Orangina, des vins australiens, et des whiskies irlandais. Perrier contrôle la source du même nom ainsi que l'eau minérale Contrexeville et possède des fromageries (Roquefort). Il y a aussi Nestlé France (chocolats et surgelés) Unilever France (produits gras, plats cuisinés et détergents).

*Voir *Petit Guide des Sigles*

Activité de recherche

En vous inspirant du texte sur l'économie française à la page 136 dressez une liste des points forts et des points faibles des différents secteurs de l'économie britannique.

8 AU CENTRE COMMERCIAL

SECTION A

Mr Sanderson visite le centre commercial de Parly 2 où il demande conseil à une vendeuse pour l'achat de cadeaux.

Ecoutez le dialogue et répondez aux questions de la Section A sans regarder le texte pour commencer.

Vocabulaire

conseiller	*to advise*
foulard (m)	*scarf*
soie (f)	*silk*
coloris (m)	*shade/colour*
impression (f)	*pattern*
motif (m)	*design*
inattendu	*unusual*
rayon (m)	*department/counter (of large store)*
maroquinerie (f)	*fancy/fine leather*
peau (f)	*hide/leather*

pochette (f)	slim (evening) handbag
veau (m)	calf-skin
verni	patent (leather)
fermeture (f)	fastener; clasp
dépenser	to spend
bénéficier (de)	to get the benefit (of)/to enjoy
frais (m.pl.)	costs/expenses
doublé	lined
confiserie (f)	confectionery, sweets

Qu'avez vous compris?

1 Associez la réaction de Mr Sanderson (colonne de droite) aux différentes possibilités de cadeaux pour sa femme (colonne de gauche).

a maroquinerie	(i) en achète à chaque visite
b porte-monnaie	(ii) préfère quelque chose de moins courant
c foulard en soie	(iii) trop cher
d parfum	(iv) parfait!
e pochette en veau	(v) bonne idée!

2 A quoi correspondent les chiffres suivants?

a 250F
b 750F
c 10%
d 7,5%

3 Remplissez les blancs.

Finalement Mr Sanderson a décidé d'acheter le ª. . . . . pour sa ᵇ. . . . . .
parce que la ᶜ. . . . . que la ᵈ. . . . . avait ᵉ. . . . . était trop ᶠ. . . . . pour
ᵍ. . . . . . D'ailleurs pour ʰ. . . . . du bon de ⁱ. . . . . proposé par le magasin
il fallait ʲ. . . . . plus de 1000F.

Pour le deuxième ^{k}...... à ^{l}...... à des amis ^{m}...... qui il ^{n}...... invité à dîner, la vendeuse ^{o}...... a conseillé soit des ^{p}...... soit de la ^{q}...... Elle lui a indiqué un fleuriste au ^{r}...... étage de la ^{s}...... et lui a dit de revenir chercher son ^{t}...... quand il ^{u}...... choisi ses fleurs.

4   Comment diriez-vous en français?

a I would like to surprise her.
b Something that might appeal to her.
c I hadn't thought of that.
d Would your wife like it (f)?
e How much is that one (f)?
f Let me think for a moment...
g How much would I have to spend?
h You are entitled to 10%.
i This one (m) is 250F.
j I'll wrap it up nicely for you.
k Could you advise me?
l It's customary to give flowers.
m To think I went past a florist this morning!
n See you later!

 Dialogue

SANDERSON	Bonjour, madame. J'aimerais rapporter quelque chose à ma femme, mais chaque fois que je viens à Paris, je lui achète du parfum. Or, cette fois-ci, *je voudrais lui faire une surprise.* Que me conseillez-vous?
VENDEUSE	Vous pourriez, pour changer, lui offrir un foulard de soie de grande marque★. Regardez ces coloris et ces impressions. C'est original, n'est-ce pas? Serait-elle sensible à ce genre de motif moderne? Ou préfèrerait-elle quelque chose de plus classique, comme celui-ci?
SANDERSON	C'est difficile à dire, mais, voyez-vous, j'aurais voulu lui offrir un cadeau encore plus inattendu...
VENDEUSE	Avez-vous jeté un coup d'oeil à notre rayon maroquinerie? Y aurait-il parmi nos très beaux articles en cuir – sacs à main, porte-monnaies, porte-clefs, porte-cartes... *quelque chose qui risquerait de lui plaire?*
SANDERSON	Ah, ça, c'est une bonne idée! *Je n'y avais pas pensé.*
VENDEUSE	Par exemple, cette pochette en veau verni noir. Regardez comme sa fermeture est élégante! *Est-ce qu'elle plairait à votre épouse?*
SANDERSON	Sans doute. *Elle fait combien celle-là?*

VENDEUSE	750F.
SANDERSON	Attendez, *laissez-moi réfléchir un instant! Il faudrait que je dépense combien* pour pouvoir bénéficier du bon de réduction offert par le magasin?
VENDEUSE	Si vos achats dépassent 1000F *vous avez droit à 10%* sur les articles de luxe. Sur les autres articles vous n'avez droit qu'à 7,5%.
SANDERSON	Ah, je m'étais pourtant promis de ne pas faire trop de frais au cours de ce voyage. Non, cela ferait un cadeau vraiment trop cher. Ce porte-monnaie, combien coûte-t-il?
VENDEUSE	*Celui-ci fait 250F*; il est tout doublé de cuir rouge.
SANDERSON	C'est parfait, je le prends. Je peux payer avec ma carte Visa?
VENDEUSE	Bien sûr monsieur . . . Bon, *je vais vous faire un joli paquet*.
SANDERSON	Maintenant il faudrait que j'achète un autre cadeau. Cette fois-ci c'est pour offrir à des amis chez qui je suis invité à dîner ce soir. *Vous pourriez me conseiller?*
VENDEUSE	En France *il est de coutume d'offrir des fleurs* ou bien de la confiserie.
SANDERSON	*Dire que je suis passé devant chez un fleuriste ce matin! Si j'avais su, j'en aurais acheté!*
VENDEUSE	Il y en a un tout près d'ici au premier étage de la galerie sur votre droite. Vous pouvez y aller pendant que je termine votre paquet. Quand vous aurez choisi vos fleurs, vous reviendrez le chercher. Votre paquet sera prêt.
SANDERSON	D'accord. *A tout à l'heure . . .*
VENDEUSE	A tout à l'heure Monsieur.

★ *foulards de soie de grande marque*: silk scarves with original designs and initialled by famous couturiers (Yves St Laurent, Christian Dior, Pierre Cardin, etc.)

SECTION B *Grammar*

1 The pluperfect tense
Le plus-que-parfait

a Formation:
Imperfect of Auxiliary Verb (*avoir/être*) + Past Participle.
*il **avait** parlé*
*elle n'**était** pas **venue***

b Uses:
(i) To express 'had done':

*Je n'y **avais** pas **pensé!*** – I **hadn't thought** of that!

(ii) In 'if' clauses when the verb in the main clause is in the Conditional Perfect. (See below under Uses (ii) of the Conditional Perfect.)

(iii) Special use:

*Je vous l'**avais** bien **dit!*** – I **told you so!** (i.e. implying wisdom after the event)

2 The conditional perfect
Le conditionnel passé

a Formation:

Conditional Tense of Auxiliary Verb (*avoir/être*) + Past Participle.

*il **aurait parlé***

*elle ne **serait** pas **venue***

b Uses:

(i) To express 'should/would have done':

J'aurais préféré *quelque chose de plus joli* – I **would have preferred** something prettier.

(ii) In main clauses when the verb in the 'if' clause is in the Pluperfect:

*Si j'**avais vu** un rayon maroquinerie, je lui **aurais acheté** un beau sac à main* – If I **had seen** a leather goods department I **would have bought** her a beautiful handbag.

(iii) To express something conjectured or alleged:

*Il avait l'air de quelqu'un qui **aurait** beaucoup **travaillé** dans sa vie* – He looked like someone who **had worked** a great deal in his life.

Note

Occasionally, for greater emphasis, the Imperfect is used instead of the Conditional Perfect:

*Une minute de plus et ils se **manquaient*** – Another minute and they **would have missed** each other.

3 The future perfect
Le futur antérieur

a Formation:

Future of Auxiliary Verb (*avoir/être*) + Past Participle

*ils **auront fini***

*tu **seras parti(e)***

b Uses:

(i) To express 'shall/will have done':

*D'ici la fin du mois, vous **aurez reçu** la commande* – Between now and the end of the month you **will have received** the order.

(ii) When implied:

*Je paierai quand **j'aurai reçu** la marchandise* – I shall pay when I **have received** the goods.

4 Demonstrative pronouns
Pronoms démonstratifs

a Formation:

	Singular	Plural
Masc.	*celui-ci*	*ceux-ci*
	celui-là	*ceux-là*
Fem.	*celle-ci*	*celles-ci*
	celle-là	*celles-là*

b Use:

(i) To express 'this (one)', 'that (one)', 'these', 'those':

*Des deux cadeaux, je préfère **celui-ci*** – Of the two presents I prefer **this one**.

*Ces fleurs sont très belles, mais **celles-ci** sont plus fraîches que **celles-là*** – These flowers are very beautiful, but **these** are fresher than **those**.

(ii) To express 'the former' (*–là*), and 'the latter' (*–ci*):

*M. Sanderson a pris rendez-vous avec M. Dupont, mais **celui-ci** a **été retardé*** – M. Sanderson made an appointment with M. Dupont but **the latter** was delayed.

Grandes surfaces

Les Français ont acheté, en 1988, 51,4 % de leur alimentation dans les grandes surfaces (hyper et supermarchés). Ce phénomène est tout nouveau, puisque l'an dernier encore le petit commerce assurait 51 % des ventes des produits alimentaires. Si l'on entre dans le détail, près de 60 % des fruits, légumes, boissons, crémerie et épicerie sont achetés en grande surface, alors que 40 % des viandes, 30 % des poissons, 11 % du pain et de la pâtisserie sont achetés dans les magasins spécialisés (source : Insee).

Le Point, 10 avril 1989

Structural exercises

A Le plus-que-parfait avec si

Si seulement les choses *s'étaient passées* autrement! Répondez aux questions suivantes en exprimant vos regrets.

Exemple: Il est venu vous voir, n'est-ce pas?
Réponse: Ah, *si* seulement *il était venu* me voir!

Continuez:

a Elle a trouvé un joli cadeau, n'est-ce pas?
b Ils ont choisi quelque chose de pas trop cher, n'est-ce pas?
c La vendeuse vous a conseillé, n'est-ce pas?
d Vous vous êtes renseigné sur les prix d'abord, n'est-ce pas?
e Vous avez pu payer par carte de crédit, n'est-ce pas?

B Le plus-que-parfait avec le conditionnel passé

Quelle malchance! Vous n'étiez pas au courant des réductions proposées par ce grand magasin. Regardez le tableau pour voir les occasions que vous avez manquées et exprimez vos regrets!

Exemple:

Si *j'avais su* qu'il y avait une réduction de dix pour cent sur les chemises, j'en *aurais acheté* une.

	−10%	chemises
a	−15%	manteaux
b	−20%	appareils-photos
c	−25%	disques
d	−30%	chaussures (une paire)
e	−40%	montres

C Le futur passé

Exemple: (nous) manger au restaurant → aller au cinéma
  [A]   Est-ce que nous mangerons au restaurant avant d'aller au cinéma?
  [B]   Oui, quand nous aurons mangé au restaurant nous irons au cinéma.

Continuez:

		A	B
a	(elle)	faire ses courses	→ quitter le centre-ville
b	(ils)	choisir des fleurs	→ rendre visite à leurs amis
c	(elles)	se renseigner sur les prix	→ se décider
d	(nous)	attendre une demi-heure	→ s'en aller
e	(vous/je)	parler de la hausse des prix	→ faire voir le catalogue au client

D Celui-ci/celle-là, *etc.*

On vous conseille sur l'achat de certains articles. Faites le choix logique.

Exemple: Ce foulard-ci est plus soyeux que *ce foulard-là.*
Réponse: Bon, si c'est ça je vais prendre *celui-ci.*

Continuez:

a Cette pochette-ci est moins jolie que cette pochette-là.
b Ces pièces-ci ne sont pas aussi solides que ces pièces-là.
c Ce cadeau-ci est plus utile que ce cadeau-là.
d Ces gants-ci sont moins à la mode que ces gants-là.
e Cette voiture-là est sortie l'année dernière, cette voiture-ci est le dernier modèle.

E *Le conditionnel passé dans les reportages*

Dans la presse, le reportage d'événements se fait souvent au conditionnel passé. Imaginez dans la colonne de droite la phrase qui dans un journal exprimerait le grand titre de la colonne de gauche.

	Sondages – changements d'opinions	D'après les sondages, les opinions auraient changé.
	Journaux – augmentation du nombre de leurs lecteurs	D'après les journaux, le nombre de leurs lecteurs aurait augmenté.
a	Pouvoirs publics – baisse des impôts	
b	Experts – détérioration de la situation	
c	Ingénieurs – amélioration du système d'emballage	

F *Au magasin du* **Printemps**

Ecoutez l'enregistrement et indiquez en anglais quelles sont les huit autres bonnes affaires à ne pas manquer dans les soldes du *Printemps*.

Floor	Goods	Reduction
ground	Lancôme and Chanel cosmetics	20%
a		
b		
c		
d		
e		
f		
g		
h		

Jeu de rôle 1

1ère partie

Vous cherchez un cadeau pour votre femme/sœur. Vous demandez quelques conseils à la vendeuse pour savoir ce qu'il faut offrir à vos amis français chez qui vous êtes invité(e) à manger ce soir.

VENDEUSE   Vous désirez Monsieur/Madame?
■ *(You're looking for a present for your wife/sister and you would like some advice.)*

VENDEUSE   Que pensez-vous d'un foulard? Regardez ceux-ci! Ils ont eu beaucoup de succès auprès de nos clientes.
■ *(She has lots of scarves. You wanted something a bit more unusual.)*

VENDEUSE   Et de la maroquinerie? Un joli sac à main, par exemple?
■ *(A good idea! You hadn't thought of that. How much is that one?)*

VENDEUSE   Celui-là est assez cher. C'est du cuir. Il fait 800F.
■ *(How much must you spend to get the discount coupon?)*

VENDEUSE	Si vos achats dépassent 1000F vous avez droit à 10% sur les articles de luxe, autrement c'est 7,5%.

■ *(You didn't want to spend so much. The handbag would be too expensive.)*

VENDEUSE	Ce porte-monnaie fait moins cher: 179F. Il est très joli, vous ne trouvez pas?

■ *(Thank her; she's been very helpful; you'll think it over.)*

VENDEUSE	Je vous en prie.

2ème partie

Au rayon voisin 'Bijoux fantaisie'.

VENDEUSE	Vous désirez? Vous cherchez un cadeau peut-être?

■ *(Yes, for your wife/sister. Something unusual . . . not too 'classical'.)*

VENDEUSE	Alors ce collier peut-être avec les boucles d'oreille assorties? Ce serait, à mon avis, un cadeau idéal. Regardez, ces bijoux sont à la fois d'une conception originale et cependant de tons neutres. Qu'en pensez-vous?

■ *(Yes, they are very pretty. They would make a good present.)*

VENDEUSE	Tout à fait. Et l'avantage c'est qu'ils iraient avec n'importe quelle couleur et n'importe quel vêtement, sport ou habillé. Ce genre de bijoux ne fait jamais clinquant; ils ont toujours énormément de cachet.

■ *(The two together would be how much?)*

VENDEUSE	Alors, 189F pour le collier, et 145F pour les boucles.

■ *(Recap to make sure you have understood.)*

VENDEUSE	C'est ça, 334F en tout.

■ *(Repeat the amount and say that's fine, you'll take them.)*

VENDEUSE	D'accord, je vais vous faire un joli paquet, puisque c'est pour offrir.

■ *(You are invited out to dinner at the home of some friends. Could she advise you on what gift you should take?)*

VENDEUSE	Quand on est invité chez des amis en France il est de coutume d'offrir des bonbons ou des chocolats, ou bien encore des fleurs coupées ou en pot.

■ *(Cut flowers might be a good idea. What a pity! You went by a florist's this morning. You could have bought some!)*

VENDEUSE	Ne vous inquiétez pas, il y en a un à deux pas d'ici de l'autre côté de la galerie sur la droite. Il y a un escalier, et c'est au premier étage à gauche.

■ *(Recap on the directions.)*

VENDEUSE	C'est ça. Vous avez le temps d'y aller pendant que je finis votre paquet.

■ *(Thank her. She's been most helpful. You'll be back to collect it when you've bought your flowers.)*

VENDEUSE	Entendu, à tout à l'heure!

⌜👥⌝ Jeu de rôle 2

Un(e) Français(e) de passage dans votre ville vous demande conseil pour le choix de cadeaux typiquement anglais/gallois/écossais/irlandais pour les différents membres de sa famille.

Vous parlerez:

- du nombre et du type de cadeaux (pour qui? âges? goûts? la somme qu'il/elle veut mettre?)
- des possibilités (confiserie, maroquinerie, vêtements, produits typiques de la région)
- du choix des magasins (boutiques, grands magasins, affaires, soldes)

Imaginez la conversation avec un(e) partenaire.

SECTION C   *Listening, reading & reacting*

A Les cartes des grands magasins

I Etudiez l'article et complétez les cases du tableau. Pour vous aider, certaines cases on déjà été remplies.

	BHV	Printemps	Galeries Lafayette	Les 3 Suisses	Kangourou
a Other stores/outlets where card can be used					Daxon Vert–Baudet
b Amount of credit available		20 000F+			
c Minimum monthly repayments (irrespective of amount owed)				250F	
d Maximum rate of interest charged on outstanding balance of 10 000F	20,88%				

Les cartes des grands magasins

Elles ouvrent droit à un crédit revolving et à certains avantages.

Evelyne d'Aleyrac

BHV
Gratuite, la carte BHV-Cofinoga (valable au BHV, aux Nouvelles Galeries, chez Casino, etc.) permet d'obtenir un découvert de 5 000 F à 50 000 F, voire même plus. Le TEG (*) oscille de 21,96 % à 20,88 % jusqu'à 10 000 F. Il est de 19,80 % de 10 001 F à 30 000 F, puis de 18,96 % de 30 001 F à 50 000 F, et de 16,80 % au-delà. Les règlements vont de 200 F à 800 F par mois jusqu'à 20 000 F, et représentent 5 % du montant dû à partir de 20 001 F.

Printemps
Gérée par Finedis, la carte Printemps est gratuite. Valable au Printemps et chez Brummell, elle donne droit à un découvert autorisé de 6 000 F minimum. Le TEG est de 20,64 % jusqu'à 10 000 F de découvert, de 17,88 % de 10 001 F à 20 000 F et de 16,92 % au-delà. La mensualité de remboursement est de 5 % des achats par tranche de 1 000 F (minimum de 150 F).

Galeries Lafayette
Gratuite, la carte Galeries Lafayette (gérée par L2F**) est valable dans les magasins Galeries Lafayette et Nouvelles Galeries, Inno Paris et Montpellier, Monoprix Lafayette et au supermarché sur Minitel Télémarket. Découvert autorisé : de 5 000 F à 50 000 F. TEG : 21,96 % jusqu'à 9 000 F, 19,92 % au-delà. Mensualité minimale de remboursement : 250 F.

3 Suisses
La carte « 4 étoiles », gérée par Cofidis, permet de régler ses achats par correspondance auprès des 3 Suisses, du Club des créateurs de beauté, de L'Exemplaire. Montant du découvert autorisé : 12 000 F. TEG : 20,76 % si le total dû est inférieur ou égal à 10 000 F, 18,96 % au-delà. Mensualité minimale de remboursement : de 250 F à 600 F en fonction du total dû.

La Redoute
Gratuite, et valable à la Redoute, chez Daxon, Vert Baudet, la carte Kangourou, gérée par la Finaref, ouvre droit à un découvert autorisé de 5 000 F à 30 000 F. Montant du TEG : 20,88 % jusqu'à 10 000 F, 17,88 % à partir de 10 001 F. Les mensualités de remboursement s'échelonnent de 200 F à 400 F jusqu'à 10 000 F de découvert, et représentent 200 F de plus par tranche supplémentaire de 5 000 F à partir de 10 001 F.

(*) Le TEG (taux effectif global) annoncé est celui en vigueur au 20 janvier 1994, hors assurances.
(**) Attention ! D'ici à quelques mois, la carte devrait être gérée par Cofinoga.

Femme Actuelle, 24/4/94

Carte Printemps/kangarou: système modifié, ces conditions ne sont plus en vigeur.
Carte «4 étoiles»: conditions d'utilisation au 24/4/94.
Carte Galéries Lafayette: carte gerée par Cofinoga depuis 1994.

2 Comment diriez-vous en français?

a These free in-store cards, valid in certain other shops, allow you credit of 60,000F or even more to pay for your purchases.

b Minimum monthly repayments vary between 150F and 800F depending on the total owed.

c APR (annual percentage rate) is about 21% for credit up to 10,000F and about 17% for larger sums.

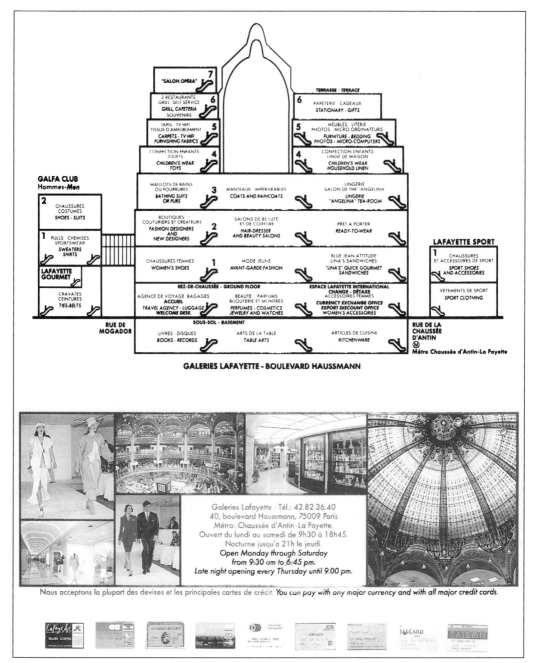

Galeries Lafayette

B Le centre commercial de Parly 2

Deux minutes pour aller du Printemps au BHV dans le plus élégant centre commercial d'Europe

A Parly 2, il ne faut que deux minutes pour aller du Printemps au BHV. Et ces deux minutes-là seront bien remplies car pour la première fois, les plus grands et les plus prestigieux magasins de la capitale se trouvent réunis en un seul et même endroit. Un authentique condensé du meilleur commerce parisien sur 55 000 m2. La surface de vente des 107 magasins y est égale à celle de toutes les boutiques du quartier des Champs-Elysées, de l'Etoile à Saint-Philippe-du-Roule et de l'Alma au Rond-Point.

Une manière d'acheter unique au monde

Dès l'entrée, des consignes automatiques reçoivent manteaux, paquets et parapluies. On peut aussi confier son enfant à la "halte-enfant" pendant une ou plusieurs heures. Les magasins du Centre Commercial qui empruntent leur luxe aux plus nobles matériaux – granit noir, acier, bois précieux et verre de couleurs – s'étagent sur deux niveaux desservis par des escalators. Ils s'ouvrent directement, sans l'obstacle de vitrines, sur le mail, couvert et climatisé, que les cascades, les bassins et les jardins exotiques métamorphosent en un agréable jardin d'hiver. C'est la promenade élégante de Parly 2, l'endroit où l'on donne rendez-vous à ses amis, où l'on aime venir faire quelques pas pour le seul plaisir d'admirer le spectacle toujours renouvelé des boutiques illuminées jour et nuit et pendant toute la semaine.

Voir pages suivantes

Jusqu'au diamant de 25 carats...

Depuis la boîte de sardines jusqu'au diamant de 25 carats on y trouve absolument tout, sous la signature des plus célèbres commerçants de Paris. Et l'on peut aussi tout emporter sans rien payer grâce à la carte de "Crédit-Parly 2". Enfin, aux deux extrémités du mail, le Printemps et le BHV ont installé, non pas de modestes succursales, mais une quintessence de leurs rayons parisiens. Dans tout le Centre Commercial, les arts et les loisirs se mêlent intimement à la vie quotidienne et le supermarché, le Prisunic et le Centre Social n'excluent pas les cinq salles de cinéma et les galeries d'art. C'est ici que la vie du soir brille de tout son éclat: présentations de haute-couture, soirées dansantes, "nocturnes" durant lesquelles les magasins restent ouverts jusqu'à une heure avancée de la nuit. Le Drug-West, ouvert déjà depuis 1966, est le plus grand drugstore d'Europe (1 500 m2). Il a été agrandi et redécoré et l'on y trouve un choix kaléïdoscopique de cadeaux et de gadgets dans un cadre nouveau et coloré. Une cafétéria et un coffee-shop s'ajoutent à son restaurant. Et dans le mail, trois bars recréent l'atmosphère d'une rue animée.

On se gare une fois pour 107 magasins

Quand on arrive à Parly 2, on gare sa voiture sans problème sur l'un des 3 025 parkings gratuits qui entourent le Centre Commercial. Aucune place de stationnement n'est à plus de 100 m d'une entrée (il y en a 6), et l'on accède ainsi à 107 magasins. On peut aussi confier sa voiture au centre-auto BP de Parly 2. L'une des seules stations en Europe qui offre autant de services à la fois: ateliers de montage ultra-rapide ou de mise au point électronique, chaîne de lavage automatique, atelier et auto-shop radio, auto-école, agence de location de voitures... et même coiffeur.

Le Point, 10 avril 1989

From the information provided in the article on Parly 2, and using the headings suggested below, what arguments could you use to persuade a family with young children and travelling by car to choose Parly 2 for a shopping trip rather than Paris itself?

- surface shopping area (number and type of shops/range of goods)
- setting (quality of buildings and decorations/layout)
- parking facilities
- other services to shoppers

C Consommation – la grande déprime des Français

Ecoutez l'enregistrement et remplissez les blancs.

Il y a un grand [a]. . . . . . chez les Français de toutes les classes sociales en ce qui concerne l'[b]. . . . . . économique de leur pays, et ce pessimisme se traduit par un [c]. . . . . . de leur consommation. [d]. . . . . . est la conclusion d'un récent [e]. . . . . . réalisé par la SOFRES.

Pour 64% de [f]. . . . . . interrogés, la [g]. . . . . . de se trouver au [h]. . . . . . est [i]. . . . . . comme raison principale pour leur décision de [j]. . . . . . leur consommation.

51%* des personnes [k]. . . . . . ont peur d'une [l]. . . . . . de leur [m]. . . . . . de vie due au fait que leurs salaires ne [n]. . . . . . pas de progresser au cours de l'année à venir et, en même temps, les [o]. . . . . . vont diminuer. 38%* des [p]. . . . . . avouent [q]. . . . . . ce que l'avenir [r]. . . . . . réserve et 24%* hésitent à [s]. . . . . . davantage parce qu'ils sont convaincus que les [t]. . . . . . sociaux [u]. . . . . . une hausse au cours de l'année à venir.

*Le total des pourcentages est supérieur à 100, les personnes interrogées ayant pu donner deux réponses

SECTION D *Faisons le point sur . . .*

La grande distribution

La grande distribution se compose de quatre grands types d'entreprises.

1 Les grands magasins et les magasins populaires

Il y a trois sociétés prédominantes dans ce secteur. Par son chiffre d'affaires et le nombre de salariés, c'est le groupe Printemps–Prisunic qui domine, suivi du groupe Galeries Lafayette–Monoprix. Ce dernier dépasse de peu le troisième groupe Nouvelles Galeries–BHV Uniprix. Les grands magasins sont les précurseurs de la distribution moderne. Ils se caractérisent par la diversité des produits commercialisés et leur implantation systématique au coeur des villes ou depuis peu dans les centres commerciaux à la périphérie des villes.

2 Les succursalistes et les chaînes de grande surface

Elles regroupent trois catégories:

- La première catégorie comprend d'anciennes entreprises succursalistes qui se sont ensuite orientées vers la grande distribution (supermarchés et hypermarchés) tout en conservant leur réseau de petits établissements, par exemple Promodès (Continent, Champion, Shopi) ou Casino.
- La deuxième catégorie se compose d'entreprises. Chacune forme une fédération qui procure une enseigne et un service commun à tout un réseau de magasins qui, bien qu'indépendants, adhèrent à cette fédération formée par un grand nom: Leclerc en est un exemple typique (Leclerc se classait au premier rang de la distribution nationale jusqu'à récemment).

• Dans la troisième catégorie, on trouve des entreprises créées plus récemment. Il s'agit d'entreprises qui se sont développées avec la création de très grandes surfaces, c'est le cas de Carrefour qui en prenant le contrôle d'Euromarché a usurpé la place de leader à Leclerc. Auchan appartient aussi à cette troisième catégorie d'entreprises relativement récentes qui se sont implantées à l'étranger et donc occupent une place non négligeable sur le plan international. Ces chaînes se sont lancées sur les marchés espagnol, américain, brésilien et argentin. Certains groupes ont aussi conclu des accords avec des groupes allemands, c'est le cas de Carrefour avec Métro, de Casino avec le groupe britannique Argy ou néerlandais, Royal Ahold.

3   Les chaînes commerciales spécialisées

Elles ont été fondées récemment, citons la Fnac comme l'exemple le plus célèbre. La Fnac a été créée autour d'une famille d'articles liés à la culture, aux loisirs, au confort ménager. Citons aussi Darty (l'électroménager), Conforama (le mobilier, le confort ménager), Monsieur Bricolage, Leroy Merlin rachetés par Castorama qui se spécialisent dans le bricolage.

4   La vente par correspondance

Jadis l'apanage des petits centres provinciaux, la vente par correspondance (VPC) a pris de l'extension et couvre maintenant tout le pays. Citons entre autres La Redoute, Les Trois Suisses.

Activité de recherche

Renseignez-vous sur l'implantation d'une chaîne ou d'un groupe de magasins britanniques en France (par exemple Marks & Spencer, Bodyshop, etc.).

■ Combien de succursales y a-t-il en France? Où sont-elles situées?

■ Est-ce que les magasins en France vendent les mêmes produits qu'en Grande-Bretagne?
■ Quels sont les articles/produits qui ont le plus de succès auprès des consommateurs français?

Rédigez votre rapport en français.

9 DINER CHEZ DES AMIS

SECTION A

Mr Sanderson arrive à l'appartement de son ami Monsieur Dubois chez qui il est invité à dîner.

Ecoutez le dialogue et répondez aux questions de la Section A sans regarder le texte pour commencer.

Vocabulaire

immeuble (m)	*apartment block*
embouteillage (m)	*traffic jam*
pardessus (m)	*(man's) overcoat*
déménager	*to move house*
auparavant	*previously*
banlieue (f)	*suburbs*
trajet (m)	*journey*
étagères (f.pl.)	*shelving, shelves*
bricoler	*to do odd jobs (about the house)*
bricoleur (m)	*handyman (DIY specialist)*
se détendre	*to relax*

goût (m)	*taste*
se gêner	*to stand on ceremony*
aîné(e)	*eldest (child)*
licence (f)	*university degree*
cadet(te)	*youngest (child)*
pension (f)	*boarding school*
rôti (m)	*roast (meat)*
régal (m)	*treat*
déçu (p.p. décevoir)	*disappointed*

Qu'avez-vous compris?

1 Remplissez les blancs.

a Mr Sanderson a . . . . . . l'immeuble des Dubois sans difficulté parce qu'il a . . . . . . très aidé par leur . . . . . . du quartier.

b Les Dubois . . . . obligés de changer d'. . . . . . à la . . . . . . de . . . . . . deuxième enfant.

c Ils . . . . . . la banlieue mais c'est plus . . . . . . de leur lieu de travail que leur . . . . . . appartement du centre-ville.

d Monsieur Dubois . . . . . . pour se . . . . . . et Mr Sanderson a admiré les . . . . . . qu'il a . . . . . . pour le . . . . . . appartement.

e Le . . . . . . aîné des Dubois a toujours . . . . . . intéressé par les . . . . . . et il . . . . . . faire une licence d'anglais quand il . . . . . . le lycée après son . . . .

f Quand la fille de Mr Sanderson a . . . . . . l'école primaire . . . . . . femme a . . . . . . son travail, mais à temps . . . .

g Mr Sanderson a dit qu'il n'avait pas du tout . . . . . . déçu par Parly 2 et qu'il . . . . . . pu y . . . . . . le cadeau qu'il . . . . . . pour sa femme.

2 Comment diriez-vous en français?

a You didn't have too much trouble?

b Let me introduce my wife.

c How very kind!

d It's the least I could do.

e You've got a nice home.

f On the whole we like it here.

g Despite the commuting.

h If you'd like to sit here.

i Don't stand on ceremony!

j Make yourself at home!

k Are your children of school age?

l He would like to take a degree in English.

m It's a real treat.

n I must get back.

o Thank you for a pleasant evening.

---

6 PIECES 125 m²

C'est un appartement de très grand standing. Le séjour peut être réuni à l'une des quatre chambres pour former une immense réception encore agrandie par la terrasse. L'une des chambres, celle des parents sans doute, desservie par une salle de bains et un placard, peut être isolée du reste de l'appartement. Toutes les chambres donnent de plain-pied sur le long balcon qui prolonge la terrasse. Avec deux salles de bains, un dressing-room et deux vastes placards, le "6 pièces" dispose vraiment du plus grand confort.

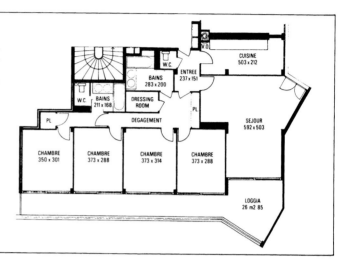

 # *Dialogue*

M. DUBOIS	Bonsoir John, Entrez. *Vous n'avez pas eu trop de mal* à trouver notre immeuble j'espère?
SANDERSON	Non, aucun mal, car j'ai été très aidé par votre plan du quartier.
M. DUBOIS	Vous n'avez pas été trop retardé par les embouteillages?
SANDERSON	Oh si, mais j'ai pris la précaution de quitter mon hôtel de bonne heure. Sans cela j'aurais été en effet très retardé.
M. DUBOIS	Vous avez bien fait! *Laissez-moi vous présenter mon épouse* . . .
SANDERSON	Enchanté madame.
MME DUBOIS	Enchantée monsieur. (Sanderson gives her flowers.) C'est pour moi? *Comme c'est gentil!*
SANDERSON	Je vous en prie, *c'est la moindre des choses.*
MME DUBOIS	Merci, j'adore les fleurs! Passons au salon, si vous voulez bien. Donnez-moi votre pardessus! Chéri, tu peux servir l'apéritif?
M. DUBOIS	D'accord. Asseyez-vous John. Qu'est-ce que je vous offre? Du whisky ou bien du Martini ou du Ricard?

SANDERSON	Un whisky s'il vous plaît. (Looking around) . . . *Vous êtes bien installés.* Vous avez un joli appartement!
MME DUBOIS	*Dans l'ensemble nous nous plaisons bien ici.* A la naissance de notre deuxième enfant nous avons été obligés de changer d'appartement pour en prendre un plus grand. Nous avons donc déménagé pour venir habiter ici. Auparavant nous habitions plus au centre, plus près de notre lieu de travail, mais nous préférons la banlieue *en dépit des trajets.*
SANDERSON	J'admire vos étagères.
M. DUBOIS	J'aime assez bricoler pour me détendre.
SANDERSON	C'est vous qui les avez faites? Félicitations!
MME DUBOIS	Oui, mon mari est un excellent bricoleur.
M. DUBOIS	(Returning with drinks.) Mais c'est ma femme qui choisit les couleurs. Elle a plus de goût que moi!
MME DUBOIS	Merci chéri. Passons à table! Mr Sanderson, *si vous voulez bien vous mettre ici,* et surtout *ne vous gênez pas! Faites comme chez vous!* Servez-vous bien, si ça vous dit . . .
SANDERSON	Merci, ça a l'air délicieux. *Vos enfants sont-ils en âge d'aller à l'école?*
M. DUBOIS	Oh oui! L'aîné va aller en faculté l'an prochain après son 'bac'[1] – il a toujours été intéressé par les langues vivantes et *aimerait faire une licence d'anglais.* Le cadet entrera en sixième[2] en septembre prochain.
MME DUBOIS	Et vous, vous avez des enfants, Monsieur Sanderson?
SANDERSON	Oui, un fils qui a treize ans et qui est en pension, et une fille qui va avoir six ans et qui vient de commencer l'école primaire. Donc ma femme a pu reprendre son travail à l'extérieur – mais seulement à temps partiel bien sûr.
MME DUBOIS	Ah, très bien . . . Reprenez du rôti, Monsieur Sanderson!
SANDERSON	Volontiers, *c'est un régal.*
M. DUBOIS	A propos, comment avez-vous trouvé Parly 2? Vous n'avez pas été trop déçu? On vous en avait tellement parlé!
SANDERSON	Non, j'ai été très agréablement surpris par cette galerie marchande, et j'ai trouvé exactement le cadeau que je cherchais pour ma femme.
MME DUBOIS	Tant mieux! Une deuxième tasse de café?
SANDERSON	Non, merci. Il est tard et j'ai déjà trop abusé de votre hospitalité.
M. DUBOIS	Pas du tout!
SANDERSON	Mais *il faut que je rentre. Merci pour* cet excellent repas et *cette agréable soirée.*
M. DUBOIS	Je vous raccompagne.

[1] see *Petit Guide des Sigles*, p. 251

2 *entrer/être en sixième:* to start/to be in the first form of secondary school. The numbering of the French form system works the opposite way round to ours, hence:

la sixième	first form	
la cinquième	second form	4-year (first) cycle in the CES
la quatrième	third form	(collège d'enseignement
la troisième	fourth form	secondaire)
la seconde	fifth form	
la première	lower sixth	3-year (second) cycle
la terminale	upper sixth	in the 'lycée'

SECTION B Grammar

1 The passive
La forme passive

a Formation:
As in English, i.e. appropriate tense of *être* + Past Participle

*elle **est invitée***	she **is invited**
*elle **a été invitée***	she **has been invited/was invited**
*elle **sera invitée***	she **will be invited**

b Use:
Generally it is advisable to use the active voice whenever possible (see 2 Avoidance of passive). However the passive is used:

    (i)   In cases where the past participle is a common adjective, especially when expressing emotion:

        *Ils **ont été choqués** de voir leur réaction.*
        *Elle **a été étonnée** par la hausse des prix.*
        *Il **sera ravi** de faire votre connaissance.*

    (ii) When the agent is expressed after *par:*

        *La lettre **a été écrite** par votre secrétaire.*
        *Il **est invité** par ses amis.*
        *Les automobilistes **avaient été** très **gênés** par les embouteillages.*

2   Avoidance of passive
Comment éviter la forme passive

a *on*:
  (i) In certain common expressions:
     on dit *que* . . . – it is said that . . .
     on croit *que*
     on pense *que* . . . – it is thought that . . .
  (ii) When the agent is not mentioned specifically:
     On ouvre *le magasin à 9.00 heures* – The shop is opened at 9.00 o'clock.
  (iii) To translate passive expressions involving an indirect object:
     On leur a montré *l'appartement* – **They were shown** the flat.
     On nous a servi *un excellent repas* – **We were served** an excellent meal.
     On lui a demandé *s'il connaissait le chemin* – **He was asked** if he knew the way.

b Reflexive:
Il **s'appelle** *John Sanderson* – He **is called** John Sanderson.
Le vin rouge **se boit** *à la température ambiante* – Red wine **is drunk** at room temperature.
Cela ne **se fait** *pas!* – That **isn't done!**

Structural exercises

A   Forme active → forme passive

Voici des questions posées à la forme active. Complétez les réponses en utilisant la forme passive et en faisant attention au temps et à la personne.

Exemple: Les prix vous *surprennent* je suppose?
Réponse: Bien sûr que je *suis surpris* par les prix!

Continuez:
a Le rayon cadeaux vous a déçu(e), je suppose?
   Bien sûr que j'ai été . . . . . . !
b Parly 2 a impressionné Monsieur Sanderson, je suppose?
   Bien sûr qu'il . . . . . . !
c Le plan avait aidé vos amies, je suppose?
   Bien sûr qu'. . . . . . !
d Mr Sanderson invitera les Dubois un jour, je suppose?
   Bien . . . . . . !
e Les langues intéresseraient votre fille, je suppose?
   . . . . . . !

B *Forme passive au conditionnel*

Pourquoi les différentes personnes ont-elles fait ce qu'elles ont fait?
Parce que sinon il y aurait eu des problèmes.

Exemple: Pourquoi M. Sanderson a-t-il accepté l'invitation des Dubois?
(offensé)

Réponse: Parce que sinon ils *auraient été offensés*.

Continuez:

a Pourquoi avez-vous suivi des cours d'informatique? (embauché)
b Pourquoi a-t-il lancé un emprunt? (ruiné)

Maintenant complétez en trouvant vos propres exemples:

c Pourquoi a-t-il voulu trouver un cadeau pour sa femme?
d Pourquoi ont-ils baissé les prix de leurs produits?
e Pourquoi a-t-elle décidé d'acheter des chaussures avant que les prix
augmentent?

C On + *forme active*

Répondez à l'affirmatif aux questions qui sont posées à la forme passive
en utilisant 'on' suivi de la forme active et en substituant le nom souligné
par un pronom.

Exemple: 'La Tour d'Argent' *est considéré*★ comme un des restaurants les
plus célèbres de Paris, n'est-ce pas?

Réponse: Oui, *on le considère* comme un des restaurants les plus célèbres de
Paris.

Exemple: La lettre a *été postée* ce matin, n'est-ce pas?

Réponse: Oui, on *l'a postée* ce matin.

Continuez:

a L'apéritif a été servi tout de suite, n'est-ce pas?
b Notre patron était bien estimé dans le monde des affaires, n'est-ce pas?
c Le contrat sera signé demain, n'est-ce pas?
d Les représentants avaient été envoyés en Allemagne, n'est-ce pas?
e La commande aura été reçue avant la fin de la semaine, n'est-ce pas?

★ gender is decided by *restaurant* (m) not *Tour* (f)

D On + *verbe réfléchi*

Répondez aux questions en utilisant le verbe réfléchi.

Exemple: Comment *boit-on* le vin rouge? (à la température ambiante)

Réponse: Le vin rouge *se boit* à la température ambiante.

Continuez:

a Comment boit-on le vin blanc? (très frais)
b Où trouve-t-on les sacs à main? (au rayon maroquinerie)
c Comment appelle-t-on les amis de Mr Sanderson?
d Quand mange-t-on les croissants?
e Comment écrit-on votre nom?

E Le voyage d'affaires

Le voyage d'affaires effectué en Angleterre par Monsieur Gérard a été un grand succès. Il le raconte à un collègue de bureau ...

S'il l'avait raconté en anglais, il aurait utilisé les 12 phrases à la forme passive que vous trouverez dans le tableau. A vous de trouver les phrases françaises qui correspondent (le premier exemple vous est donné).

Identifiez les phrases françaises exprimées à la forme passive.

	I was met at the airport On est venu me chercher à l'aéroport
a	I was taken straight to head office
b	I was introduced to the Managing Director
c	he was very interested
d	I was shown round
e	which had been built
f	which will be opened
g	I was assured
h	could be installed there
i	I was invited
j	I had always been told
k	I was served (an excellent meal)

F Une invitation

Traduisez en français.

I had been invited several times by some friends of mine called Dupont, who live near Versailles, to have dinner with them during one of my frequent visits to Paris, but somehow, each time, I had been prevented from accepting their kind invitation. However, last August I was able to visit them and I was impressed by their new flat which had been beautifully decorated by M. Dupont, who is a first class handiman. I was served an excellent meal and Mme Dupont, who had never been in England, asked me if it was true that wine was not often drunk at mealtimes, despite the fact that it could be bought in most supermarkets. I told her that in fact every year, despite its ever-increasing price, more and more wine was being bought. Unfortunately, it was all too soon time to go, and after goodbyes had been said, I was driven back to my hotel by M. Dupont.

Jeu de rôle 1

Jouez le rôle d'Eric Farrar en voyage d'affaires à Paris. Vous avez visité un client ce matin. Après avoir fait quelques courses à Parly 2 l'après-midi, vous allez dîner chez un collègue, M. Mauclerc.

M. MAUCLERC   Bonsoir, Eric. Enchanté de vous voir. Vous avez trouvé notre immeuble sans difficulté j'espère?
■ *(No problem, his map was a great help.)*

M. MAUCLERC   Je suppose qu'il y avait beaucoup de circulation à cette heure-ci?
■ *(Yes, but you were careful to leave your hotel early to avoid[1] the traffic.)*

M. MAUCLERC   Vous avez bien fait. Permettez-moi de vous présenter ma femme. Chérie – Eric Farrar, mon collègue britannique qui parle très bien le français!

MME MAUCLERC   Heureusement, car je ne comprends pas bien l'anglais! Enchantée monsieur!
■ *(You are pleased to meet her. Offer the flowers you bought in Parly 2.)*

MME MAUCLERC   C'est pour moi? Que c'est gentil! Vous n'auriez pas dû!
■ *(Don't mention it. It's the least you could do.)*

MME MAUCLERC   Chéri, veux-tu servir l'apéritif, et après nous pourrons passer à table. Un Martini pour moi!

M. MAUCLERC   D'accord. Qu'est-ce que je vous offre Eric?
■ *(State your preference, and say you like their flat.)*

M. MAUCLERC   Oui, l'appartement nous plaît assez. Nous avons eu de la chance de le trouver. Vous n'habitez pas en appartement je suppose. Les Anglais dans l'ensemble ont des maisons, n'est-ce pas?
■ *(Yes, that's very true. You have a detached house[2] in the suburbs which you like a lot. It's an old house but you like working on it when you have the time.)*

MME MAUCLERC	On peut manger. Mettez-vous là Monsieur Farrar, et ne vous gênez pas. Faites comme chez vous! J'espère que ça vous plaira . . . ■ *(Thank her. It looks delicious. Ask if they have any children.)*
M. MAUCLERC	Oui, nous en avons deux. Une fille de 17 ans et un fils de 11 ans. Ils sont en vacances chez leurs grands-parents en ce moment. Et vous, vous avez des enfants? ■ *(Yes. Two girls. The eldest is just[3] five and the youngest is three.)*
MME MAUCLERC	Alors votre épouse ne travaille pas à l'extérieur? ■ *(No. When the children are old enough to go to school she will perhaps go back to part-time work.)*
M. MAUCLERC	Et qu'est-ce que vous avez pensé de Parly 2? Avez-vous pu trouver ce que vous cherchiez? ■ *(You were very impressed. You found the present you were looking for. The sales assistant was very helpful.)*
MME MAUCLERC	Tant mieux. Vous garderez donc un bon souvenir de votre journée à Parly. ■ *(Yes, and of your evening with them of course!)*
MME MAUCLERC	Mais nous aussi, nous avons été très heureux de votre visite. Encore du café? ■ *(No, it's late and you must get back. Thank them for an excellent meal and a very pleasant evening. You hope they will come and visit[4] you in England.)*
M. MAUCLERC	Ce sera avec plaisir . . . En effet, il est tard et vous devez être fatigué. Je finis mon café, puis je vous raccompagne.

[1] éviter
[2] maison individuelle
[3] venir de (avoir)
[4] rendre visite

Jeu de rôle 2

Travaillez avec un(e) partenaire. Vous avez fait la connaissance d'un(e) jeune Français(e) qui est venu(e) faire un stage dans une entreprise de votre ville. C'est la première fois qu'il/elle vient en Angleterre et vous l'invitez à dîner chez vous.

Pour améliorer votre français vous vous êtes mis(es) d'accord pour ne pas parler un mot d'anglais de toute la soirée! Votre partenaire joue le rôle du (de la) Français(e) qui arrive (selon la coutume française) avec un petit cadeau. Imaginez la conversation!

Résumé

Servez-vous de l'aide-mémoire et faites un résumé oral ou écrit de la soirée de Mr Sanderson chez ses amis.

Mr Sanderson est arrivé chez ses amis (à l'heure – aucun mal – plan du quartier – précautions – embouteillages).

M. Dubois lui a présenté sa femme (fleurs – pardessus).

On lui a offert l'apéritif (son choix).

Ils ont parlé de l'appartement (compliments de Mr Sanderson – satisfaits – plus grand – en banlieue).

Ils sont passés à table (enfants – visite de Mr Sanderson à Parly 2).

Il est parti (remerciements – proposition de M. Dubois).

SECTION C Listening, reading & reacting

A Les Français s'endettent pour se loger

1 Etudiez l'article et indiquez si les déclarations sont vraies ou fausses.

a Environ un ménage français sur trois a emprunté de l'argent pour se loger.
b Un peu moins de la moitié des ménages entre 40 et 50 ans sont en train de rembourser un emprunt immobilier.
c Plus le ménage est jeune moins il a à rembourser en termes de pourcentage de son revenu.
d Les endettés immobiliers sont typiquement des couples avec des enfants où l'homme et la femme travaillent.
e En règle générale l'emprunt représente, au maximum, le double du revenu annuel du couple.
f En moyenne, plus on est pauvre plus on s'endette du point de vue immobilier.

2 Trouvez dans le texte l'équivalent en français de:

a to repay (a loan)
b both (marriage) partners
c people with mortgage debts
d from a humble background
e low incomes
f mortgages
g house purchase

Les Français s'endettent pour se loger

L'achat d'un logement est la principale cause de l'endettement des Français, selon une étude de l'Insee

Près des 30% des ménages français s'endettent pour acheter leur logement, selon une étude de l'Insee (Institut national des statistiques). Ces endettés «immobiliers» constituent les deux-tiers des ménages français endettés.

Sur les emprunts immobiliers, la dette moyenne s'élève à 224 000 F. Les ménages se sont en général endettés pour une période assez longue, 15 ans, avec un taux d'intérêt annuel de 9,5%. Ainsi, 52% des ménages entre 40 et 50 ans, ont un emprunt en cours. Avant 40 ans, l'emprunt à rembourser représente 30% du revenu. Il tombe à moins de 20% quand le ménage dépasse 50 ans.

Quel que soit le niveau de revenu, la dette représente entre une à deux fois le revenu annuel du ménage, soit 100 000 à 200 000 F pour un ménage gagnant 100 000 F par an.

Le profil moyen du ménage qui emprunte pour acheter un logement est un couple avec enfants et dont les deux conjoints travaillent. Ils représentent 45% des endettés «immobiliers», alors qu'ils ne constituent que 28% des ménages. L'étude montre aussi que l'on prête «plus au riche», les cadres étant plus endettés en moyenne par rapport à leurs revenus que les employés et ouvriers.

Le Progrès, 27/7/95

B Ce que consomment les Français

Regardez le tableau et remplissez les blancs dans le résumé qui suit. Attention, un blanc ne représente pas nécessairement un seul mot ou chiffre!

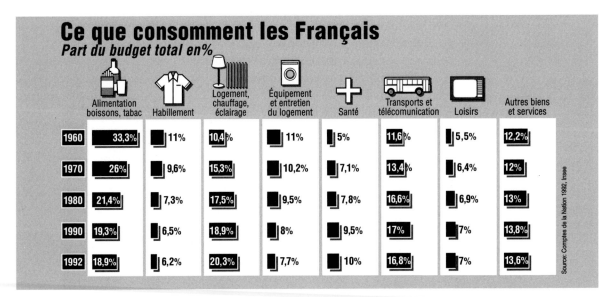

Ce que consomment les Français
Part du budget total en%

	Alimentation boissons, tabac	Habillement	Logement, chauffage, éclairage	Équipement et entretien du logement	Santé	Transports et télécomunication	Loisirs	Autres biens et services
1960	33,3%	11%	10,4%	11%	5%	11,6%	5,5%	12,2%
1970	26%	9,6%	15,3%	10,2%	7,1%	13,4%	6,4%	12%
1980	21,4%	7,3%	17,5%	9,5%	7,8%	16,6%	6,9%	13%
1990	19,3%	6,5%	18,9%	8%	9,5%	17%	7%	13,8%
1992	18,9%	6,2%	20,3%	7,7%	10%	16,8%	7%	13,6%

Source: Comptes de la Nation 1992, Insee

L'Evenement du jeudi, 14–20 April 1994

En 1960 le Français dépensait le ^{a}..... de son budget pour se nourrir, ^{b}..... et ^{c}..... ; presque deux fois plus qu'au début des années 90! Les deux autres secteurs où la part du budget a diminué progressivement au fil des années sont ceux de ^{d}..... et ^{e}.......

Par contre, se ^{f}....., se ^{g}..... et voir clair dans les années 90 lui coûtent presque ^{h}..... fois ^{i}..... qu'^{j}..... 30 ans et au cours de cette même période le prix de sa ^{k}..... a doublé.

Pour ^{l}..... et se ^{m}..... dans le monde moderne il est obligé de consacrer ^{n}......% de son budget comparé aux 11,6% en 1960, mais les ^{o}..... destinées aux ^{p}..... n'ont augmenté que de 1,5% entre 1960 et 1992, à peu près la même augmentation que pour les ^{q}.......

SECTION D   *Faisons le point sur . . .*

Le système éducatif français

Les grands principes remontent à 1789, date de la Révolution française. L'instruction est publique et 'commune à tous les citoyens' et comprend trois degrés, primaire, secondaire et supérieur.

En 1795, la Convention fonde les Grandes Ecoles et les Ecoles Centrales.

Le Premier Empire (Napoléon 1er, 1804) met sur pied une hiérarchie administrative très centralisée.

En 1833, la loi Guizot crée une école primaire dans chaque commune.

En 1855, la loi Falloux libère l'enseignement religieux.

C'est la Troisième République qui réalisera les principes directeurs de la Révolution: en 1882 avec Jules Ferry, l'enseignement primaire devient laïque, gratuit et obligatoire.

L'enseignement est sous la tutelle du Ministère de l'Education nationale qui fixe le programme.

1 L'enseignement primaire

L'école maternelle est fréquentée par les enfants de deux à six ans; 95% des enfants âgés de trois ans sont scolarisés, 35% seulement pour ceux âgés de deux ans (activités d'éveil, travaux manuels, initiation à la vie de groupe; l'apprentissage de la lecture n'est abordé qu'en fin de cycle).

L'enseignement élémentaire représente la scolarité obligatoire de six à onze ans: cours préparatoire (CP) un an; cours élémentaire (CE1, CE2) deux ans, cours moyen (CM1, CM2) deux ans.

2 L'enseignement secondaire

Le premier cycle du second degré dure quatre ans et s'adresse à tous les élèves; la formation a lieu dans les collèges. Le premier cycle se divise en deux périodes:

- le cycle d'observation, dans les classes de sixième et de cinquième. Les élèves bénéficient du même enseignement de base: français, maths, langues étrangères, éducation civique, artistique, manuelle et sportive.
- le cycle d'orientation, dans les classes de quatrième et de troisième, en plus de l'enseignement commun, les élèves choisissent des options générales ou technologiques. Les connaissances sont testées par un contrôle continu.

Le second cycle court: les élèves de sixième et cinquième orientés vers les lycées professionnels préparent un Certificat d'Aptitude Professionnelle (CAP) en trois ans. Les élèves orientés à la fin de la troisième préparent en deux ans un Brevet d'Etudes Professionnelles (BEP ou BEP agricole).

Le second cycle long s'adresse aux élèves de 14 à 18 ans, issus des Collèges admis à préparer un Baccalauréat ou un Baccalauréat Professionnel ou un Brevet de Technicien (trois ans). L'enseignement est dispensé dans les lycées. En classe de 'seconde de détermination' ils suivent les disciplines fondamentales et des enseignements optionnels. La spécialisation des études n'a lieu que plus tard, en classes terminales.

Il existe différentes sections Baccalauréat de l'Enseignement du second degré. Depuis 1993 il ne reste plus que trois sections pour l'enseignement général:

- ES (économique et social)
- L (littéraire)
- S (scientifique)

et quatre sections pour l'enseignement technologique:

- STT (sciences et technologies tertiaires)
- SMS (sciences médico-sociales)
- STI (sciences et technologies industrielles)
- STL (sciences et technologies de laboratoire)

Depuis 1986, on compte une quarantaine de baccalauréats professionnels.

Il existe un Brevet de Technicien (BT) du secteur mécanique, électricité, chimie, verrerie, céramique, bâtiment et travaux publics, industries alimentaires, industrie de l'habillement, des transports, du tourisme, de l'ameublement.

Dans l'enseignement secondaire, on trouve un certain nombre d'établissements secondaires, d'enseignement confessionnel, principalement catholiques, 'les écoles libres' (privées).

3 L'enseignement supérieur

Certains lycées se spécialisent dans la préparation aux différents Brevets de Technicien Supérieur (BTS)★ et aux concours d'entrée dans les écoles supérieures (grandes écoles)★.

Les Instituts Universitaires de Technologie (IUT)★ sont rattachés aux universités et dispensent, une formation professionnelle de haut niveau. Les études durent deux ans et sont sanctionnées par le Diplôme Universitaire de Technologie (DUT).

Les universités

On compte plus de 71 universités qui regroupent environ 1000 Unités de Formation et de Recherche (UFR). Ces établissements offrent toutes les disciplines et un choix d'études et de cursus et assurent la formation des professeurs de collège et de lycée.

Le premier cycle prépare au Diplôme d'Etudes Universitaires Générales (DEUG) sur deux ans.

Le deuxième cycle, troisième année d'approfondissement et de spécialisation, est sanctionné par la Maîtrise.

Le troisième cycle (de un à cinq ans) mène à une spécialisation de haut niveau: le Diplôme d'Etudes Approfondies (DEA), le Doctorat

Les Ecoles Supérieures de Commerce

Ecoles privées, souvent gérées par les Chambres de Commerce et d'Industrie, assurent la formation des futurs cadres moyens dans les entreprises. Entrée par concours.

Les Grandes Ecoles★

Les plus prestigieuses des écoles supérieures, auxquelles on accède par concours d'entrée et sélection, assurent la formation des futurs cadres supérieurs et dirigeants du pays.

★voir *Petit Guides des Sigles*, p. 251

Système éducatif français

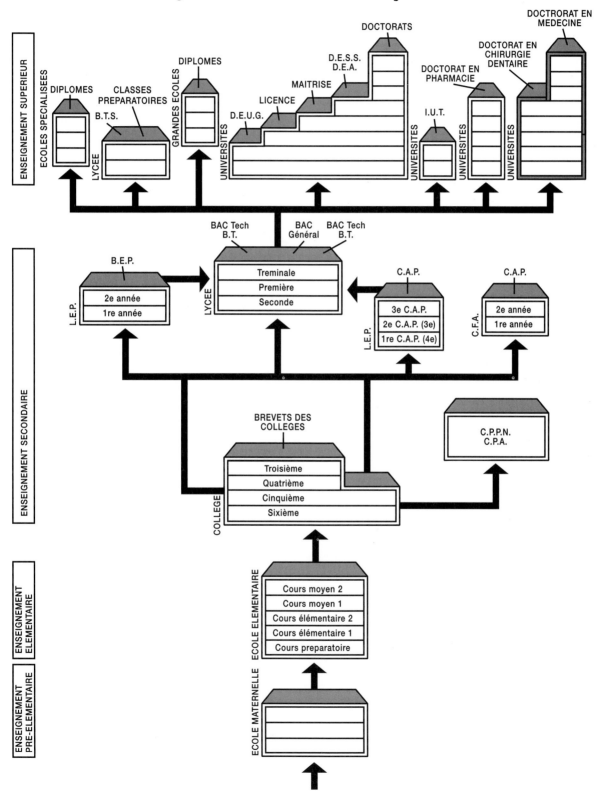

Activité de recherche

En prenant comme modèle le schéma sur le système éducatif français et le curriculum vitae à la page 171, préparez un exposé sur le système britannique de 11 jusqu'à 18 ans. Prenez comme exemple un(e) jeune Anglais(e) qui désirerait faire des études supérieures de langues et de commerce.

Indiquez quel(le)s sont:

- les établissements scolaires à partir de 16 ans qu'il/elle pourrait choisir pour faire ses études

- les matières qu'il/elle serait obligé(e) d'étudier
- les examens qu'il/elle devrait réussir (GCSE/GNVQ/AS level/A level) pour faire des études supérieures
- les différents établissements d'enseignement supérieur qui lui seraient ouverts ainsi que des exemples de programmes d'études qui lui seraient proposés

Régions, départements et codes postaux de France

SECTION A

De retour en Angleterre Mr Sanderson écrit à Mme Legrand pour confirmer sa commande et pour l'inviter à visiter l'usine.

Ecoutez le dialogue et répondez aux questions de la Section A sans regarder le texte pour commencer.

Vocabulaire

lors de	*at the time of*
être en mesure de faire qch	*to be in a position to do sthg*
délai (m)	*time (schedule)*
affiche (f)	*poster*
rabais (m)	*rebate*
escompte (m)	*discount*
paiement comptant	*cash payment*
accueillir	*to welcome*
prochainement	*soon*

accuser réception	to acknowledge receipt
s'occuper de qch	to see to sthg
régler (une facture)	to settle (a bill)
sur le champ	on the spot
résoudre	to solve

Note For complimentary closes to business letters see pp. 181–3

Qu'avez-vous compris?

1 Comment diriez-vous en français?

a Would you like me to read it back?
b I trust you.
c It's in your mother tongue.
d Please acknowledge receipt.
e I'll see to it straight away.
f I'll see to the telex as well.
g We are doing our best.

2 Transcription

Transcribe Mr Sanderson's letter to Mme Legrand.

Dialogue

SANDERSON Isabelle, je vais vous dicter une lettre en français.

SECRÉTAIRE Bien, Monsieur. Je suis prête.

SANDERSON Alors, commençons . . .

Chère Madame Legrand,

Comme suite à notre conversation lors de mon passage à Paris, j'ai le plaisir de vous confirmer que nous sommes en mesure de vous livrer dans les délais les plus brefs, c'est à dire quinze jours comme convenu.

Je tiens aussi à souligner que nous faisons en ce moment une offre spéciale. Comme vous l'avez sans doute vu sur nos affiches publicitaires, il s'agit d'une offre vraiment intéressante. Si vous nous passez commande avant le 10 mai, vous pourrez bénéficier d'un rabais d'environ 13% sur la plupart de nos produits. Cette offre ne sera valable que jusqu'au 10, mais nous continuerons à accorder un escompte de 5% sur tout paiement comptant.

Permettez-moi de vous renouveler notre invitation. Nous serions en effet heureux de vous faire visiter nos usines, si vous aviez l'occasion de venir en Angleterre. Je crois que vous trouveriez cette expérience intéressante et utile, et nous serions enchantés de vous voir.

Dans l'espoir de pouvoir vous accueillir très prochainement dans notre entreprise, veuillez agréer, chère Madame Legrand, l'expression de mes sentiments les meilleurs.

John Sanderson

Voilà, c'est tout!

Secretaire	*Voulez-vous que je relise?*
Sanderson	Non, ce n'est pas la peine. *Je vous fais confiance* puisque *c'est dans votre langue maternelle*, et je connais vos talents de sténographe! Tenez, voici une lettre d'une autre entreprise française. *Veuillez accuser réception s'il vous plaît!*
Secretaire	Bien, monsieur. *Je vais m'en occuper tout de suite.*
Sanderson	N'oubliez pas non plus de demander au service financier de régler la facture de chez Moiret et Frères.
Secretaire	Entendu, monsieur. Et *je vais aussi m'occuper du télex* de la maison Michelet. Le message avait l'air urgent. Je vais leur passer un coup de fil sur le champ pour les rassurer et les convaincre que *nous faisons de notre mieux* pour résoudre leur problème.

SECTION B *La lettre commerciale*

La mise en page

The usual layout for French business letters follows the French standard NF Z 11.00., as shown below.

1 L'en-tête	
	2 La vedette
3 Les références	
	4 La date
5 L'objet	
6 Les pièces jointes	
7 L'appel	
	8 Le corps de la lettre
9 La formule de politesse	
	10 La signature

Note See p. 184 for an example.

1 L'en-tête

1 Name of company.

2 Five-figure postcode. The first two digits indicate the *département* (see map p. 173), and the last three digits the distributing office. The number of *bureaux distributeurs* per *département* varies between 30 and 250.

3 CEDEX (*Courrier d'entreprise à distribution exceptionnelle*). Large firms and organisations receiving considerable amounts of mail have individual CEDEX sorting codes.

4 Chèques Postaux: postal cheque (Giro) number.

5 The company's registration number.

6 Type of company. *Société en commandite par actions*: partnership limited by shares. Note also S.A. (*Société Anonyme*) public limited company; S.A.R.L. (*Société à responsabilité limitée*): private limited liability company. By law companies must show their share capital (at least 500,000F for public limited companies, and 100,000F for other types).

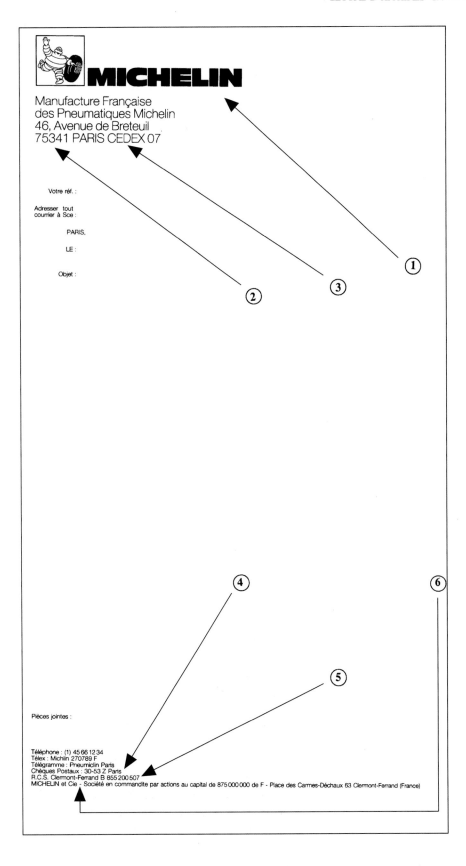

MICHELIN

Manufacture Française
des Pneumatiques Michelin
46, Avenue de Breteuil
75341 PARIS CEDEX 07

Votre réf. :

Adresser tout
courrier à Sce :

                    PARIS,

                    LE :

        Objet :

① ② ③ ④ ⑤ ⑥

Pièces jointes :

Téléphone : (1) 45 66 12 34
Télex : Michlin 270789 F
Télégramme : Pneumiclin Paris
Chèques Postaux : 30-53 Z Paris
R.C.S. Clermont-Ferrand B 855 200 507
MICHELIN et Cie - Société en commandite par actions au capital de 875 000 000 de F - Place des Carmes-Déchaux 63 Clermont-Ferrand (France)

2 *La vedette (addressee)*

Either a person: Monsieur Jean ANNICK
39, rue du Docteur Temporal
01230 ST. RAMBERT EN BUGEY

or a firm: Etablissements LACOSTE
16, avenue Leclerc
B.P. 76–75
69832 LYON CEDEX

3 *Les références*

votre (vos) référence(s) → usually abbreviated to v/réf.
notre (nos) référence(s) → usually abbreviated to n/réf.

4 *La date*

Always in lower case, and always preceded by the town from which the letter originates. For example:

Paris, le 25 janvier 1989

Londres, le 1er juin 1990

5 *L'objet (purpose of letter)*

Keep words to a minimum, avoiding articles and adjectives. For example: v/lettre du 20 mai; demande de renseignements; rappel; n/commande réf. SF135

6 *Pièces jointes (enclosures)*

Normally abbreviated to P.J.

7 *Appel/formule d'interpellation (salutation)*

- To a business organisation   Messieurs,
- To an individual whose name you do not know   Monsieur,
Madame,
Mademoiselle★,

- To an individual whose name and sex you do not know   Madame/
                                                        Monsieur,
- To a person with whom you are acquainted   Cher Monsieur,
                                              Chère Madame, etc.
- If you are on good terms   Cher Monsieur Olivier,
                             Chère Madame Legrand, etc.

* If in doubt, use *Madame*

Note also: Madame la Présidente (even if she is not married)
              Maître (to a lawyer or solicitor)
              Monsieur le Directeur

8 Le corps de la lettre (main body of letter)

a Opening
b Middle
c Close

Useful phrases

a Opening

| ■ En réponse à
■ Je vous remercie de
■ Nous vous accusons réception de
■ Nous référons à | votre | ■ lettre
■ courrier
■ offre | du 9 mai. |

| ■ Comme suite à notre | ■ entrevue.
■ conversation |

b Middle

(i)   *Requests:*

| ■ Nous vous serions reconnaissants de bien vouloir
■ Auriez-vous l'obligeance de
■ Pourriez-vous | nous | ■ envoyer
■ faire parvenir
■ fournir |

| ■ de la documentation.
■ des renseignements.
■ des échantillons.
■ une liste de vos prix.
■ des précisions sur . . . |

- Veuillez également nous
  - faire savoir
  - indiquer
  - préciser
  quel(le)s sont vos

- modalités et conditions.
- délais de livraison.

(ii) *Offers:*

- Nous vous prions de
- Veuillez
  trouver ci-joint
  - nos prix actuels.
  - notre dernier catalogue.

- Nous avons l'honneur de vous faire parvenir
- Nous vous adressons   par ce pli
  sous pli séparé
  par ce même courrier
  - la documentation souhaitée.
  - une description de toute la gamme de nos produits.

- Nous pouvons effectuer livraisons dans un délai de 30 jours.
- Nous apporterons tous nos soins à l'exécution de votre commande.

(iii) *Orders:*

- Nous avons
  - le plaisir
  - l'honneur
  de vous
  - passer
  - transmettre
  la commande suivante

- Nous vous confirmons notre
  - commande
  - accord
  pour la livraison de . . .

(iv) *Apologies:*

- Nous vous prions de nous
  - excuser pour ce retard.
  - pardonner cette erreur.

- Nous regrettons vivement
  - cette négligence
  - ce malentendu, etc.
  de notre part.

- Nous vous présentons nos excuses les plus sincères.
- L'erreur était due à des circonstances indépendantes de notre volonté.

- Nous espérons que
  - cette erreur
  - ce contretemps
  n'aura pour vous aucune conséquence fâcheuse.

(v) *Complaints:*

■ Nous avons le regret de vous informer que . . .
■ Nous vous rappelons que vous nous aviez promis de . . .

■ Nous ne sommes pas du tout satisfaits de la | ■ qualité
| ■ finition

de la marchandise livrée.

■ Nous avons constaté plusieurs erreurs dans les chiffres cités.
■ Nous ne sommes pas d'accord sur le montant facturé.
■ Nous ne nous expliquons pas la différence de prix.
■ Nous serons obligés de nous adresser ailleurs.

■ Nous comptons sur vous pour rectifier la situation

| ■ par retour de courrier.
| ■ par ce même courrier.

c Close

(i) It is necessary to lead into the final complimentary close (formule de politesse) with a suitable phrase. This will depend on the nature of the letter. For example:

If a reply is needed:

■ Dans l'attente

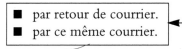

| ■ de recevoir bientôt de vos nouvelles, . . .
| ■ d'une réponse   favorable, . . .
| rapide, . . .
| ■ de vous lire, . . .

If you can be of further assistance:

■ Nous restons à votre entière disposition pour tout renseignement complémentaire, . . .

To thank them for their interest:

■ En vous remerciant de l'intérêt que vous portez à | ■ nos produits
| ■ notre maison

If you are looking forward to doing business with them:

■ Dans l'espoir que nous pourrons traiter affaires . . .

If you wish to sell them your services and assure them of your best attention:

■ Dans l'attente de recevoir votre commande à laquelle nous apporterons tous nos soins, . . .

If you wish to repeat an apology made earlier in the letter:

■ Nous vous renouvelons toutes nos excuses pour ce | ■ malentendu
■ contretemps

et vous prions de . . .

To thank in anticipation:

■ En vous remerciant d'avance, . . .

To reassure:

■ En vous assurant | ■ de notre bonne volonté, . . .
■ que nous ferons tout notre possible pour résoudre ce problème, . . .

(ii)   Formule de politesse (complimentary close):
Following on immediately from the 'lead-in' shown in (i) above, there are several permutations possible, most of them involving 'salutations', 'sentiments' or 'considération'. The title used (Messieurs, Madame, etc.) must be the same as in the salutation. The following suggestions should help you cope with most letters, and they can all be safely translated by 'Yours sincerely' or 'Yours faithfully' as appropriate.

To a customer or supplier:

■ Veuillez
■ Nous vous prions d'

agréer, Monsieur, l'expression de nos sentiments

■ dévoués (customer).
■ respectueux (supplier).
■ distingués.

To a superior:

■ Veuillez
■ Je vous prie d'

agréer, Monsieur le Directeur, l'expression de mes sentiments les plus dévoués.

To be polite and pleasant, but matter-of-fact:

■ Recevez, Madame, mes salutations les meilleures.

To be polite, but nothing more (i.e. to express dissatisfaction or annoyance):

■ Recevez, Messieurs, nos salutations.

Style

The question of style is very important in the presentation of business letters.

Although you may come across the expressions on the left below, you are more likely to see, and you should aim at using, the alternatives on the right.

Avoid		**Use**	
Pouvez-vous nous dire	→	Pourriez-vous nous	$\begin{cases} \text{faire savoir} \\ \text{indiquer} \\ \text{signaler} \end{cases}$
Merci pour votre lettre	→	Je vous remercie de votre	$\begin{cases} \text{courrier} \\ \text{lettre} \end{cases}$
Nous nous excusons pour cette erreur	→	Nous vous prions de nous excuser pour cette erreur	
J'aimerais avoir de la documentation	→	Je souhaiterais recevoir de la documentation	
Envoyez-nous votre catalogue, s'il vous plaît	→	Nous vous prions de bien vouloir nous faire parvenir votre catalogue	
D'habitude/généralement	→	Dans l'ensemble/en général	
Je vous écris en espérant que . . .	→	Je m'adresse à vous dans l'espoir de . . .	

SECTION C Part One: Examples of business letters

Demande de renseignements

---

1   **Aux Quatre Gourmands**
37, rue du Bourg
03000 MOULINS

3 V/réf.:
N/réf.: PD/1

2   Confiseries de France
21, bd. Bellini
B.P. 5035
34032 MONTPELLIER Cedex

4   Moulins, le 25 mai

5 Objet: demande de renseignements

6 P.J.: 2 dépliants

7 Messieurs,

Vos affiches publicitaires ayant attiré notre attention, nous souhaiterions obtenir de plus amples renseignements sur vos produits.

8 Auriez-vous l'obligeance de nous envoyer votre dernier catalogue, une liste de prix* et quelques échantillons. Veuillez aussi nous faire savoir quels sont vos modalités et conditions de paiement*, ainsi que vos délais de livraison.

Nous vous en remercions d'avance et avons le plaisir de joindre à ce courrier de la documentation sur notre maison.

9 Dans l'attente d'une réponse rapide, recevez, Messieurs, nos salutations les meilleures.

10 *P. Delacroix*

P. Delacroix

★ See pp. 187–8

Note   Voir *La mise en page* p. 176.

Offre

CALOREX FRANCE – appareils de chauffage – chaudières
S.A.R.L. au capital de 100 millions de francs
18, rue Jean Jaurès – Zone Industrielle – BP 119 –
92303 COURBEVOIE CEDEX
téléphone: (1) 45 98 51 32 télex: 426895 F télécopie: 34 43 21 50

Domestic Appliances Ltd.
3, Home Park,
SIDCUP
Kent
Angleterre DA12 6SJ

vos réf: JS/GB
nos réf: GC/DAT

Courbevoie, le 15 mars

objet: v/lettre du 6 mars

p.j.: 1 catalogue
    1 liste de prix
    1 bon de commande

à l'attention de Mr Stanley

Monsieur,

Nous vous remercions de votre courrier du 6 ct. et de l'intérêt que vous portez à nos produits.

Veuillez trouver ci-joint notre catalogue, ainsi que notre liste de prix et un bon de commande.

Pour tout paiement comptant vous bénéficierez d'un escompte de 3% et nous serions prêts à vous accorder un rabais spécial de 2,5% à l'occasion de votre première commande. Nos prix s'entendent franco à bord* Calais.

Nos délais de livraison sont de trois semaines maximum à dater de la réception de votre commande dans nos bureaux.

Notre représentant Monsieur Vincent sera en Angleterre à partir du 15 avril et serait heureux de vous rendre visite, soit le 18, soit le 19. Veuillez nous faire savoir quelle est la date qui vous convient le mieux.

Pour tout renseignement complémentaire n'hésitez pas à vous mettre en rapport avec nous; nous sommes à votre entière disposition.

Dans l'espoir que nos conditions vous permettront de nous passer commande, veuillez agréer, Monsieur, l'expression de nos sentiments dévoués.

le Directeur Commercial

Jean-Louis Lemoine

Jean-Louis Lemoine

★ See pp. 187–8

Commande

TAMAR WINE SUPLIES
22 Armada Street
Tavistock
DEVON
PL19 7AH

VINS FINS DE SAVOIE
Domaine Dupasquier
Aimavigne
73170 Jongieux
France

N/ réf: R.H. 1895
V/ réf:
Objet: commande de vins

Tavistock, le 23 octobre

Messieurs,

Suite à notre conversation téléphonique du 10 octobre, nous avons le plaisir de vous passer la commande d'essai suivante:

> 20 cartons de 12 bouteilles de Roussette
> 15 cartons de 12 bouteilles d'Apremont
> 12 cartons de 6 bouteilles de Seyssel Mousseux
> 10 cartons de 4 bouteilles de Marestel

Nous espérons que vous serez en mesure de nous faire parvenir la marchandise dans les délais les plus brefs, au plus tard avant la mi-novembre, afin que nous puissions faire connaître à nos fidèles clients ces excellents vins de Savoie. Il importe en effet que nous soyons livrés avant la période cruciale précédant les fêtes de fin d'année et la soirée "dégustation" prévue pour le 8 novembre.

Veuillez confirmer votre accord par fax selon lequel les prix cités dans votre brochure et l'escompte accordé seront maintenus jusqu'au Jour de l'An. Pour notre part, nous nous engageons à régler la facture D / A, à 30 jours fin de mois comme convenu.

Nous souhaitons vivement que nos vins plaisent aux consommateurs et aux connaisseurs britanniques afin que nos deux maisons puissent continuer à traiter affaires.

Dans l'espoir d'une réponse rapide dont je vous remercie d'avance, nous vous prions d'agréer, Messieurs, l'expression de nos sentiments distingués.

Le Directeur du Service Achats

Ray Meale .

M. Ray Heale

Réclamation

Beachgear U. K.
3 Oldham Road, Manchester M6 3NP

Aux 100,000 Maillots
Quai Jules Ferry
69000 LYON CEDEX
France

Manchester, le 2 mai

v/réf: BG/J-JS
n/réf: NA/MF

objet: réclamation 476 du 15 mars

Messieurs,

Nous avons dû attendre votre livraison pendant de nombreuses semaines et la non-observation des délais de livraison a eu pour nos affaires les plus graves conséquences, notre commerce étant saisonnier. Nous avons insisté plusieurs fois sur l'urgence de la livraison. Si nous ne pouvons pas nous fier à vos promesses, nous vous verrons à l'avenir dans l'obligation de nous adresser à d'autres fournisseurs.

De plus, au déballage, nous avons constaté plusieurs erreurs dans le choix des teintes parmi certains articles que nous vous retournons en port dû.

Enfin nous ne sommes pas d'accord sur le montant facturé. Vous nous aviez laissé entendre que vous prendriez à votre charge les frais d'emballage, mais nous constatons d'après votre facture qu'il n'en est pas ainsi, et nous vous prions de nous fournir des éclaircissements à ce sujet.

Recevez, Messieurs, nos salutations.

Expressions utiles

(see also *Petit Guide des Sigles*)

1 Les prix		
	D/A 60-document contre acceptation à 60 jours à vue	*D/A 60 days-document against acceptance at 60 days from sight*
	départ usine/sortie usine	*ex works*
	devis (m)	*estimate*
	(en) port dû	*carriage forward*
	frais d'emballage en sus	*packaging charge extra*
	franco à bord	*free on board*
	franco de port	*carriage paid*
	franco domicile	*carriage paid to customer's warehouse*
	franco frontière française	*free French frontier*

h.t. (hors taxe)	*not including VAT (also used to express 'duty free')*
montant (m)	*total amount*
redevance douanière	*customs' handling charge*
relevé (m)	*statement*
timbre de connaissement (m)	*bill of lading stamp*

2 Les modalités et conditions de paiment

acompte (m)	*part payment/instalment*
arrhes (f.pl.)	*deposit*
comptant contre documents	*cash against documents (CaD)*
comptant contre remboursement	*cash on delivery (CoD)*
paiement à la commande	*cash with order*
paiement avant (après) l'expédition	*payment before (after) despatch*
paiement à réception de facture	*payment on receipt of invoice*
paiement à tempérament	*payment by instalments*
paiement par relevé mensuel	*monthly settlement*
payer à terme	*to buy on credit*
payer comptant	*to pay cash*
quittance (f)	*receipt*
transfert de fonds (m)/virement (m)	*(bank) transfer*
trente jours fin de mois	*within 30 days of the end of month of receipt of invoice*

Part Two: Les fax

Bien que la lettre occupe une place importante dans le monde des affaires, le fax ou la télécopie est une activité courante, quotidienne de la communication commerciale.

Deux facteurs primordiaux d'économie et de rapidité déterminent le style du fax. Savoir répondre à des requêtes ou émettre des demandes dans un délai très bref est un moyen efficace mais coûteux comparé à la lettre d'affaires. Il est donc essentiel d'adopter un style concis, clair, moins formel et rapide.

En général, chaque entreprise ou organisation a un pro-forma de fax qui permet d'éviter les mots superflus. Il suffit parfois de cocher les cases.

En plus de l'avantage évident que représente l'usage d'un fax quand il s'agit de confirmer des dates, des heures, des prix, etc., les pages 189 and 190 démontre aussi comment le contenu d'une lettre peut être exprimé clairement mais avec une grande économie de mots. Comparez la lettre au fax.

The International Garden Centre

WHITCHURCH STREET
TAVISTOCK
DEVON
PL16 8DJ

Jardinerie COLBERT
Route de Bourg
Belley 01970
FRANCE

V/réf.: MJ316 MC
N/réf.: JS1349
Objet: demande de renseignements

Tavistock, le 23 septembre
A l'attention de Monsieur Leclerc

Cher Monsieur,

Nous accusons réception de votre courrier du 20 courant dans lequel vous nous avez demandé de vous fournir de plus amples renseignements sur notre fauteuil de jardin "Relax".

Nous vous remercions de l'intérêt que vous portez à nos produits et vous prions de trouver ci-joint une photocopie de la page 5 de notre catalogue sur laquelle vous trouverez les précisions souhaitées ainsi qu'une liste de prix. Nous vous expédierons notre catalogue sous pli séparé.

Nous vous permettons d'attirer votre attention sur notre offre spéciale: 10% de réduction sur notre gamme de meubles de jardin valable jusqu'à la fin de ce mois. La clôture de cette offre étant très proche, nous vous prions de nous faxer votre commande le plus rapidement possible.

Dans l'espoir que ces renseignements vous seront utiles et nous permettront de traiter affaires, veuillez agréer, cher Monsieur, l'expression de nos sentiments dévoués.

John Smith
Directeur des Ventes

The International Garden Centre

WHITCHURCH STREET, TAVISTOCK, DEVON PL16 8DJ
TEL.: 01822 696 371 FAX: 01822 696 371

De la part de/From: John Smith, Directeur de Ventes
Destinataire/To: Jardinerie Colbert, route de Bourg, Belley 01970 France.
No de Fax/Fax Number: 19 44 1752 385 343
Nombre de pages qui suivent/Number of pages to follow:

☐ Suite à notre entretien téléphonique/
Following our telephone conversation

☐ Suite à votre contact du: avec
Following our conversation at   with

☑ Suite a votre lettre / fax du: 23/9
Following your letter / fax dated:

☑ Pour information/   page 5 de n/catalogue
For information: liste de prix, offre spéciale

☐ Transmission uniquement par fax/
Fax transmission only

☑ Original suivra par courrier/
Original to follow by post

☑ Merci de bien vouloir confirmer la réception de ce fax
Please confirm reception of this fax

☐ Merci de bien vouloir rappeler/
Please call back

☐ Merci de bien vouloir faire le nécessaire/
Please deal with as necessary

MESSAGE:

Cher Monsieur Leclerc,
Suite à votre demande de renseignements sur les fauteuils de jardin "Relax"
veuillez trouver ci-joint la documentation en question.
Pour profiter de l'offre spéciale de 10% de réduction, veuillez passer commande
par fax avant le 31.
Merci de votre intérêt.

Part Three: Useful personal letters

Letter A: Hotel reservation

objet: réservation de chambre

Madame/Monsieur,

Je vous prie de bien vouloir me réserver deux chambres individuelles avec salle de bains pour les nuits du 3 et 4 avril aux noms de Messieurs Calavasse et Périer.

Veuillez me faire savoir le prix des chambres et me préciser si le petit déjeuner et le service sont inclus. Pourriez-vous aussi m'indiquer si je dois vous verser des arrhes au préalable.

Je vous en serais reconnaissant si vous pouviez me répondre par retour du courrier.

Je vous en remercie d'avance.
Dans l'attente de vous lire, recevez, Madame/Monsieur, mes salutations les meilleures.

Letter B: Request for work experience

objet: demande de stage

à l'attention du Chef du Personnel

Monsieur,

Je me permets de m'adresser à vous dans l'espoir de trouver un stage rémunéré d'une durée de . . . dans votre entreprise.

Je poursuis des études de . . . à . . . où je suis actuellement en . . . année d'un programme qui dure . . . ans.

J'ai l'intention de me spécialiser dans . . . en dernière année; je souhaiterais, donc, faire mon stage dans ce service. Cependant, si cela s'avérait impossible, je serais prêt(e) à acquérir de l'expérience dans un autre département.

Veuillez trouver ci-joint un curriculum vitae et une photo récente. Je me tiens à votre disposition pour vous fournir tout renseignement complémentaire.

J'espère que vous voudrez bien prendre ma candidature de stagiaire en considération, et je vous en remercie d'avance.

Dans l'attente d'une réponse favorable, je vous prie d'agréer, Monsieur, l'expression de mes sentiments respectueux.

CURRICULUM VITAE

NOM: **HUDSPETH Christopher**

Nationalité: britannique
Etat civil: célibataire
Date et lieu de naissance: **16 juin 1978** Tavistock (Devon)

Domicile permanent: Rose Cottage, Woodlands,
Tavistock, Devon PL19 9JP, Angleterre
Tél.: 01822 932709

SCOLARITE
1989–1996 **études secondaires, Callington Community School**, Cornwall
1994 **diplôme GCSE** maths, anglais, histoire, géographie, chimie, physique, sciences naturelles, français, allemand, dessin, éducation physique
1996 **diplôme GCE** A Level (niveau avancé, équivalent du baccalauréat, qui sanctionne deux années en classes terminales) français, **mention très bien**, allemand **mention bien**, sciences économiques, **mention assez bien**, espagnol, **mention passable**

FORMATION
1996–2000 études à **l'Ecole Supérieure de Commerce de Plymouth, University of Plymouth: BAIB, Licence de Commerce International**, marketing, comptabilité, droit commercial, sciences économiques, langues, statistiques, gestion, méthodes quantitatives
1998–1999 de septembre à mars, **stage d'études à l'ESCAE de Brest**

EXPERIENCE PROFESSIONNELLE
1993–94 emploi à temps partiel le week-end dans un grand magasin (vendeur/caissier)
1995 (été) travail temporaire dans une agence de voyages (employé de bureau)
1996 (été) emploi saisonnier de gardien dans un terrain de camping en France
1998 (été) **étude de marché** en vue de la création d'un rayon plongée sous-marine (Aquasports, Plymouth)
1999 avril à fin août, **stage en entreprise** chez **Alcatel** (marketing) étude de qualité du service clients export

COMPETENCES
Langues: **français**, lu, écrit, parlé couramment
allemand, lu, écrit, parlé couramment
espagnol, lu, écrit, parlé couramment,
italien, rudiments
Informatique: traitement de textes, **WordPerfect, Excel (tableurs)**
Permis de conduire: B depuis 1998

PASSE-TEMPS/LOISIRS
sports d'équipe: capitaine de l'équipe de rugby à l'école
sports individuels: ski, voile, delta plane, randonnées
voyages, séjours à l'étranger, Etats-Unis, Allemagne. lecture, musique, échecs

---

Letter C: Job application

objet: demande d'emploi

Monsieur,

Comme suite à l'annonce parue dans le . . . du 8 avril dernier, je me permets de poser ma candidature au poste de . . . que vous proposez.

J'ai fait des études de . . . à . . . Je possède une licence/un diplôme de . . . Ma langue maternelle est l'anglais, mais je parle couramment le français. En ce moment j'occupe le poste de . . . dans une petite entreprise de . . . où malheureusement je n'ai pas assez l'occasion de me servir de mes connaissances de français.

Je souhaiterais occuper un emploi qui me permettrait d'utiliser mon désir d'entreprendre et mon sens de l'initiative. Je pense posséder les qualités de dynamisme et de diplomatie auxquelles votre annonce fait allusion. Je travaille bien au sein d'une équipe, et j'espère que mon expérience professionnelle ainsi que mon profil correspondent à la personne que vous recherchez.

Veuillez trouver ci-joint mon curriculum vitae★.

En espérant que ma proposition retiendra votre attention, je vous prie d'agréer, Monsieur, l'expression de mes sentiments les plus respectueux.

★ A curriculum vitae (c.v.) should always accompany a letter of application. The example on p. 192 could provide a possible model to follow.

SECTION D · *Exercises*

A En-têtes (see pp. 176–7)

I Study the letter heads of the three companies and answer the questions which follow.

ALCATEL
TELECOM

10, rue Latécoère
B.P. 57
78141 Vélizy Cedex
France

Alcatel CIT - siège social : 12, rue de la Baume - 75008 Paris - France
Société Anonyme au capital social de 1 675 000 000 F - RCS : Paris B 338 966 385

MARBRADOR

MARBRERIE D'ART • SCULPTURE • GRAVURE

10, rue Apollo · Z.A. de Montredon · 31240 L'UNION · Tél. **61.61.52.09** (lignes groupées) · Fax 61.61.52.21

Marque déposée / S.A.R.L. au capital de 100 000 francs - R.C. Toulouse 79 B 650 - SIRENE 317 253 490 00021 - CODE APE 267 Z / C.C.P. 3 477 33 M Toulouse

---

VÉRANDAS - PERGOLAS - AGENCEMENT - COUVERTURE DE PISCINE - TERRASES DE RESTAURANT - MENUISERIE ALU
P.V.C. RUPTURE THERMIQUE

Capital Social 250.000 F.

S.A. J & M

Z. A. SAINT-MEEN
22700 SAINT-QUAY-PERROS
☎ 96.91.23.11
SIRET 349.186.932 - R. C. 310.319.678

---

a List the three companies in descending order of size/financial strength.
b Which is/are the equivalent/s of the PLC in the UK and which is/are the equivalent/s of the private limited company?
c In which region of France is each company based?

2 Study the letter head and answer the following questions.

QUAKER FRANCE

ALIMENTS CHIEN ET CHAT **FIDO**　◉　CÉRÉALES **QUAKER**

siège social : 40, boulevard de dunkerque · 13002 marseille – télex : quak 440817 f – tél. 91 91.91.48
direction commerciale : immeuble évolution · 18, 26, rue goubet · 75940 paris cedex 19 · télex : 220857 · tél. 1 42.45.73.73
usines :　kergostiou 29130 quimperlé – r.c. 75 b 107 – télex : fido 940764 – tél. 98 96.17.16 / 98 96.05.51
　　　　　z.i. la plaine b.p. 18 – 42340 veauche – télex : 310516 – tél. 77 36.69.44

S. A. CAPITAL 53.600.000 F.　　　　C. C. P. MARSEILLE 3119 22 K　　　　SIREN 302 079 462　　　　R. C. MARSEILLE B

---

a What type of company is it and what type of products does it manufacture?

b What address would you write to if you had a query about an invoice?

c If you wanted to pay by giro transfer what is their number?

d If a customer in Rennes wanted to ring their nearest factory what number would he dial?

B Mise en page (see pp. 175–9)

You are working for HOMEDECOR of Reading. Lay out the beginning of your reply to an enquiry you have received from a Monsieur Jospin, writing on behalf of Ets. Ducor of 3, rue de l'Empereur, B.P. 36, 03203 VICHY Cedex.

Your reference is MB/JY and you are enclosing a copy of your catalogue and a price list. The date of your reply is the 4th. March.

Windsor Park Road
Reading
Berkshire

C *Formules de politesse (see pp. 181–3)*

Write suitable complimentary closes with the appropriate 'lead-in' phrase to a letter to:

a a regular customer, Jean Fontugne, whom you have known for several years and who has just placed a large order with you.
b a firm which has written asking for information on your products.
c a recently acquired customer, Madame Laporte, who has written complaining she has been sent the wrong goods.
d the Managing Director of your Paris parent company asking you to sort out a problem.

 ## D *Transcription*

Transcribe the two recorded letters and translate them into good commercial English.

E

Write a reply on behalf of Confiseries de France to the letter on p. 184

- thanking them for their enquiry
- asking them to find enclosed the information they requested (a sample of your raspberry flavoured sweets is being sent under separate cover)
- payment must be made when placing order, but as a new customer they would be entitled to a 5% discount
- prices quoted are carriage paid
- delivery is guaranteed within two weeks of receipt of written order

Finish with a suitable complimentary close.

F

Reply on behalf of 'Aux 100,000 maillots' to Beachgear U.K. (see letter on p. 187)

- apologising for the delay in delivery and the errors in the consignment
- on receipt of the goods they are returning you undertake to send, by return, the missing items
- you will draw up a new invoice to take into account your original undertaking to meet packaging costs
- as compensation you will give them a 3% reduction on their next order

Finish with a suitable complimentary close.

G Réservation de chambres

Restaurant Hôtel "Les Voyageurs"
15, avenue Clemenceau, 29200 Brest
tél. 98 80 25 73 (lignes groupées)

r. c. Brest B 635 720 907
société à responsabilité limitée «Hôtel des Voyageurs»
au capital de 24.000 f.
siret 635 720 907 016

Write to the Hôtel des Voyageurs, Brest to reserve one double and one single room for the nights of June 15 and 16.

You will require bathroom and toilet with the double room and shower and toilet with the single.
Ask for the price (inc. VAT) of the rooms and breakfast (if not included).
Do they accept Visa and/or Access credit cards?
You will be arriving between 18h00 and 20h00 on June 15 by car and would like to know if the hotel has a garage.
Could they confirm within the next two weeks.

H

I By ticking the appropriate boxes and filling in the blanks on the pro forma fax on page 198 express the content of this letter in the form of a fax.

J Murray & Sons
Crystal, Glass and China Ware
236 High Street
MALDON
Essex CM5 8LM

Ets. Quinten S.A.,
196, route de Grenoble
B.P. 161
69802 ST. PRIEST Cedex
France

Maldon, le 12 juin

objet: commande de porcelaine

à l'attention du Chef du Service des Ventes

Monsieur,

Les articles que vous nous proposez par votre lettre du 29 mai répondent parfaitement à nos besoins, et vos conditions générales de vente nous semblent satisfaisantes. Donc si vous vous engagez à effectuer livraison le 20 juillet au plus tard, et ce sans augmentation de prix sur le tarif actuel, nous sommes prêts à vous passer ferme commande de:

  - 6 services de table, modèle BALLETT, réf. 5119 à 2131,00F
  - 6 services à gâteau, modèle SATURN, réf. 17115 à 1280,40F
  - 6 services à café, modèle SATURN, réf. 28596 à 550,50F

Ceci à condition que les prix cités soient franco de port et d'emballage.*

Nous vous serions reconnaissants de nous confirmer votre accord sur ces conditions. De notre côté nous réglerons la facture suivant les modalités précisées dans votre dernière lettre.

Dans l'attente de recevoir très bientôt votre lettre de confirmation, recevez, Monsieur, nos salutations les meilleures.

le directeur du service des achats

Martin Webster

---

*
See p. 187

FAX:
MURRAY & SONS,
Crystal, Glass and China Ware,
236 High Street Maldon, Essex, CM5 8LM

De la part de/From: Monsieur Webster, Directeur du Service des Achats
Destinataire/To: Chef du Service des Ventes, Ets. Quinten

No de Fax/Fax Number: 18 34 1652 185 379

Nombre de pages qui suivent/Number of pages to follow:

☐ Suite à notre entretien téléphonique/Following our telephone conversation

☐ Suite à votre contact du: avec
   Following our conversation of: with

☐ Suite à votre lettre/fax du:
   Following your letter/fax dated:

☐ Pour information/For information:

☐ Transmission uniquement par fax/Fax transmission only

☐ Original suivra par courrier/Original to follow by post

☐ Merci de bien vouloir confirmer la réception de ce fax
   Please confirm reception of this fax

☐ Merci de bien vouloir rappeler/Please, call back

☐ Merci de bien vouloir faire le nécessaire/Please deal with as necessary

MESSAGE:

Veuillez . . . . . . que les prix . . . . . . s'appliquent et sont franco de . . . . . . et . . . . . . et que vous pouvez . . . . . .
livraison le 20 juillet au plus . . . . Si oui, ... nous expédier la marchandise suivante: . . . . . .
. . . . . .
. . . . . .
Nos salutations . . . .

---

2 Read the letter from the Hôtel du Théâtre. Using the pro forma on page 200 and a minimum of words write a fax response to Monsieur Lambert dated 20th August.

- refer to his letter of the 16th August
- make a booking for the nights of the 3rd and 4th October for 15 couples (rooms with en suite bathroom and WC) and one member of your staff (single room with shower and WC)
- order breakfast for the whole group
- request confirmation of the total price of 4800F TTC

Hôtel du Théâtre ***NN
2, rue Lumière – 75 009 PARIS
Télex 66 20 84 L
Tél.: 1 – 48 22 74 86

Paris, le 16 août

Madame, Monsieur,

C'est avec plaisir que nous vous présentons notre Hôtel. L'**Hôtel du Théâtre**, classement trois étoiles, et bien que de construction récente, est situé au coeur même de Paris. Son emplacement à proximité de la Comédie Française, de l'Opéra Garnier et à quelques minutes à pied des Grands Boulevards et des Grands Magasins (Printemps, Galeries Lafayette...) en fait un établissement très recherché.

Notre parking souterrain comprend une trentaine de places et convient aux autocars tout comme aux voitures particulières. A la station de Métro Odéon, ajoutons un excellent service de bus, nos 31,55,62, qui dessert notre quartier.

L'**Hôtel du Théâtre** met à la disposition de son aimable clientèle cinquante-cinq chambres qui se conforment aux Nouvelles Normes de confort et de sécurité. Toutes les chambres possèdent téléphone, télex et télévision, mais elles sont personnalisées grâce à un élégant mobilier de style. Elles sont réparties de la manière suivante:

  20 chambres à 2 lits, salle de bain et WC privés
  20 chambres pour 2 personnes, grand lit, salle de bain, WC privés
   5 chambres pour 3 personnes, grand lit, lit d'appoint, salle de bain, WC privés
  10 chambres pour 1 personne, douche, WC privés

L'**Hôtel du Théâtre** se compose de quatre étages desservis par un ascenseur, un grand escalier et un escalier de secours. L'Hôtel offre au rez-de-chaussée le confort d'un salon spacieux et d'une salle à manger pour le petit déjeuner.

Notre personnel qualifié, qui parle plusieurs langues, sera heureux de vous accueillir dans notre établissement.

CONDITIONS DE GROUPES de 30 personnes:

Séjour, 2 nuits ou plus	HIVER du **1/10** au **31/3** excepté **Fêtes** et **Salons**	ETE à partir du **1/4** jusqu'au **30/9**
chbre double	160F	200F
chbre individuelle	200F	250F

Les prix sont par personne et par nuit, taxes, service et petit déjeuner inclus
(séjour 1 nuit sup. 60F/personne). Nous accordons une gratuité pour 30 personnes.

Avec l'assurance de nos soins les plus dévoués pour toutes les personnes que vous voudrez bien nous confier, nous vous prions d'agréer, Madame, Monsieur, l'expression de nos sentiments les meilleurs.

Le Directeur: L. Lambert

FAX

WESTLANDS TRAVEL Ltd
Cathedral Road, Exeter,
Devon, EX14 8JP
Tel.: 01392 563710 Fax: 01392 564891

De la part de: Jeff Jones, Directeur du Marketing

Destinataire:
No de Fax:

Nombre de pages qui suivent:

☐ Suite à notre entretien téléphonique

☐ Suite à votre contact du: avec

☐ Suite à votre lettre/fax du:

☐ Pour information:

☐ Transmission uniquement par fax

☐ Original suivra par courrier

☐ Merci de bien vouloir confirmer la réception de ce fax

☐ Merci de bien vouloir rappeler

☐ Merci de bien vouloir faire le nécessaire

MESSAGE:

I Offres d'emploi

I Traduisez cette annonce en français. Référez-vous aux six offres d'emploi aux pages 202–3 pour trouver les expressions dont vous aurez besoin.

Within the framework of its expansion programme

LEADING INTERNATIONAL INSURANCE GROUP

requires:

(a) SALES MANAGER

- aged between 25 & 35, with proven success in selling, you will be responsible for increasing turnover, training a sales team and managing the customer portfolio

- your strengths will be your training and interpersonal skills, your business sense and your enthusiasm for team work

- experience in the insurance sector essential

- post based in Lyon

(b) COMMERCIAL ATTACHE

- reporting to the Sales Manager your task will be to promote our products and to seek out new markets

- you will be given product training and recruitment will take place after this training period

- your duties will involve a considerable amount of travel within France and abroad

- you must have a perfect command of English

- good promotion prospects

- basic salary + target bonuses + expenses

(c) SECRETARY

- for reception, telephone and general administrative duties

- thorough command of office technology and an ability to work unsupervised

- English essential; Spanish desirable

Please send a handwritten letter of application with a CV to . . .

2 Etudiez les six offres d'emploi ci-dessous et posez votre candidature au poste qui vous intéresse le plus. N'oubliez pas d'ajouter un curriculum vitae à votre lettre.

Première filiale du groupe FUCHS spécialiste des lubrifiants haut de gamme, se caractérise par son dynamisme.

Dans le cadre de notre développement, nous recherchons

1 RESPONSABLE REGIONAL DES VENTES H/F

Pour le département 01 exclusivement de niveau Bac + 3, agé de 25/35 ans, votre expérience de la vente est significative et votre affinité pour le secteur automobile est essentielle.

Aptitudes réelles à la négociation, vous optimiserez nos objectifs sur votre secteur auprès d'une clientèle de Concessionnaires, Agents de Marque, Transporteurs... Vous bénéficierez d'une formation à nos produits et votre rémunération (fixe + primes d'objectifs + frais) sera à la hauteur de votre ambition.

Notre développement vous permet d'envisager de réelles perspectives d'évolution.

Merci d'adresser lettre manuscrite + CV + photo et prétentions à
S.A. LABO INDUSTRIE - Bernard ROHRBAC
1, rue Lavoisier - 92002 NANTERRE Cede

From *Le Progrès* 22/7/95

SOCIÉTÉ DE COURTAGE D'ASSURANCE

recherche pour implantation en France et ouverture bureau de Lyon (centre ville)

SECRETAIRE

accueil et relations téléphoniques, contacts équipe commerciale, gestion de contrats, travaux administratifs, intendance. 25/40 ans environ, première expérience polyvalente avec maîtrise bureautique, autonomie, aisance relationnelle, dynamisme et forte disponibilité, allemand indipensable et italien souhaité.

Envoyer lettre de candidature + CV + photo + prétentions à MPA n°2049 69298 Lyon Cedex 02.

From *Le Progrès* 23/7/95

HOTELS **ADAGIO** Chaîne hôtelière 3 étoiles, recherche

Chef de Marché Tourisme H/F

A l'écoute du marché, votre mission consiste à promouvoir nos hôtels auprès de Tour-Opérateurs, grossistes et agences de voyages.
Votre connaissance du marché tourisme et de ses acteurs feront de vous un interlocuteur privilégié. Votre professionnalisme vous permet d'agir en véritable négociateur. Enthousiaste et ambitieux, vous gérez un portefeuille clients que vous fidélisez et développez.
Rattaché à la Direction commerciale du groupe, vous avez la responsabilité du développement du chiffre d'affaire de votre zone géographique.
Entre 25 et 35 ans, de formation BTS Ventes ou Ecole hôtelière, une première expérience réussie dans la vente de services hôtellerie/restauration sont nécessaires. Vous maîtrisez parfaitement l'anglais.

Poste basé à Paris.

Adresser CV, photo ,prétentions et lettre manuscrite à ADAGIO, 253 Bis rue de Vaugirard, 75015 PARIS

From *Entreprise et Carrières* 312/313

Nous sommes un groupe international américain, leader mondial dans l'univers du carton et de l'emballage. Nous recherchons pour notre usine de St Priest destinée à servir le marché de l'emballage liquide

Technicien SAV itinérant

Bilingue anglais

Rattaché au Directeur de la Division Ventes Europe Centrale, vous assurez l'installation et le S.A.V. d'équipements spécifiques à notre industrie et formez les utilisateurs.

Vous serez amené à de nombreux déplacements (plus de 50 % de votre temps) en France et à l'étranger notamment Grande Bretagne, Belgique et Espagne.

A 30 ans environ, titulaire d'un BTS/DUT mécanique ou électronique, vous avez enrichi votre formation par des connaissances importantes en automates programmables, électronique et pneumatique. Vous pouvez vous prévaloir d'une expérience probante dans une fonction SAV, et si possible dans le domaine de l'emballage.

Esprit d'initiative, autonomie, qualités pédagogiques et sens commercial constituent vos atouts.

Merci d'adresser votre dossier de candidature sous référence SAV 1 à International Paper Emballages Liquides S.A - J.A MOÏSE - BP 312 69802 ST PRIEST.

INTERNATIONAL PAPER
LIQUID PACKAGING EUROPE

From *Le Progrès* 23/7/95

From *Entreprise et Carrières* 312/313

From *Entreprise et Carrières* 312/313

Activité de recherche

Renseignez-vous auprès d'une société à proximité de chez vous qui traite des affaires avec la France ou d'autres pays francophones sur sa politique en ce qui concerne les communications écrites et téléphoniques avec leurs clients d'outre-mer. Par exemple:

- reçoivent-ils du courrier rédigé en français?
- en quelle langue écrivent-ils à leurs clients francophones?
- combien de fax, lettres, communications téléphoniques sont donnés ou reçus par mois en moyenne en français?
- ont-ils du personnel capable de:
  a parler en français au téléphone?
  b traduire en anglais une lettre/un fax rédigé(e) en français?
  c rédiger une lettre/un fax en français?
- exigent-ils des compétences linguistiques lors de l'embauche de certains employés? Si oui, lesquels?

Rédigez votre rapport en français.

11 VISITE A L'USINE

SECTION A

Mme Legrand a accepté l'invitation de Mr Sanderson qui lui fait visiter l'usine.

Ecoutez le dialogue et répondez aux questions de la Section A sans regarder le texte pour commencer.

Vocabulaire

ravi	*delighted*
prévenir	*to let know; warn*
usine (f)	*factory*
atelier (m)	*workshop*
aile (f)	*wing*
montage (m)	*assembly*
chaîne de montage (f)	*assembly line*
équipe (f)	*shift*
ouvrier (m)/ouvrière (f)	*worker*
effectuer	*to carry out; perform*
tâche (f)	*task*

aboutir (à)	*to result (in)*
être payé au rendement	*to be paid by output; to be on piece work*
représentant syndical (m)	*trades union representative*
prime (f)	*bonus*
revendication (f)	*demand; claim*
contremaître (m)	*foreman*
main d'œuvre (f)	*workforce*
expédition (f)	*dispatch*
manutentionnaire (m/f)	*packer; loader*
charger	*to load*
entrepôt (m)	*warehouse*
camionneur (m)	*lorry driver*
licencier	*to make redundant*
recycler	*to retrain*
effectifs (m.pl.)	*number (of employees)*
à plein rendement	*at full capacity*
faire face	*to cope*
être débordé	*to be unable to cope/to be 'snowed under'*

 ## 1   Répondez en français.

a Qu'a fait M. Sanderson avant de commencer la visite?

b Que trouve-t-on au bâtiment A?

c Pourquoi la chaîne de montage ne s'arrête-t-elle jamais?

d Combien de temps faut-il pour fabriquer une pièce complète?

e Quel a été le résultat de l'accord signé entre les représentants syndicaux et la direction?

f Pour quelle raison a-t-on choisi une femme comme chef du personnel?

g Comment s'effectue l'expédition?

h Comment la direction a-t-elle évité des licenciements chez les manutentionnaires?

i Quel pourcentage de manutentionnaires a-t-il fallu recycler?

j Quels visiteurs sont attendus pour la semaine prochaine?

2   Comment diriez-vous en français?

a Welcome to our factory!

b I'm delighted you invited me.

c I'm looking forward to seeing your factory site.

d I must let my secretary know.

e We have a shift system.

f Every three minutes.

g Are they on piece work?

h With the possibility of overtime and bonuses.

i This type of demand is quite common.

j Your workforce is mainly female.

k Did you have to make staff redundant?

l A pity you don't have more time.

m I must come another time.

n You seem to be working to full capacity.

o And can you cope?

p You aren't snowed under?

 *Dialogue*

SANDERSON	Bonjour madame. *Soyez la bienvenue dans notre établissement!*
LEGRAND	*Je suis ravie que vous m'ayez invitée.*
SANDERSON	Voulez-vous que je vous fasse visiter l'usine tout de suite?
LEGRAND	Mais bien volontiers. *J'ai hâte de voir vos installations.*
SANDERSON	D'accord, mais d'abord *il faut que je prévienne ma secrétaire.* Je vais lui laisser un mot . . . Voilà qui est fait! Allons-y, voici un plan de notre usine.
LEGRAND	Je vois que les ateliers sont tous groupés dans une seule aile du bâtiment.
SANDERSON	Si vous le voulez bien allons d'abord au bâtiment A . . . Voici l'atelier de fabrication et de montage. Evidemment *le travail se fait par équipes,* ainsi la chaîne de montage ne s'arrête jamais. Chaque ouvrier effectue une tâche bien définie ce qui aboutit *toutes les trois minutes* à une pièce complète.
LEGRAND	*Ils sont payés au rendement* ou ont-ils un salaire fixe?
SANDERSON	La direction vient de signer un accord avec les représentants syndicaux qui ont préféré que les ouvriers aient un salaire fixe pour une semaine de quarante heures, *avec possibilité de faire des heures supplémentaires, et de toucher des primes.*
LEGRAND	Oui, chez nous aussi, *ce genre de revendication est assez courant.*
SANDERSON	Alors à côté, vous avez l'atelier de contrôle de qualité. Mr Johnson que vous voyez là-bas est un de nos contremaîtres qui travaille sous les ordres de Mr Brown que vous connaissez déjà.
LEGRAND	Je remarque que *votre main d'œuvre est essentiellement féminine.*
SANDERSON	C'est pour ça que nous avons voulu que notre chef du personnel soit une

femme. D'ailleurs, depuis quelque temps nous n'embauchons que du personnel à temps partiel dans la plupart des ateliers et cela convient aux mères de famille . . . Nous voici maintenant aux services d'emballage et d'expédition, qui, comme vous le voyez, se trouvent proches l'un de l'autre.

LEGRAND   Comment s'organise l'expédition?

SANDERSON   Nos manutentionnaires chargent la marchandise dans les conteneurs que vous voyez là-bas dans l'entrepôt et les conteneurs sont après pris en charge par nos camionneurs.

LEGRAND   Je vois que la manutention est réduite au minimum. *Est-ce que vous avez été obligés de licencier du personnel?*

SANDERSON   Non, mais il a fallu qu'on recycle les deux tiers de nos manutentionnaires, pour éviter de réduire nos effectifs.

LEGRAND   Déjà 11.00 heures! Il ne faut pas que j'oublie mon rendez-vous avec votre chef du service après-vente!

SANDERSON   *Dommage que vous n'ayez pas plus de temps*, je vous aurais fait visiter nos bureaux.

LEGRAND   *Il faudra que je revienne une autre fois* pour terminer la visite. Mais je repars avec une bonne impression et c'est ça l'essentiel. *Vous semblez travailler à plein rendement.*

SANDERSON   Oui, les commandes affluent de toutes parts.

LEGRAND   *Et vous pouvez faire face? Vous n'êtes pas débordés?*

SANDERSON   Non, ça va, à condition qu'il n'y ait pas de grèves bien sûr! Je suis heureux que notre usine vous ait fait bonne impression et je souhaite seulement que nos visiteurs japonais attendus pour la semaine prochaine aient la même réaction que vous!

SECTION B *Grammar*

1 Present subjunctive
Le présent du subjonctif

Stem: The Present Subjunctive stem of most verbs is the same as the indicative stem in the 3rd person plural present tense:

donner: donn–
finir: finiss–
vendre: vend–

but note the following common irregular stems:

faire: fass–   pouvoir: puiss–
savoir: sach–

Endings: With the exceptions of *être* and *avoir* which must be learned separately (see note 1 below) the endings for **all** verbs in the present subjunctive are as follows:

je −e   *nous* −ions

tu −es   *vous* −iez

il −e   *ils* −ent

e.g.: *je donne; tu finisses; il vende;*
    nous fassions; vous sachiez; ils puissent

Notes

1 Present Subjunctive of *être: sois, sois, soit, soyons, soyez, soient.*
Present Subjunctive of *avoir: aie, aies, ait, ayons, ayez, aient.*

2 Certain irregular verbs revert in the 1st and 2nd person plural to a similar form to the Imperfect Indicative:

aller: aille; ailles; aille; **allions; alliez;** *aillent*

vouloir: veuille; veuilles; veuille; **voulions; vouliez;** *veuillent*

prendre: prenne; prennes; prenne; **prenions; preniez;** *prennent*

venir: vienne; viennes; vienne; **venions; veniez;** *viennent*

2   Imperfect subjunctive
L'imparfait du subjonctif

One of three types based on the Past Historic endings, **−ai; −is; −us;**

je	*parl**asse***	*je*	*descend**isse***	*je*	*f**usse***
tu	*parl**asses***	*tu*	*descend**isses***	*tu*	*f**usses***
il	*parl**ât***	*il*	*descend**ît***	*il*	*f**ût***
nous	*parl**assions***	*nous*	*descend**issions***	*nous*	*f**ussions***
vous	*parl**assiez***	*vous*	*descend**issiez***	*vous*	*f**ussiez***
ils	*parl**assent***	*ils*	*descend**issent***	*ils*	*f**ussent***

3   Perfect and pluperfect subjunctive
Le passé composé et le plus-que-parfait du
subjonctif

Formed by putting the auxiliary verb (*avoir/être*) into the present subjunctive (Perfect) and imperfect subjunctive (Pluperfect).

Perfect

*Je suis désolé que vous n'**ayez** pas **pu** le voir* – I'm sorry you weren't able to see him.

Pluperfect

*Il était déçu qu'elle ne **fût** pas **revenue*** – He was disappointed she hadn't come back.

4 Tense of the subjunctive
Le temps du subjonctif

In theory the sequence of tenses when the Subjunctive is used in the
dependent clause is as follows:

Present

il faut
il faudra   } que j'y aille
il a fallu

Imperfect

il fallait
il fallut   } qu'il restât
il faudrait

However, it is unlikely that you will hear French people use the Imperfect
Subjunctive in speech, and in particular the '–ass–' form should be avoided.
Despite the theory shown above, in practice the Present Subjunctive is
nearly always used:

> Elle souhaitait qu'il **reste** avec elle.
> Il faudrait que j'y **aille**.

5 Use of the subjunctive
L'usage du subjonctif

General

Broadly speaking the Subjunctive tends to be used where there is an
element of doubt/uncertainty/conjecture and therefore tends to convey
the idea of: would
                should
                could do
                may
                might

Hence the Subjunctive occurs in clauses dependent on verbs and
expressions denoting:

a Desire/wish/emotion/sentiment/preference
wish/desire/preference:
vouloir que   aimer mieux que
désirer que   préférer que
souhaiter que
Je préfère qu'il **vienne** un autre jour (implies 'would come').
Ils voulaient qu'on **aille** les voir demain (implies 'should go').
Je souhaite que vous **arriviez** sain et sauf (implies 'may arrive').

Note that the subjunctive is needed because of the change of subject (*je* →
il; *ils* → *on*; *je* → *vous*). (If there is no change of subject then the infinitive
can be used, e.g.

*Je préfère **venir** un autre jour.*

*Elle souhaite **arriver** de bonne heure.*

emotion/feeling:

être heureux/ravi/content que

être désolé/fâché que

c'est dommage/honteux que

il est curieux que

regretter que

s'étonner que

*Je suis désolé que vous **n'ayez pas pu** le voir* (implies 'should not have been
able to').

*C'est honteux que vous ne **puissiez** pas le voir* (implies 'should not be able to').

b Possibility[1]/doubt/necessity/denial

possibility: *il est possible que/il est impossible que*

il se peut que

*Il se peut que vous **ayez** raison* (implies 'could/may be right').

doubt: *il est peu probable que[2]*

je ne crois pas que[2]/je ne pense pas que[2]

je ne suis pas sûr que[2]

*Je ne crois pas qu'il **fasse** ça* (implies 'would do that').

necessity: *il est nécessaire que*   *il est temps que*

il faut que   *il vaut mieux que*

*Il vaut mieux que vous **attendiez*** (implies 'should wait').

denial: *nier que*

ce n'est pas que

*Vous ne pouvez pas nier que la situation **soit** dangereuse* (implies 'could be').

c Ordering/forbidding/allowing

commander que   *exiger que*

défendre que   *permettre que*

ordonner/donner l'ordre que   *empêcher que[3]*

*Il a ordonné que tous ses hommes **soient** prêts* (implies 'should be ready').

*Vous permettez que je vous **dise** quelque chose.*

Notes

1 Hence the use of the Subjunctive after superlatives:

*C'est le plus beau film que **j'aie** jamais vu.*

2 The Indicative is used in the positive form:

il est probable que

je crois/je pense que   }   *vous **avez** raison*

je suis sûr que

3 Requires *ne* before the verb in the subjunctive, e.g.

*Empêchez qu'on **ne** parte!* Prevent anyone from leaving!

Structural exercises

A *Subjonctif (désir, préférence)*

Complétez les réponses.

Exemple: Préférez-vous que l'on *fasse* le tour de l'usine plus tard?
             Oui, je . . . . . . que l'on . . . . . . le tour de l'usine plus tard.
Réponse: Oui, je *préfère* que l'on *fasse* le tour de l'usine plus tard.

Continuez:

a *Voulez*-vous que je vous *prenne* un rendez-vous?
    Oui, je . . . . . . bien que vous me . . . . . . un rendez-vous.
b Est-ce que vous *désirez* que j'*avertisse* le personnel de votre décision?
    Oui, je . . . . . . que vous . . . . . . le personnel de ma décision.
c *Souhaitez*-vous que notre représentant *vienne* demain?
    Oui, nous . . . . . . que votre représentant . . . . . . demain.
d Vous *voulez* que je vous *fasse* visiter le service d'emballage tout de suite?
    Oui, nous . . . . . . bien que vous nous . . . . . . visiter le service
    d'emballage tout de suite.
e *Aimeriez*-vous mieux qu'on lui *écrive* ou qu'on *aille* le voir?
    J'. . . . . . mieux qu'on lui . . . . . . d'abord et qu'on . . . . . . le voir par la
    suite.

B *Subjonctif (émotions, sentiments)*

> heureux(euse) que;   content(e) que;   désolé(e) que;   s'étonner que;
> c'est honteux que;   c'est dommage que;   fâché(e) que;   navré(e) que;
> surpris(e) que;   ravi(e) que;   c'est curieux que;   c'est bizarre que;

Réagissez aux déclarations en vous servant des expressions dans la liste.

Exemple: Elle reçoit chaque année une augmentation de salaire. (happy)
Réponse: *Je suis heureux qu'elle reçoive* chaque année une augmentation de
             salaire.

Continuez:

a Il a eu un accident de voiture. (very sorry)
b Nos ouvriers font souvent la grève. (astonished)
c Mon collègue a eu des ennuis avec sa nouvelle voiture. (strange)
d Elle est partie avant la fin de la visite. (a pity)
e Ils vont chaque année passer leurs vacances au même endroit. (surprised)
f Les ouvriers immigrés sont souvent mal payés par rapport à leurs
    homologues français. (scandalous)

C Falloir + *subjonctif*

Vous êtes d'accord avec ce que dit votre collègue, mais vous lui répondez en vous servant du verbe *falloir* suivi du subjonctif. Faites attention au temps!

Exemple: Elle *est* obligée de partir tout de suite?
Réponse: Oui, il *faut qu'elle parte* tout de suite.
Exemple: Vous *ne serez pas* obligé de la rappeler plus tard?
Réponse: Non, *il ne faudra pas* que *je la rappelle* plus tard.

Continuez:

a Vous n'êtes pas obligés de réduire vos effectifs?
Non, il ne f. . . . . . pas que nous . . . .

b Elles ont été obligées de suivre des cours d'informatique?
Oui, il a f. . . . . . qu'. . . . . . .

c Il n'était pas obligé d'y rester toute la journée?
Non, il ne f. . . . . . pas . . . .

d Si ça continuait nous serions obligés de faire quelque chose, n'est-ce pas?
Oui, si ça continuait, il . . . .

e Si elle lui avait posé des questions il aurait été obligé de répondre, n'est-ce pas?
Oui, si . . . .

D *Les touristes français boudent l'Angleterre!*

Le subjonctif pour exprimer une possibilité, un doute, un démenti, une nécessité, un ordre, une interdiction.

Complétez l'exercice en vous servant des verbes dans la liste.
Attention! Tous les verbes ne doivent pas être mis au subjonctif.

Il se peut que le Français moyen ne [a]. . . . . . pas souvent en Angleterre pour deux raisons principales. D'abord il est peu probable qu'il [b]. . . . . . y trouver le soleil, même au mois de juillet et deuxièmement on ne peut pas nier que la cuisine anglaise dans la plupart des hôtels [c]. . . . . . inférieure à celle qu'on trouve en France.

Ce n'est pas qu'il ne peut pas supporter quelques jours de pluie mais s'il n'a que quelques jours de vacances il vaut mieux qu'il [d]. . . . . . dans le Midi où il est plus sûr qu'il y [e]. . . . . . le beau temps.

Je ne crois pas que la question de la cuisine [f]. . . . . . une très grande importance mais un Français exige quand-même qu'il y [g]. . . . . . un certain raffinement dans ses aliments pour agrémenter ses vacances. Il est donc possible qu'il [h]. . . . . . déçu par la nourriture anglaise. Il me semble cependant que depuis quelques années les restaurateurs britanniques [i]. . . . . . preuve de plus d'imagination car ils veulent empêcher que les touristes [j]. . . . . . mécontents et qu'ils [k]. . . . . . d'autres pays pour leurs vacances.

aller; être (+2); avoir (+2); venir; pouvoir; faire; repartir; trouver; choisir

E Stage en entreprise

Ecoutez la description enregistrée d'une entreprise (fictive) française dans le secteur manufacturier. Puis, en vous servant des renseignements donnés et du modèle à la page 214, complétez l'organigramme en français. Indiquez le nombre d'employés dans les différents services si possible.

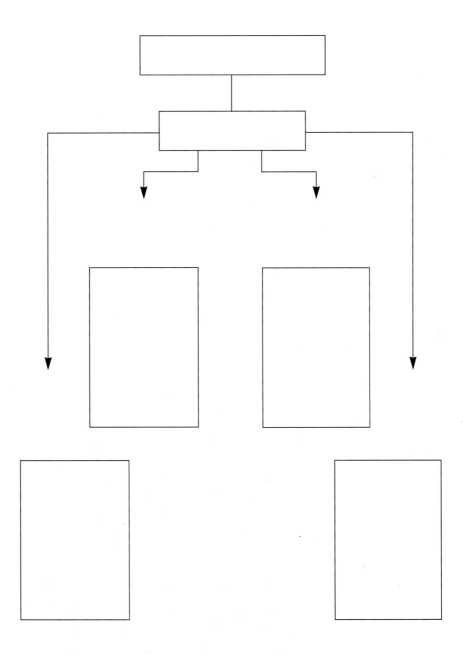

Organigramme d'une entreprise commerciale

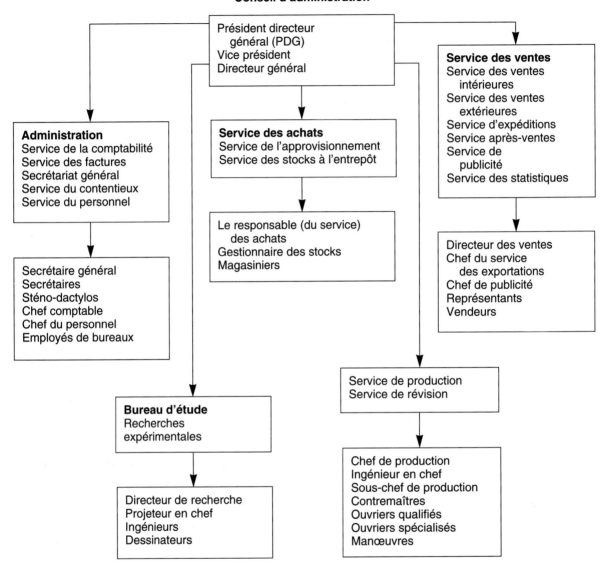

N.B. Une firme ne comprend pas forcément tous les services que nous avons énumérés ci-dessus.

🎜 *Jeu de rôle 1*

On vous a demandé de faire visiter l'usine à une cliente française.

■ *(Welcome her to your factory!)*

VISITEUSE   Je vous remercie. C'est très aimable à vous de m'inviter.

■ *(Ask if she would like you to show her around the factory straight away.)*

VISITEUSE   Mais avec plaisir! J'ai hâte de voir vos installations.
     ■ *(Say you must let your secretary know where you are. You'll have to leave her a note.)*

VISITEUSE   Je vous en prie.
     ■ *(Here's a plan of the factory. The workshops are all in the same wing. You'll go there first.)*

VISITEUSE   D'accord, je vous suis.
     ■ *(This is the assembly workshop. The workers on this assembly line work in shifts.)*

VISITEUSE   Vos ouvriers, ont-ils un salaire fixe ou sont-ils payés au rendement?
     ■ *(They have a fixed wage for a 39 hour week, but they can work overtime and earn bonuses depending on their output.)*

VISITEUSE   Oui, ce système de rémunération est très courant chez nous aussi.
     ■ *(As she can see, your workforce is mainly female. Mr Taylor is the foreman, but your personnel manager is a woman, Mrs Jeffries.)*

VISITEUSE   Ah oui, j'ai fait sa connaissance en arrivant.
     ■ *(Say you are now in the quality control department. She will notice it is next to the packaging and dispatch department.)*

VISITEUSE   Vous semblez avoir un service très moderne qui nécessite peu de personnel.
     ■ *(Yes, when you modernised it was necessary to retrain some workers, but nobody was made redundant.)*

VISITEUSE   Comment vont les affaires, à propos? Vous n'êtes pas trop débordés?
     ■ *(No, business is good. Orders are coming in thick and fast, but you can cope for the moment.)*

VISITEUSE   Déjà 10h30. Que le temps passe! Il ne faut pas que j'oublie mon rendez-vous avec votre directeur du service après-vente, Mr Champness.
     ■ *(What a shame she doesn't have time to visit your offices.)*

VISITEUSE   J'en aurai peut-être l'occasion plus tard dans l'après-midi.
     ■ *(Good. Would she like you to take[1] her to Mr Champness' office?)*

VISITEUSE   Oui, s'il vous plaît.
     ■ *(Here you are. Say you'll see her later at lunch as the managing director wants you to be the interpreter[2].)*

VISITEUSE   Je vous en serais reconnaissante. Merci d'avance. A tout à l'heure alors?

[1] mener/conduire
[2] faire l'interprète/servir d'interprète

ᗪ Jeu de rôle 2

Avec un(e) partenaire imaginez que vous lui faites visiter votre lieu de travail/votre école pour la première fois. Répondez aux questions qu'il/elle vous posera sur:

- la date de construction
- le nombre de personnel/étudiant(e)s/enseignants
- les différents services/produits/programmes d'études
- le service administratif
- la hiérarchie dans l'établissement, etc.

Résumé

En vous servant de l'aide-mémoire, enregistrez ou écrivez un résumé du Dialogue aux pages 206–7. Commencez votre résumé:

Madame Legrand a accepté l'invitation de Mr Sanderson de visiter l'usine, et a été accueillie par lui.

Maintenant continuez:

. . . prévenir la secrétaire . . . atelier de fabrication et de montage . . . travail par équipe . . . système de paiement . . . contrôle de qualité . . . main d'œuvre essentiellement féminine (chef du personnel) . . . services d'emballage et d'expédition (conteneurs/camionneurs) . . . peu de personnel (licenciements?) . . . rendez-vous de Mme Legrand à 11h00 . . . regrets de Mr Sanderson . . . impressions de Mme Legrand . . . réponse de Mr Sanderson.

Exercice d'interprétation

Vous êtes Miss Johnson et vous servez d'interprète entre votre directeur général Mr Wilson et un important client français Monsieur Buron à qui on fait visiter l'usine.

WILSON   M. Buron, this is Miss Johnson who will act as our interpreter during your visit round our factory. She is one of our bi-lingual secretaries.

BURON   Ça fait plaisir de voir qu'il y a des employés qui connaissent le français. Je regrette de ne pas avoir eu l'occasion d'apprendre l'anglais à l'école!

WILSON   Well, as you can see M. Buron, all the workshops are grouped in the same wing of the building. Which department would you like me to show you first?

BURON   J'aimerais bien voir les ateliers de montage depuis qu'ils ont été modernisés . . .

WILSON   This is where we manufacture our products. Thanks to these new machines we can make one complete article every four minutes.

BURON   Est-ce que vos ouvriers sont payés au rendement dans cet atelier?

WILSON   No, the unions have just signed an agreement with the management to do away with piece work. They preferred to be paid a fixed wage for a forty hour week.

BURON   Mais chez nous les taux de paiement varient selon que l'on travaille le jour ou la nuit.

WILSON   Yes, of course. The men must work nights one week in three and they receive a higher rate of pay that week, the other two weeks they have the opportunity of working overtime if they wish to. We also have a bonus system.

BURON   Si c'est possible avant de partir j'aimerais jeter un coup d'œil au service d'expédition.

WILSON   With pleasure . . . After manufacture, the goods must go through quality control, and from there to the packaging department, and from there they come here to dispatch.

BURON   Ces conteneurs facilitent énormément le chargement et l'expédition. Vous avez dû licencier des ouvriers je suppose . . .

WILSON   No, we retrained most of them. Now, would you like to see our advertising and administrative departments before you leave?

BURON   Merci, un autre jour peut-être. C'est dommage que je n'aie pas le temps aujourd'hui, mais il faut que je sois à Manchester ce soir. Je dois avouer que votre usine m'a fait très bonne impression et si vous me faites une remise de 5% et si vous garantissez les délais de livraison convenus, je vous passe commande tout de suite.

WILSON   I'm sorry you can't stay longer, but I'm sure we can do business. Normally, we give all clients a 3% reduction for cash payment but for new customers like yourself, and considering the size of the order, we would be pleased to grant 5%. It's unlikely we could give more than that at the present time.

SECTION C — *Listening, reading & reacting*

A La disparition du travail à la chaîne

La disparition du travail à la chaîne

Surdités, névroses précoces, vieillissements prématurés, dépressions nerveuses, ces maladies sont le triste résultat d'un véritable fléau: le travail à la chaîne.

L'accusé s'appelle Frederick-Winslow Taylor, citoyen américain, mort en 1915, inventeur d'une méthode d'organisation du travail – le taylorisme. C'est lui le responsable de tous les maux dûs à l'évolution industrielle moderne et qui s'appellent mécanisation, automatisation, division du travail, définitions précises des mouvements de l'ouvrier et du temps nécessaire pour les accomplir. Jadis on applaudissait; les rendements montaient; la productivité éclatait. Maintenant, on s'épouvante devant des travailleurs irresponsables attachés à leurs machines, victimes de cadences effrénées.

Depuis des années, les sociologues s'interrogeaient. Ils condamnaient ces techniques, mais ils n'avaient rien d'autre à proposer. Aujourd'hui ils ont trouvé une solution: l'organisation du travail par groupes.

En Suède (le pays qui a le plus haut niveau de vie européen et une législation sociale d'avant-garde) le patronat a tout mis en œuvre pour trouver les moyens de donner satisfaction aux ouvriers, et travaille dans ce but avec les syndicats. Les syndicats suédois ont étudié le problème pendant deux ans et leur doctrine se résume en trois points:

● premièrement: la spécialisation oppresse l'ouvrier, donc il faut la supprimer.

● deuxièmement: quand il y a cinq ou six ouvriers autour d'une table ronde la monotonie disparaît.

● troisièmement: si les cadres laissent les ouvriers organiser eux-mêmes leur travail, ils ont un sentiment de liberté.

En France, aux usines Renault du Mans, ils ont essayé de trouver une autre solution au problème du travail à la chaîne. Depuis sept semaines six ouvriers spécialisés de la chaîne de montage des trains de la R5 participent à une expérience 'd'élargissement du travail'. Le principe en est simple: au lieu d'accomplir une opération bien précise (fixer un écrou, poser un porte-fusée, visser l'écrou) comme sur une chaîne classique, l'ouvrier effectue une série d'opérations tout au long de la chaîne: il monte ainsi l'ensemble d'un organe, par exemple un demi-train de R5. Le travailleur n'est plus rivé à sa place, il va et vient selon son travail.

L'opinion des ouvriers. Un des six choisis pour expérimenter cette nouvelle méthode a constaté: 'L'idée de la nouvelle chaîne est bonne, le travail est moins monotone. L'inconvénient est qu'on n'arrête pas de marcher. On fait à chaque opération un grand nombre de pas inutiles, parce que les pièces à monter ne sont pas à portée de main. Il faudrait une chaîne circulaire ou en fer à cheval.'

Paris Match

1 *Répondez en anglais.*

a What mental and physical disorders can be attributed to assembly-line working?

b What is 'Taylorism' and why was it welcomed initially and then later criticised?

c In what difficult dilemma did sociologists find themselves for several years?

d What conclusions emerged from the studies carried out by the Swedish trade unions?

e Explain briefly the experiment carried out at the Renault factory in Le Mans?

f What, according to the workers involved in the experiment, was the main disadvantage, and how could this be overcome?

2 *Comment diriez-vous en français?*

a Several illnesses and neuroses result from assembly-line working.

b If there was an increase in output and productivity, it was due to mechanisation and time and motion studies.

c Employers must work with unions to ensure workers gain job satisfaction by broadening their work experience.

d The work is not as boring if specialisation is removed and the workers are given the freedom to organise their own work.

e Other solutions have been tried. The idea is often simple but the disadvantage is that the workers do too much walking about if everything isn't to hand.

B *L'industrie: que recouvre ce terme?*

I Situez dans la colonne appropriée les produits dans la liste selon les définitions (1 à 5) des différentes industries inclues dans l'article à la page suivante.

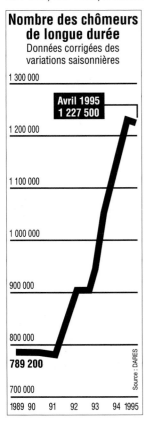

Le Point, No 1188, 24/6/95

Nombre des chômeurs de longue durée

Données corrigées des variations saisonnières

1 300 000

Avril 1995 1 227 500

1 200 000

1 100 000

1 000 000

900 000

800 000

789 200

700 000

1989 90   91   92   93   94 1995

Source : DARES

L'industrie : que recouvre ce terme ?

Le terme d'industrie est souvent utilisé à tort et à travers. Ne va-t-on pas parler quelquefois, à tort, d'industrie hôtelière, alors que cette activité relève des services? En fait on peut définir l'industrie de deux manières:

– soit d'une manière exhaustive, en y incluant aussi bien le secteur de l'énergie que celui des industries agroalimentaires, prolongement naturel de l'agriculture, quelquefois même le secteur du bâtiment et des travaux publics.

– soit d'une manière plus restrictive qui consiste à limiter l'industrie au secteur manufacturier, ce qui est le cas dans ce chapitre.

L'Insee divise l'industrie manufacturière en cinq grandes familles et présente ses comptes selon cette nomenclature...

1 – l'industrie des biens intermédiaires, appelée ainsi parce que sa production ne constitue qu'une étape dans le processus de fabrication. C'est le cas de la sidérurgie, de l'industrie des métaux non ferreux, de la chimie, de l'industrie du papier ou des matériaux de construction;

2 – l'industrie des biens d'équipement professionnel, qui recouvre l'ensemble des fabrications utilisées par l'industrie: mécanique, matériel électrique et électronique, etc. ou par certains moyens de transport : construction navale ou aéronautique;

3 – l'industrie du matériel de transport terrestre, objet d'une classification particulière du fait de l'importance considérable prise par l'industrie automobile.

4 – l'industrie des biens d'équipement ménager, qui rassemble toutes les industries liées à l'équipement électrique des foyers : radiateurs, lave-linge, lave-vaisselle etc.

5 – l'industrie des biens de consommation courante enfin, qui fabrique tous les produits "grand public" – produits pharmaceutiques, vêtements, chaussures, meubles, livres etc. – et qui de ce fait est divisée en une grande variété de branches.

---

téléviseurs couleurs;   voitures diésel;   disquettes;   ampoules électriques; laboratoires de langues;   congélateurs;   textiles;   tracteurs;   stylos à mines;   aspirateurs;   locomotives électriques;   machines-outils; plastiques;

---

a	b	c	d	e
Biens intermédiaires	Biens d'équipement professionnel	Matériels de transport terrestre	Biens d'équipement ménager	Biens de consommation courante

2 Traduisez en français:

a mass consumer products
b building materials
c capital goods
d shipbuilding
e food industries
f steel industry
g The term industry can be defined either in this narrower sense restricting it to the manufacturing sector or in the wider sense to include some services.
h We talk mistakenly about the hotel industry or the tourist industry whereas these activities should come under services.

C *Chômage au féminin – témoignage*

I Ecoutez le témoignage d'Isabelle Pasquier, puis complétez les blancs dans les phrases avec un mot qui reflète le sens du passage enregistré.

Notes

1 L'Ain – premier département (01) dans la liste alphabétique des départements français, situé dans le sud-est entre Lyon et Genève

2 CIE (Contrat Initiative Emploi) – voir *Petit Guide des Sigles* p. 254

a Isabelle ...... 44 ans et ...... depuis ...... ans dans l'...... quand elle a ...... licenciée avec une ...... d'autres femmes dans son atelier.

b Elle ne croit pas que les licenciements ...... dûs à la ...... des charges ou à une réduction dans les ....

c A son ...... l'entreprise veut ...... remplacer par des jeunes ...... pour qu'elle ...... toucher des primes du gouvernement et être ...... de charges patronales.

d Les femmes ont toujours été ...... par rapport aux hommes – que ce ...... les ...... qu'elles font ou les salaires qu'elles ....

e Elle a l'impression que dès qu'il y a une ...... de l'économie, il faut que les femmes quittent leurs ...... pour que l'on ...... les donner aux chômeurs.

2 Trouvez dans l'enregistrement des mots ou des expressions qui expriment, d'une autre façon, les expressions suivantes:

a femmes sans emploi
b des effectifs moins bien payés
c on oblige des femmes à redevenir ménagères
d des branches démodées ou pas bien payées
e le monde du travail

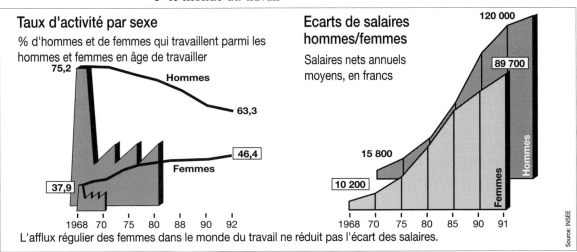

Taux d'activité par sexe

% d'hommes et de femmes qui travaillent parmi les hommes et femmes en âge de travailler

75,2
Hommes
63,3
46,4
Femmes
37,9

1968 70   75   80   88   90   92

Ecarts de salaires hommes/femmes

Salaires nets annuels moyens, en francs

120 000
89 700
15 800
10 200

1968 70   75   80   85   90   91

Femmes   Hommes

Source: INSEE

L'afflux régulier des femmes dans le monde du travail ne réduit pas l'écart des salaires.

Malgré un taux de réussite élevé aux concours d'entrée dans les écoles de commerce, par exemple, les femmes sont moins payées que les hommes. L'écart entre leurs salaires est toujours de 30%

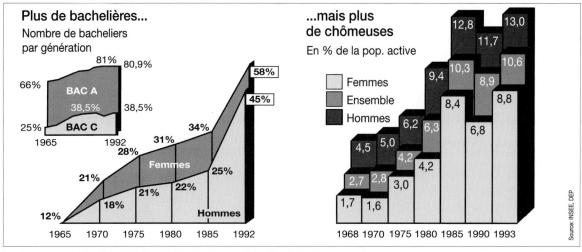

Les femmes ont grimpé les échelons de la réussite avec brio. Pourtant, dans une entreprise sur deux, elles représentent à peine 10% des cadres

Le Nouvel Observateur, 15/4/93

SECTION D *Faisons le point sur . . .*

Les syndicats français

L a reconnaissance du droit syndical a eu lieu le 21 mars 1984 grâce à la loi Waldeck Rousseau: chacun est libre d'adhérer ou non à un syndicat. Il suffit:

- d'être salarié
- d'avoir plus de 16 ans
- de s'acquitter d'une cotisation versée au syndicat concerné

Au lendemain de la seconde guerre mondiale, 35% des actifs appartenaient à un syndicat. De nos jours, ce chiffre est tombé à environ 10%, ce qui est très bas comparé au reste de l'Europe: il est deux fois plus élevé en Grande-Bretagne et dépasse 70% au Danemark et en Belgique.

Il existe plusieurs grandes organisations syndicales: la France détient à l'Occident le record de la division syndicale. Le mouvement syndical français a été marqué par une forte politisation. Son histoire est liée à celle des partis politiques de gauche.

Les syndicats de salariés

- La Confédération Générale du Travail (la CGT): née en 1895, elle est le premier syndicat français. Cependant de nos jours, elle connaît une baisse spectaculaire: elle n'est plus majoritaire chez Renault, jadis véritable bastion du syndicalisme français. Ses dirigeants appartiennent au Parti communiste et on observe pour la CGT un déclin semblable à celui du Parti communiste.
- La Confédération Française Démocratique du Travail (la CFDT) créée en 1964, elle se classe au deuxième rang des principaux syndicats français par le nombre de ses adhérents qui demeure stable.
- La Confédération Française des Travailleurs Chrétiens (la CFTC), fondée en 1919, est restée attachée à sa référence chrétienne après la scission de 1964 lorsqu'est née la CFDT.
- Force Ouvrière (FO): ce syndicat a été constitué en 1948 par les syndicalistes qui avaient quitté la CGT l'année précédente. Son audience a augmenté depuis 1979 grâce au

secteur tertiaire. Elle prône l'indépendance vis à vis des partis politiques.

- La Fédération de l'Education Nationale (la FEN) a pour adhérents les membres de l'enseignement public.

Les syndicats patronaux

- La Confédération Générale des Cadres (la CGC) s'est constituée après la Libération.
- Le Conseil National du Patronat Français (le CNPF) est le syndicat des patrons.
- La Fédération Nationale des Syndicats d'Exploitants Agricoles (la FNSEA) est un important mouvement en France.

Le syndicalisme en crise

La récession des années 80, les mutations technologiques, l'informatisation des postes de travail, les restructurations industrielles, l'accroissement des qualifications, le remplacement des cols bleus par les cols blancs avec le développement du secteur tertiaire au détriment du secteur manufacturier, la participation aux bénéfices, les mesures sociales mises en œuvre ces dernières années ... tous ces facteurs ont fortement accentué le mouvement de déclin des syndicats.

Les syndicats sont aussi accusés de politisation, de manque d'unité et d'influence. Ils contrôlent mal leurs adhérents qui préfèrent agir spontanément.

Le rôle important des syndicats

En dépit des critiques exprimées ci-dessus, il ne faut surtout pas oublier le rôle capital que l'action syndicale a eu depuis plus d'un demi-siècle:

- 1906 le repos hebdomadaire
- 1936 la semaine légale de 40 heures les congés payés de deux semaines
- 1950 le Salaire Minimum Interprofessionnel Garanti (le SMIG)
- 1969 les congés payés de quatre semaines, plus dix jours de congés, jours fériés, par an
- 1970 le Salaire Minimum Interprofessionnel de Croissance (le SMIC)
- 1971 la loi sur l'éducation permanente
- 1982 la durée hebdomadaire légale de travail de 39 heures
- 1983 la retraite à 60 ans après 37 ans et demi de service et de cotisations pour tous les salariés
- 1988 la création d'un Revenu Minimum d'Insertion (le RMI) pour les chômeurs de longue durée

---

Activité de recherche

Lisez le texte ci-dessus et ensuite soit:

1 Vous vous renseignez auprès d'une PME/PMI française sur:

- le pourcentage des effectifs qui sont syndiqués
- les différentes centrales syndicales (CGT, CFDT, CGC, etc.) représentées
- le rôle des centrales dans l'entreprise
- les rapports de la direction avec les syndicats

soit:

2 Vous préparez un exposé sur les principales différences entre le mouvement syndical en France et celui de la Grande-Bretagne.

- Y a-t-il plus ou moins de syndiqués en France qu'en Grande-Bretagne?
- Est-ce que les syndicats sont organisés de la même façon dans les deux pays?
- Est-ce que leur rôle est différent dans les deux pays?
- Dans quel pays les syndicats sont-ils plus puissants?
- Combien de journées de travail sont perdues par an à cause de grèves dans les deux pays?
- Pourquoi le pouvoir des syndicats a-t-il diminué au cours des 20 dernières années (surtout en Grande-Bretagne)?

Rédigez votre rapport en français.

12 LA PUBLICITE ET LES MEDIAS

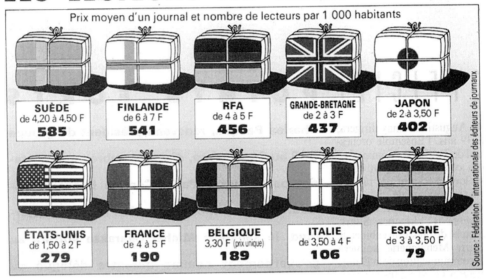

LES LECTEURS AU RENDEZ-VOUS

Prix moyen d'un journal et nombre de lecteurs par 1 000 habitants

SUÈDE	FINLANDE	RFA	GRANDE-BRETAGNE	JAPON
de 4,20 à 4,50 F	de 6 à 7 F	de 4 à 5 F	de 2 à 3 F	de 2 à 3,50 F
585	**541**	**456**	**437**	**402**

ÉTATS-UNIS	FRANCE	BELGIQUE	ITALIE	ESPAGNE
de 1,50 à 2 F	de 4 à 5 F	3,30 F (prix unique)	de 3,50 à 4 F	de 3 à 3,50 F
279	**190**	**189**	**106**	**79**

Source : Fédération internationale des éditeurs de journaux

L'Express, 17/6/88

SECTION A

Mr Sanderson s'entretient avec Monsieur Cochaud sur la publicité dans les différents médias en France.

 Ecoutez le dialogue et répondez aux questions de la Section A sans regarder le texte pour commencer.

Vocabulaire

quotidien national/de province (m)	*national/regional daily (newspaper)*
au même titre	*in the same way*
diffusion (f)	*distribution (n.b.* tirage (m) – *circulation)*
hebdomadaire	*weekly*
mensuel	*monthly*
à l'échelon national	*nationwide*
jouir de	*to enjoy*
chaîne (f) (de télévision)	*TV channel*
spot publicitaire (m)	*commercial break*
heures de forte écoute (f.pl.)	*peak viewing/listening hours*

part d'audience (f)	*audience share*
périphérique	*peripheral (i.e. outside France)*
auditeur (m)	*listener*
minute-poste (f)	*minute of advertising time*
plaquette (f)	*publicity folder, pack*
prospectus (m); dépliant (m)	*leaflet*
encart (m)	*insert*
affiche (f)	*poster*

Qu'avez-vous compris?

1 Vrai (v) ou faux (f)?

a Une campagne de publicité dans la presse régionale serait plus efficace que dans des quotidiens nationaux.

b D'après leur choix de mensuels et d'hebdomadaires les Français ont l'air de s'intéresser davantage aux programmes télévisés qu'aux questions économiques ou féminines.

c Il n'y a pas de spots publicitaires sur F2 et F3 sauf aux heures de forte écoute.

d Entre 20h00 et 22h00 un spot publicitaire coûterait plus cher sur TF1 que sur les autres chaînes.

e La durée moyenne des spots publicitaires à la télévision est de 12 minutes/heure.

f Pour toucher le maximum d'auditeurs français de la radio commerciale, il faudrait s'adresser à des stations de radio basées en dehors de l'Hexagone.

2 Traduisez en français.

a Provincial dailies have a higher circulation than national newspapers.

b Weeklies and monthlies, especially TV and women's magazines, are widely read.

c All French TV channels, whether state owned or independent, carry advertising.

d TF1 has the largest audience share of all the channels and advertising rates during peak viewing hours are high.

e The CSA regulates advertising broadcasts and fixes the length of commercial breaks in any given hour.

f Although the programmes are produced in France and aimed at French listeners, commercial radio is broadcast by peripheral stations in Monte Carlo, the Saar and Luxembourg.

🔊 *Dialogue*

SECRÉTAIRE	Monsieur Cochaud est arrivé monsieur.
SANDERSON	Merci, qu'il entre! Bonjour mon cher Roger. Comme vous savez, à la dernière réunion du Conseil d'Administration il a été décidé de consacrer une somme importante à la promotion de nos produits sur le marché français. Alors, puisque vous êtes plus au courant que moi des affaires françaises, je vous ai invité pour que nous parlions un peu de la publicité en France.
COCHAUD	Bien volontiers. De quoi aimeriez-vous qu'on discute en premier?
SANDERSON	Parlons de la presse d'abord si vous le voulez bien. Supposez que nous fassions de la publicité dans un quotidien? Lequel nous conseilleriez-vous de choisir?
COCHAUD	En France, voyez-vous, il n'y a pas de presse nationale au même titre qu'en Angleterre. Même *Le Monde* et *Le Figaro* qui ont une réputation mondiale et qui pourraient passer pour des journaux nationaux sont finalement des journaux parisiens et leur diffusion est inférieure à un demi-million par jour[1]. Pour que vous puissiez toucher l'ensemble de la population, il faudrait que vous fassiez paraître une annonce dans au moins dix-huit quotidiens de province.[2]
SANDERSON	Et les magazines hebdomadaires ou mensuels?
COCHAUD	En effet, pour une campagne de publicité à l'échelon national, il vaudrait mieux s'adresser à un nombre de magazines sur le marché qu'il s'agisse de magazines d'actualité générale, d'économie, de magazines destinés aux femmes, ou, surtout, aux téléspectateurs.
SANDERSON	Oui, je sais que ces magazines jouissent d'une grande diffusion.[3]
COCHAUD	C'est exact. Maintenant en ce qui concerne la télévision, il existe une grande différence entre la France et la Grande-Bretagne. C'est que toutes les chaînes, qu'elles soient publiques ou privées[4] font de la publicité, ce qui constitue pour elles un important revenu[5]. Bien sûr le tarif dépend de l'heure de votre spot publicitaire – aux heures de forte écoute les spots sont très chers, surtout sur TF1[6] qui possède 40% des parts d'audience.
SANDERSON	Et je suppose que la durée de la publicité est strictement contrôlée.
COCHAUD	Bien sûr – le Conseil Supérieur de l'Audiovisuel[4] a fixé la durée des spots publicitaires à 12 minutes par heure – mais pas toutes les heures. Par exemple TF1 n'a pas le droit de diffuser plus de six minutes de publicité par heure en moyenne.
SANDERSON	Est-ce que la radio commerciale existe?
COCHAUD	Bien sûr. Parmi les quatre principales stations – France Inter, Europe 1,

RTL et Radio Monte-Carlo[4], les trois dernières sont commerciales, et bien qu'elles soient périphériques, elles sont écoutées par l'ensemble de la population française. Leurs programmes sont destinés aux auditeurs français, et sont réalisés à Paris. En plus, depuis 1982 il existe de nombreuses stations libres qui émettent sur la gamme FM. Certaines sont locales et d'autres couvrent tout le territoire via satellite.

SANDERSON   Auriez-vous une idée du prix de la minute poste des différentes stations commerciales?

COCHAUD   Non, il faudrait que je me renseigne sur les derniers tarifs et je vous les communiquerai. Mais de toute façon, avant que vous décidiez quoi que ce soit, il faudrait que je vous mette en contact avec une agence de publicité[7] en France, car une agence pourrait vous conseiller beaucoup mieux que moi sur les prix et les autres moyens de publicité comme les imprimés (plaquettes, prospectus, dépliants, encarts, catalogues, brochures, affiches, etc.) et les différents salons, foires commerciales et expositions qui existent.

SANDERSON   Bon, entendu. J'attends que vous m'envoyiez l'adresse d'une bonne agence de publicité et ensuite je ferai les démarches nécessaires. Je vous remercie de vos conseils.

Notes

1 Only 19.7% of the French population read a national daily, compared to 42.3% who read a regional daily.

2 The three largest provincial dailies are: *Ouest-France* (Rennes) 792,000; *La Voix du Nord* (Lille) 372,000; *Sud-Ouest* (Bordeaux) 361,000.

3 Top-selling weekly magazines are (figures indicate thousands of readers over the age of 15): *Télé 7 Jours* (11,000); *TV Magazine* (10,919); *Femme Actuelle* (8,487); *Paris Match* (4,274).
   The five top-selling monthlies are: *Prima* (5,485); *GEO* (5,448); *Notre Temps* (4,944); *Santé Magazine* (4,876); *Top Santé* (4,783).

4 See pp. 234–6 (Faisons le point sur la radio et la télévision).

5 The two main state channels, France 2 and France 3, get, respectively, approximately 40% and 20% of their budget from advertising and sponsoring.

6 Primetime advertising costs for 30 seconds in 1994 (in thousands of francs) were: TF1 420–470; FRANCE 2 185–257; FRANCE 3 50–150; La Cinquième 65–145.

7 The four main advertising agencies in France are: Euro RSCG (Roux, Séguéla, Cayzac et Goudard); Publicis Communications France; BDDP (Boulet, Dru, Dupuy et Petit); DDB Needham.

SECTION B *Grammar*

Les autres usages du subjonctif...

1 ... après les conjonctions suivantes

bien que }
quoique } although

pour que }
afin que } in order that

supposé que – supposing that
avant que – before
sans que – without
à moins que[1] – unless

à condition que – on condition that

que ... }
que ... } whether ... or whether

jusqu'à ce que – until
pourvu que – provided that
non que – not that
de peur que[1] – for fear that
de crainte que[1]

*M. Sanderson a invité Mme Legrand **pour qu'elle vienne** visiter l'usine.*
*Il a attendu jusqu'à ce qu'ils **aient fini** de manger.*

2 ... dans les propositions qui dépendent d'un antécédent négatif

*Il n'y a personne qui **sache** parler français. Connaissez-vous quelqu'un qui **puisse** nous conseiller?*

3 ... pour exprimer un impératif à la troisième personne

a *Vive le roi!*
*Honni **soit** qui mal y pense!*

b With *que*

*Qu'il **vienne** me voir!* – Let him come and see me!
*Qu'elle **attende** un instant!* – Have her wait a minute!

[1] requires *ne* before the verb: *il devrait être là, **à moins qu'il n'ait été retardé.***

Structural exercises

A Le subjonctif après certaines conjonctions (i)

Réunissez en une seule la phrase de gauche et celle de droite en vous servant d'une des conjonctions dans la liste et en apportant au verbe le changement nécessaire. N'utilisez pas la même conjonction plus d'une fois. Attention, il y en a deux de trop!

bien que; pour que; avant que; jusqu'à ce que; pourvu que; à condition que; supposé que; à moins que;

Exemple:

Mr Sanderson téléphone à Monsieur Cochaud.	Il vient lui parler de la publicité en France.

Réponse: Mr Sanderson téléphone à M. Cochaud *pour qu'il vienne* lui parler de la publicité en France.

Continuez:

a	Nous ferons paraître une annonce dans un quotidien.	Vous avez les fonds nécessaires.
b	Il ne faut pas décider quoi que ce soit.	Vous avez consulté une agence de publicité.
c	Nous allons rester en France.	Nous parlons couramment le français.
d	Nous emprunterons le reste de l'argent.	Vous voyez une autre solution.
e	Il y a des spots publicitaires sur toutes les chaînes.	Il y en a davantage sur les chaînes privées.

B Le subjonctif après certaines conjonctions (ii)

Complétez la traduction française des phrases suivantes.

Exemple: Mme Legrand left without having visited the factory.
Mme Legrand est partie *sans que* . . . .
Réponse: Mme Legrand est partie *sans qu'elle ait visité* l'usine.

Continuez:

a I'll lend you the amount you want on condition that you put an advert in a daily (newspaper).
Je vous prête la somme que vous voulez *à condition que* . . . .

b They decided not to advertise although the magazine enjoys a high circulation.

Ils ont décidé de ne pas faire de la publicité *bien que* . . . .

c She took an IT course in order to be able to find a better job.

Elle a suivi des cours d'informatique *afin que* . . . .

d I'll show you the rest of the factory unless you don't have the time.

Je vous ferai voir le reste de l'usine *à moins que* . . . .

e I'm going to take French lessons until I improve.

Je vais suivre des cours de français *jusqu'à ce que* . . . .

C Le subjonctif pour exprimer un ordre/une commande à la troisième personne du singulier

Exemple: M. Leroy voudrait venir vous voir . . .
Réponse: Mais *qu'il vienne* me voir!

Continuez:

a Mme Legrand voudrait vous téléphoner demain . . .
b Elle voudrait faire un stage en Angleterre . . .
c Il voudrait prendre une assurance . . .
d Notre client ne voudrait pas se décider tout de suite . . .
e Nos amis ne voudraient pas aller passer leurs vacances en Italie . . .

D Le subjonctif après un antécédent négatif ou indéfini

Exemple: Personne ne le connaît . . .
Réponse: Mais vous êtes sûr qu'il n'y a personne qui le *connaisse*?

Continuez:

a Aucun employé ne veut accepter ce genre de travail . . .
b Rien ne fait effet dans des cas comme ça . . .
c Aucune garantie n'est valable plus de deux ans . . .
d Personne ne peut vous aider . . .

E Exercice d'interprétation

Ecoutez l'enregistrement en entier. Ensuite vous l'entendrez une deuxième fois par segments avec une pause après chaque segment pour vous permettre de le traduire en français. Après chaque pause, vous entendrez la bonne traduction qui contiendra le vocabulaire et les constructions suivantes.

lancer un produit sur le marché   en fait
consacrer   s'occuper de leurs problèmes
peu probable   le pays en question

Jeu de rôle 1

Le chef du marketing vous a demandé de le renseigner sur les médias en France en vue de monter une campagne de publicité pour relancer vos produits sur le marché français.

CHEF   Merci d'être venu(e). J'aimerais vous poser quelques questions sur la publicité et les médias en France, si vous le voulez bien . . .

   ■ *(So it has been decided to allocate money to promote your products on the French market?)*

CHEF   Oui, la décision a été prise à la dernière réunion du conseil d'administration lorsque vous étiez en France. Si nous faisions de la publicité dans un grand quotidien français par exemple, quel journal nous conseilleriez-vous?

   ■ *(Point out that a national press as in Britain doesn't really exist in France.)*

CHEF   Mais je croyais que *Le Figaro* et *Le Monde* étaient lus partout en France?

   ■ *(True, but their circulation is small. He really needs to advertise in the provincial dailies, but there are about eighteen in all!)*

CHEF   Ça m'étonnerait qu'on puisse s'offrir le luxe d'une publicité dans une vingtaine de quotidiens de province! Mais il doit y avoir des magazines qui s'adressent à l'ensemble de la population . . . ?

   ■ *(Indeed, both weeklies and monthlies. With so many on the market, one is really spoilt for choice. Say you'll draw up[1] a list of popular news and women's magazines for him together with[2] their circulation figures.)*

CHEF   Merci, ça me rendrait service! Donc il y a plusieurs possibilités là. Et je suppose que la télévision en France a des chaînes commerciales comme chez nous?

   ■ *(All channels except two are commercial, but all channels, be they state or privately owned, carry advertising, although A2 and FR3 don't allow advertising breaks in the middle of programmes for the moment.)*

CHEF   Y a-t-il une radio commerciale?

   ■ *(Say there are four main radio stations broadcasting over the whole of France. Give their names, pointing out that the three peripheral stations are commercial. However, in addition, there are a large number of local radio stations broadcasting on FM, many of which carry brand-name advertising.)*

CHEF   A qui faudrait-il que je m'adresse pour obtenir les tarifs de publicité à la radio et dans les journaux?

   ■ *(You will find out the local rates and let him know, but suggest he does nothing before you put him in touch with a good French advertising agency.)*

CHEF D'accord, j'attends que vous me mettiez en contact avec une agence. En attendant, je vous remercie d'avoir bien voulu parler de tous ces problèmes avec moi.

¹ dresser une liste
² ainsi que

 Jeu de rôle 2

Un Français vous interroge sur les médias en Grande-Bretagne. Vous parlerez (chiffres à l'appui!):

■ de la force de la presse britannique (quotidiens; sérieux et moins sérieux (à scandale); journaux du dimanche; journaux régionaux)
■ de la pénurie des magazines d'actualité (raisons?)
■ des hebdomadaires et mensuels les plus populaires
■ de la télévision (différences avec la France surtout en matière de publicité)
■ de la radio

Avec un(e) partenaire imaginez le dialogue.

SECTION C *Listening, reading & reacting*

A La TV, premier support publicitaire en 1993

Etudiez l'article et le tableau sur l'évolution du volume des investissements dans les médias entre 1992 et 1994, puis indiquez si les déclarations suivantes sont vraies ou fausses d'après l'article.

a D'après les prévisions, en termes de pourcentage, les recettes publicitaires de la télévision auraient plus progressé en 1993 que celles de tous les autres médias réunis.
b La disparition de La Cinq a sensiblement réduit les recettes publicitaires de l'ensemble des chaînes télévisées.
c Les campagnes publicitaires télévisées, en raison de leurs coûts très élevés, souffrent davantage en temps de crise économique par rapport aux autres médias.
d Environ 20 millions de Français regardent la télévision chaque jour.
e Les prévisions pour 1994 étaient plutôt pessimistes pour la publicité radiophonique vu la continuation de la mauvaise conjoncture économique.
f Jusqu'en 1993, la part de marché (PDM) de l'ensemble de la presse dépassait toujours celle de la télévision.

La TV, premier support publicitaire en 1993

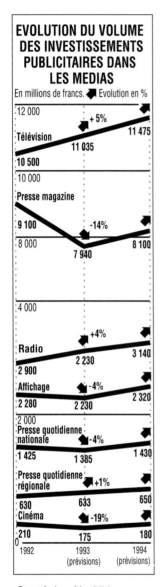

EVOLUTION DU VOLUME DES INVESTISSEMENTS PUBLICITAIRES DANS LES MEDIAS

En millions de francs. ◢ Evolution en %

- Télévision : 12 000 / 11 475 / +5% / 11 035 / 10 500
- Presse magazine : 10 000 / 9 100 / -14% / 7 940 / 8 100 / 8 000
- Radio : 4 000 / +4% / 3 140 / 2 230 / 2 900
- Affichage : -4% / 2 320 / 2 280 / 2 230
- Presse quotidienne nationale : 2 000 / -4% / 1 425 / 1 385 / 1 430
- Presse quotidienne régionale : +1% / 630 / 633 / 650
- Cinéma : -19% / 210 / 175 / 180 / 0

1992 — 1993 (prévisions) — 1994 (prévisions)

Stratégies, No 854, 19/11/93

La télévision est le média qui devrait enregistrer cette année la plus forte hausse de ses recettes publicitaires: 5%. Une progression qui lui permet de franchir la barre des 40% de part de marché (à 41,8%, contre 38,8% l'année dernière).
A ces bons résultats plusieurs explications. D'abord, l'enquête Ipsos ne concerne que les budgets nationaux de publicité commerciale dans les médias grand public, ce qui tend à favoriser la position du petit écran par rapports aux autres grands médias. Ensuite, la disparition de La Cinq continue, encore aujourd'hui, d'avoir des répercussions. D'après Secodip, l'augmentation des recettes publicitaires de la télévision s'établit à 3,2% sur les neufs premiers mois de 1993 comparés à la même période de l'année précédente (en tenant compte de l'existence de La Cinq jusqu'en avril 1992) et à 8% si l'on exclut les quatre derniers mois de La Cinq. En clair, la mort de la chaîne de Jean-Luc Lagardère (qui a enregistré 1, 1 milliard de francs de chiffre d'affaires en 1991) a non seulement entraîné un gonflement mécanique des recettes publicitaires mais aussi renforcé le média dans son ensemble.
Enfin et surtout, la télévision, «*média promotionnel et d'image qui bénéficie d'un bon impact sur les ventes*», dixit Jean-Bernard Ichac, directeur du marketing à TF1 Publicité, résiste étonnamment bien à la crise. Etonnamment, car une campagne est plus longue à mettre en place et plus lourde à gérer sur le petit écran qu'en radio ou en affichage. Et les frais techniques inhérents (la production d'un film de 30 secondes revient au minimum à 500 000 F) n'ont, de plus, aucune commune mesure avec les coûts pratiqués dans les autres médias. Mais, en période de crise, l'annonceur privilégie l'effet de masse et la vingtaine de millions de téléspectateurs quotidiens qu'offre le petit écran. Ces bons résultats sont confirmés par le chiffre définitif du troisième trimestre (+5%) et la prévision de croissance de 4% pour 1994. Chiffre en très léger retrait par rapport à cette année, qui s'explique sans doute davantage par une certaine saturation des écrans intéressants disponibles que par les effets induits de la crise elle-même.

+4% cette année, autant prévus pour 1994. La radio est bien un média de crise

Alors que la plupart des indices économiques se sont enfoncés dans le rouge, 1993 se révèle finalement être une année plutôt bonne pour le média radiophonique. Paradoxe? Non, tout simplement confirmation. Confirmation que la radio est bien le média de crise par excellence et que les annonceurs continuent à voir en elle un support particulièrement efficace, notamment lorsqu'il s'agit de campagnes promotionnelles destinées à déstocker et à créer du trafic sur les points de vente. Résultat: alors qu'en début d'année la radio était créditée d'une croissance quasi nulle, elle devrait finalement enregistrer en 1993 une hausse de 4%, quasi équivalente à celle obtenue par la télévision (5%). Ce faisant, le média conforte sa part de marché, qui atteindrait 11,4% cette année, contre 10,7% en 1992.
Pour l'année prochaine, les mêmes causes produisant les mêmes effets, la radio devrait dans une certaine mesure continuer à bénéficier d'une situation économique encore difficile. La prudence reste pourtant de mise, car la visibilité reste mauvaise et il n'est pas exclu que certains annonceurs, notamment dans la distribution, réorientent une partie de leur budget vers le sponsoring ou le partenariat TV. Par ailleurs, si on a échappé cette année au rétablissement de la seconde coupure publicitaire sur le petit écran, rien ne dit qu'il en sera de même en 1994. Si cette mesure devait être adoptée à la session de printemps comme il en est question, la radio s'en trouverait pénalisée dès le second semestre. Moyennant ses réserves, elle devrait cependant être avec la TV le média qui enregistrera la plus forte progression en 1994, avec une nouvelle hausse moyenne de 4%, dont devrait profiter en priorité les «FM adultes» qui continueront ainsi à rééquilibrer leur part d'audience avec leur part de marché publicitaire.

NATHALIE FUNES ET OLIVIER MILOT

B *Message publicitaire*

Faites une transcription du message publicitaire sur Europe 1 sur ce qu'il suffit de faire pour mettre une annonce dans un grand quotidien français. Puis traduisez-le en anglais.

SECTION D *Faisons le point sur . . .*

Les médias en France

La presse

Depuis la fin de la deuxième guerre mondiale, la presse écrite française a perdu plus de la moitié de ses quotidiens. En revanche, la presse périodique s'est fortement développée.

La presse quotidienne a subi de gros changements. A cause de la concurrence de la radio puis de la télévision, à cause du prix de revient (en 20 ans le prix des quotidiens a été multiplié par 13) et du coût d'exploitation élevés, la presse quotidienne s'est concentrée: le nombre des quotidiens est passé d'environ 179 à 80 à l'heure actuelle. Elle s'est aussi décentralisée. De nos jours, on ne dénombre que 10 quotidiens nationaux contre 70 quotidiens régionaux.

La presse de province a su s'adapter à son public en lui offrant des informations régionales et locales telles que les manifestations sportives, les diverses festivités, les nouvelles touchant au monde agricole ou maritime.

La presse quotidienne à Paris a diverses colorations politiques. Certains journaux se situent plutôt à droite, par exemple *Le Figaro, Le Quotidien de Paris, France-Soir, Le Parisien* alors que *L'Humanité* est communiste et que *Libération* aurait des sympathies plutôt orientées vers la gauche. *La Croix* a une position plutôt centriste. *Le Monde* a une réputation mondiale de sérieux et d'objectivité. La presse nationale représente donc l'éventail des grands courants politiques.

D'une manière générale, malgré une certaine modernisation, une mise en page parfois plus accessible et attirante (Libé) et une nette amélioration du contenu rédactionnel, la presse doit faire face à de grosses difficultés. En dépit des subventions et des avantages fiscaux accordés par l'Etat, on observe toujours une baisse de la diffusion: les chiffres publiés situent la France dans le bas de l'échelle en Europe. Seules l'Italie et l'Espagne ont un taux de pénétration plus bass. A cause de la concurrence des médias audiovisuels et du faible nombre de lecteurs, les recettes publicitaires sont modestes.

La presse périodique connaît un grand dynamisme. Tous les sujets sont traités: politique, économique, social, littéraire. Il y a les hebdomadaires d'actualité tels que *Paris Match*, *L'Express*, *Le Nouvel Observateur*, *Le Point* . . . Tous les créneaux sont représentés qu'il s'agisse de sports, de cinéma, de jardinage, de décoration intérieure, d'informatique, d'automobile, de photo, de santé . . . Ajoutons-y les magazines féminins et ceux destinés aux téléspectateurs. Ils connaissent des hauts et des bas. Tous ne survivent pas, mais ils renaissent parfois en visant des cibles différentes.

Les agences de presse fournissent une partie des informations:

- l'Agence France-Presse, AFP, créée en 1944
- l'Agence Centrale de Presse, ACP
- l'Agence Générale d'Information, AGI

La télévision

La télévision comprend actuellement sept chaînes principales. Dans le secteur public, on trouve deux chaînes généralistes: France 2 (1964) et France 3 (1972), cette dernière à vocation régionale. La Cinquième (1994) est à vocation éducative.

Parmi les chaînes privées, on trouve: la grande chaîne généraliste TF1, qui a succédé à la première chaîne de télévision nationale et qui est privatisée depuis 1987; Canal Plus (1984), chaîne brouillée à péage par abonnement, présente surtout des films récents et du sport; Arte (1990), financée en partie par l'Etat et en partie par le secteur privé, est une chaîne culturelle franco-allemande qui remplace la Cinquième le soir; M6

(1986), avec un budget très faible, offre des émissions essentiellement réservées aux jeunes téléspectateurs (musique pop, feuilletons, films, etc.).

Depuis 1989 le Conseil Supérieur de l'Audiovisuel (le CSA) régit la communication audiovisuelle; c'est une autorité indépendante qui a pour charge d'assurer à l'audiovisuel 'son bon fonctionnement, son équilibre, son pluralisme et de garantir son autonomie vis à vis du pouvoir politique'. Le CSA:

- réglemente la publicité (décision sur quels produits ou services on peut faire de la publicité, le nombre de coupures autorisées au cours d'une émission, durée de la publicité, etc.)
- donne son accord sur le parrainage de certaines émissions par des grandes marques
- répartit l'argent de la redevance entre les diverses sociétés publiques
- établit les contrats qui fixent les objectifs annuels
- peut rappeler à l'ordre, adresser des injonctions, infliger des sanctions s'il y a non respect du cahier des charges, par exemple le quota de films étrangers (pas plus de 50%; 60% pour les films européens)

Les programmes télévisés, qui utilisent le système français de couleur SECAM[1], sont diffusés soit par réseau terrestre hertzien, soit par réseaux câblés, soit par satellite. Les principaux satellites sont TDF2 (franco-allemand) et Télécom 2A/B (français).

La radio

Radio France comprend France Inter, France-Culture, France-Musique, Radio Bleue et France-Info plus une cinquantaine de radios locales. Il existe aussi Radio France Internationale, une société indépendant qui transmet des programmes en 17 langues surtout en Afrique, en Amérique et en Asie.

Dans le secteur privé et au delà des frontières françaises, on trouve des postes périphériques, dont les principaux sont Europe 1 (Sarre), Radio Luxembourg (RTL) et Radio Monte-Carlo.

En 1982, une nouvelle loi a autorisé la création de radios privées locales sur modulation de fréquence (FM). Elles sont réparties sur l'ensemble du territoire français. On en compte plus de trois mille, dont plus d'une centaine dans la seule région parisienne. On y trouve des noms tels que NRJ, Radio Nostalgie, Fun Radio, Skyrock, Kiss FM, Pacifique FM, etc. Comme leurs noms l'indiquent, leurs émissions sont destinées dans l'ensemble aux jeunes auditeurs, et consistent, pour la plupart d'entre elles, de jeux, d'émissions à ligne ouverte et de musique pop.

[1] voir *Petit Guide des Sigles* p. 253

Activité de recherche

Renseignez-vous auprès d'une société britannique qui exporte ses produits/services en France ou dans les pays francophones pour savoir quelle est sa politique en matière de marketing dans ce(s) pays-là.

- Comment organisent-ils la promotion de leurs produits?
- Est-ce que leur marketing est confié aux agences francophones?
- De quels médias se servent-ils (affichage/presse/télévision/radio)?

- Se servent-ils de brochures/dépliants/prospectus/encarts/etc. rédigés en français? Qui les conçoit et les réalise?
- Est-ce que leur marketing est essentiellement le même dans les pays francophones que dans les pays anglophones?

Rédigez votre rapport en français.

13 AFFAIRE CONCLUE

SECTION A

A la fin de sa visite, Mme Legrand discute avec Mr Sanderson des prix★ et des délais de livraison des nouveaux modèles.

Ecoutez le dialogue et répondez aux questions de la Section A sans regarder le texte pour commencer.

Vocabulaire

entretien (m)	*conversation*
survenir	*to arise / 'crop up'*
obtenir gain de cause	*to get satisfaction*
soulagé	*relieved*
faire activer les choses	*to get things moving*
commande (f) d'essai	*trial order*
conçu (p.p. concevoir)	*designed*
solide	*strong*
fiable	*reliable*
convenir (de)	*to admit*
bon (m) de commande	*order form*

cours (m)	*(exchange) rate; (also: taux d'échange (m))*
aperçu (m)	*rough/general idea*
TVA★ (f) *(Taxe à la valeur ajoutée)*	*VAT*
abordable	*reasonable*
ne rien y pouvoir	*to be unable to do anything about it*
traiter affaire	*to do business*
accueil (m)	*welcome*

★ see Chapter 10 for details of prices and sales terms

Qu'avez vous compris?

1 Trouvez dans le texte l'équivalent de:

a raisonnable (prix)
b grèves
c résistants
d tous les problèmes sont résolus
e prix de livraison à l'entrepôt du client
f produit de meilleure qualité
g vous avez pu obtenir ce que vous vouliez?
h avoir des relations commerciales

2 Comment diriez-vous en français?

a Everything's turned out for the best.
b I would be very grateful to you.
c These top of the range products have been very successful.
d Approximately how much do they (m) come to (price)?
e You must reckon on a fortnight.
f When everything goes well.
g We can't do anything about it.
h Thank you for having made me feel so welcome.

3 Complétez les blancs.

a Mme Legrand a . . . . . . un long . . . . . . avec le chef du service après-vente et ils ont . . . . . . certains problèmes concernant la dernière livraison.

b Mr Sanderson a dit que si elle . . . . . d'autres ennuis et si elle . . . . . en
. . . . . part, il . . . . . peut-être faire activer les choses.

c Il a expliqué que si elle . . . . . avoir le prix . . . . , il faudrait
qu'elle . . . . . au prix . . . . . d'. . . . . les frais de . . . . . , le . . . . . de
l'. . . . . plus . . . . . . de l'emballage.

d Mme Legrand craignait que le prix . . . . . trop élevé mais Mr Sanderson
. . . . . a rappelé que le . . . . . de la TVA au . . . . . était . . . . . élevé
qu'en France.

e Si elle acceptait de . . . . . dans les 30 jours fin de mois, elle . . . . . droit
à un . . . . . de . . . . .%, mais si elle . . . . . dans les 90 jours fin de mois,
l'escompte ne . . . . . . plus possible.

f . . . . . aux délais de livraison, Mr Sanderson a dit qu'ils . . . . . . entre
deux et trois . . . . . en . . . . . à condition que tout se . . . . . bien.

◭ *Dialogue*

SANDERSON Vous avez pu voir le chef du service après-vente?

LEGRAND Oui, je viens d'avoir un long entretien avec lui. Nous avons pu régler certains problèmes survenus récemment concernant la dernière livraison; il s'agissait des anciens modèles IGY78 et EJW97.

SANDERSON Vous avez obtenu gain de cause?

LEGRAND Oui, tout est réglé.

SANDERSON Bien, je suis soulagé de savoir que *tout s'est arrangé pour le mieux.* Dans le cas éventuel où vous auriez d'autres ennuis, n'hésitez pas à m'en faire part. Je pourrais peut-être faire activer les choses.

LEGRAND Entendu, *je vous en serais très reconnaissante,* et je vous en remercie d'avance. Bon, je suis prête à vous passer une commande d'essai en ce qui concerne vos deux nouveaux modèles.

SANDERSON Je crois que vous ne le regretterez pas. *Ces produits haut de gamme ont eu beaucoup de succès* sur le marché intérieur car ils sont bien conçus, solides, fiables et bien présentés.

LEGRAND Oui, j'en conviens. Je vais commencer par remplir ce bon de commande provisoire. Votre liste de prix donne le prix unitaire, sortie d'usine, n'est-ce pas. Les autres frais ne sont pas compris?

SANDERSON Non, il faut y ajouter les frais de transport routiers et maritimes et le coût de l'assurance.

LEGRAND *Ils s'élèvent approximativement à combien?*

SANDERSON Il faut compter environ 8% de plus pour avoir le prix franco domicile.

LEGRAND   Le prix de l'emballage, lui, est inclus?

SANDERSON   Oui, bien sûr, et l'emballage est très bien conçu; parfait pour de longs voyages.

LEGRAND   Le cours de la livre peut varier bien sûr. Il est très élevé en ce moment, n'est–ce pas?

SANDERSON   Non, heureusement la livre sterling ne se porte pas bien, et une livre faible, c'est une bonne chose pour nos exportations. Si nous prenons la moyenne des cours pour cette première moitié de l'année ça vous donnera un aperçu du coût.

LEGRAND   Bien, je calcule rapidement . . . hum . . . cela revient à un prix plutôt élevé quand-même. Ajoutons à cela la TVA et ça fait des produits assez coûteux!

SANDERSON   Vous trouvez? Il est abordable pour un article haut de gamme de cette qualité-là et n'oubliez pas que notre taux de TVA est inférieur au votre.[1] Mais je vais essayer de vous accorder un petit escompte supplémentaire comme il s'agit de nouveaux modèles.

LEGRAND   Votre proposition me plaît; j'apprécierais vraiment ce geste de votre part . . . Vos délais de paiement sont toujours les mêmes?

SANDERSON   Ils sont de 30 jours fin de mois et vous bénéficiez alors d'un escompte de 2,5%, sinon 90 jours fin de mois mais dans ce cas-là vous n'avez plus droit à l'escompte . . .

LEGRAND   Et en ce qui concerne vos délais de livraison, *il faut compter 15 jours* je pense?

SANDERSON   Oui, une quinzaine de jours *quand tout se passe bien*, mais disons qu'ils varient, en moyenne, entre deux et trois semaines. Heureusement, nous traversons une période où il y a peu de grèves dans l'industrie des produits manufacturés; c'est surtout dans la fonction publique en France, transports, etc., que les conflits sociaux ont lieu.

LEGRAND   Et cela est indépendant de votre volonté!

SANDERSON   Exactement. *Nous n'y pouvons rien!* Donc je vous ferai parvenir notre offre finale dans les jours qui viennent.

LEGRAND   Entendu, j'ai hâte de la recevoir.

SANDERSON   Je suis très heureux que nous ayons pu traiter affaire.

LEGRAND   Moi de même.

SANDERSON   Il ne me reste plus qu'à vous souhaiter bon retour.

LEGRAND   Je vous en remercie, et *merci* aussi *pour l'excellent accueil que vous m'avez réservé.*

SANDERSON   Je vous en prie. Au plaisir de vous revoir chère Madame.

[1] French VAT was increased from 18.8% to 20.6% in 1995

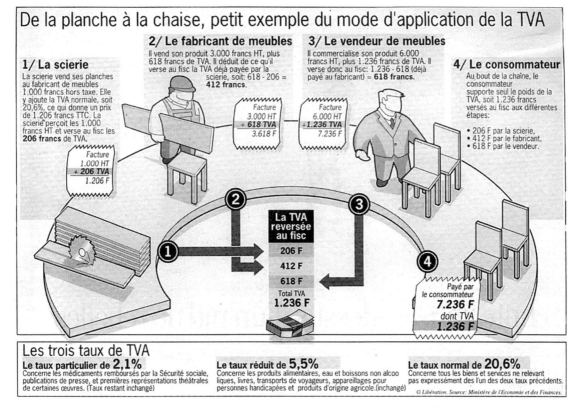

De la planche à la chaise, petit exemple du mode d'application de la TVA

1/ La scierie
La scierie vend ses planches au fabricant de meubles 1.000 francs hors taxe. Elle y ajoute la TVA normale, soit 20,6%, ce qui donne un prix de 1.206 francs TTC. La scierie perçoit les 1.000 francs HT et verse au fisc les **206 francs** de TVA.

Facture
1.000 HT
+ 206 TVA
1.206 F

2/ Le fabricant de meubles
Il vend son produit 3.000 francs HT, plus 618 francs de TVA. Il déduit de ce qu'il verse au fisc la TVA déjà payée par la scierie, soit: 618 - 206 = **412 francs.**

Facture
3.000 HT
+ 618 TVA
3.618 F

3/ Le vendeur de meubles
Il commercialise son produit 6.000 francs HT, plus 1.236 francs de TVA. Il verse donc au fisc: 1.236 - 618 (déjà payé au fabricant) = **618 francs.**

Facture
6.000 HT
+1.236 TVA
7.236 F

4/ Le consommateur
Au bout de la chaîne, le consommateur supporte seul le poids de la TVA, soit 1.236 francs versés au fisc aux différentes étapes:

• 206 F par la scierie,
• 412 F par le fabricant,
• 618 F par le vendeur.

La TVA reversée au fisc
206 F
412 F
618 F
Total TVA
1.236 F

Payé par le consommateur
7.236 F
dont TVA
1.236 F

Les trois taux de TVA

Le taux particulier de 2,1%
Concerne les médicaments remboursés par la Sécurité sociale, publications de presse, et premières représentations théâtrales de certaines œuvres. (Taux restant inchangé)

Le taux réduit de 5,5%
Concerne les produits alimentaires, eau et boissons non alcooliques, livres, transports de voyageurs, appareillages pour personnes handicapées et produits d'origine agricole.(inchangé)

Le taux normal de 20,6%
Concerne tous les biens et services ne relevant pas expressément de l'un des deux taux précédents.

© Libération. Source: Ministère de l'Economie et des Finances.

Liberation, No 4417, 1/8/95

SECTION B   *Structural exercises*

A   Ecoutez l'enregistrement et complétez, en anglais, le tableau.

	Ref. no.	Price	Not included in price	Settlement terms	Delivery time
	XRS75	335F	– VAT – insurance	30 days/ end of month	2–3 wks
(a)					
(b)					
(c)					

B Exercice d'interprétation

Vous accompagnez Mr Cooper qui rend visite à un de vos fournisseurs français Monsieur Masson. Vous leur servez d'interprète . . .

COOPER I would like you to show me your new top-of-the-range products before I fill out the order form.

MASSON Volontiers. Alors ceux-ci sont les derniers sortis, et je crois qu'ils plairont à votre clientèle. Vous voyez à quel point ils sont élégants mais solides en même temps.

COOPER They look quite strong, I must admit. However, let's hope they are more reliable than the earlier models!

MASSON Vous voulez parler de quels modèles?

COOPER They were your SY71 and JT93 models which we bought two years ago.

MASSON Ah, oui. Je m'en souviens. On a eu effectivement quelques ennuis avec ces deux modèles-là, surtout tout au début, juste après leur lancement sur le marché intérieur. Mais on a réussi à régler tout ça par la suite.

COOPER I remember we had problems getting any satisfaction from your after-sales department at the time. But it all turned out alright in the end.

MASSON Tant mieux. Je suis soulagé de vous l'entendre dire! Donc, si vous nous passiez commande, de quelles quantités s'agirait-il?

COOPER It would be for fifty models altogether. Thirty top-of-the-range, and twenty bottom-of-the-range, providing we can agree on a price. What discount would you give for those quantities?

MASSON Normalement 5% sur le prix global hors taxe, mais peut-être un peu plus si vous payiez comptant . . .

COOPER We never pay cash! British suppliers normally give us between 60 and 65 days from the delivery date, and with at least 3% off!

MASSON Je suis sûr que nous pouvons traiter affaire. Mais avant de vous faire une offre finale, il faudrait s'entendre sur nos conditions de vente et nos délais de livraison.

COOPER If I'm not mistaken your prices are ex-works and include packaging and VAT, but we must add on about 8% for insurance and transport charges. That's right, isn't it?

MASSON C'est ça, et nos délais de livraison sont de quinze jours en moyenne. Ecoutez, laissez-moi m'en occuper et je vous enverrai une offre définitive dans les jours qui viennent.

COOPER Thank you. I would be very grateful if you could speed things up a little, as we would like to get them onto the market as soon as possible.

MASSON	Ne vous faites pas de souci! Vous aurez notre offre d'ici une semaine, et les prix cités seront valables jusqu'en avril.
COOPER	Fine, I'll look forward to receiving it.

♫ *Jeu de rôle 1*

Jouez le rôle de Mr Sanderson qui s'entretient en français avec Mme Legrand à la suite de sa visite à l'usine.

SANDERSON	■ *(Ask if she has been able to see the After Sales Manager?)*
LEGRAND	Oui, je viens de le quitter à l'instant.
SANDERSON	■ *(Did she get what she wanted?)*
LEGRAND	Oui, tout est réglé.
SANDERSON	■ *(You are relieved to hear it. If she has any further problems she is to keep you informed and you'll try to speed up matters.)*
LEGRAND	Je vous en remercie d'avance. Je suis prête à vous passer une première commande d'essai. Les prix indiqués sur votre liste sont les prix unitaires sortie d'usine, n'est-ce pas?
SANDERSON	■ *(Yes, transport and insurance costs must be added.)*
LEGRAND	Ils s'élèvent à combien approximativement?
SANDERSON	■ *(She should reckon on an extra 8%.)*
LEGRAND	Est-ce que l'emballage est inclus?
SANDERSON	■ *(Of course, and it's designed for long journeys.)*
LEGRAND	En ce qui concerne le taux d'échange, quel est le cours de la livre actuellement? Il est assez bas par rapport au franc, si je ne me trompe pas . . .
SANDERSON	■ *(Yes, fortunately the pound is very weak at the moment, which is good for your exports!)*
LEGRAND	Laissez-moi calculer le prix de revient. Avec la TVA ça fait le produit cher.
SANDERSON	■ *(It's reasonable considering the quality of the product. Remember the rate of VAT is lower than in France.)*
LEGRAND	Oui, c'est vrai. Quels sont vos délais de paiement?
SANDERSON	■ *(30 days/end of the month, and that would entitle her to a 2,5% discount.)*
LEGRAND	Nos fournisseurs français nous accordent 90 jours/fin de mois et nous bénéficions toujours d'un escompte de 2,5%!

SANDERSON	■ *(You'll see what you can do and send her your final offer in the next few days.)*
LEGRAND	Je vous en remercie.
SANDERSON	■ *(Say you are pleased you have been able to do business again.)*
LEGRAND	Mais le plaisir est réciproque. Merci de votre accueil et de votre hospitalité. Je viens de faire un excellent séjour!
SANDERSON	■ *(You're delighted to hear it. Wish her a safe journey back and say you look forward to seeing her again.)*

Jeu de rôle 2

Vous êtes un(e) client(e) britannique qui négocie avec un fournisseur français l'achat d'une centaine de ses produits.

Vous insistez sur:

■ une réduction de prix (taux de TVA très élevé en France)
■ la rapidité de livraison
■ les soins à apporter à l'emballage

Avec un(e) partenaire qui jouera le rôle du fournisseur imaginez la conversation.

SECTION C — *Listening, reading & reacting*

A Budget: les recettes nouvelles, les dépenses nouvelles

Pour financer le soutien à l'emploi et réduire les déficits publics, le gouvernement a annoncé un programme de mesures durant l'été 1995. Choisissez dans la liste des phrases (A–H) celle qui correspond à la mesure budgétaire (1–15) dont la liste se trouve à la page 245.

A	B	C	D	E	F	G	H
3							

A Les sociétés seront davantage imposées.

B Ceux qui ont des revenus élevés seront obligés de subventionner ceux qui sont plus défavorisés.

C C'est une mesure prise pour encourager l'embauche de jeunes personnes qualifiées qui arrivent sur le marché du travail.

D Cette mesure a pour but d'aider ceux qui touchent de très bas salaires.

E La consommation sera ciblée pour financer la majeure partie des nouvelles mesures.

F Les propriétaires bénéficieront d'avantages fiscaux afin de les encourager à prendre des locataires.

G Outre la hausse des impôts indirects qu'il lui faudra payer, le Français moyen verra s'alourdir ses impôts directs.

H De toutes les mesures proposées, celle-ci devrait se révéler comme la plus rentable pour un patron qui accepte d'employer quelqu'un qui n'a pas travaillé depuis longtemps.

Budget

Les recettes nouvelles

1   L'Etat économise 19 milliards sur son train de vie, dont 8,8 milliards de crédits militaires annulés.
2   Hausse de la TVA. Le taux normal passe de 18,6 à 20,6%. Recettes attendues : 17,4 milliards.
3   Relèvement de 10% de l'impôt sur les bénéfices des sociétés. Recettes attendues : 12 milliards.
4   Relèvement de l'impôt de solidarité (impôt sur la fortune). Recettes attendues : 900 millions.
5   Suppression de la remise d'impôt de 42 francs sur les cotisations vieillesse.

Les dépenses nouvelles

Mesures en faveur de l'emploi (11,4 milliards en 1995)
6   Contrat initiative emploi (CIE), (3,5 milliards en 1995). Exonération totale des charges patronales de Sécurité sociale sur la partie inférieure au SMIC pour l'embauche de chômeurs de longue durée. Versement d'une prime de 2 000 francs par mois pendant deux ans.

Mesures en faveur des jeunes. (2,4 milliards).
7   Prime mensuelle de 2 000 francs pendant neuf mois à l'employeur d'un jeune diplômé. Augmentation de la prime d'apprentissage.
8   Allègement des charges (5,4 milliards). Baisse de l'ordre de 800 francs pour tout employeur d'un salarié au SMIC.

Logement (5 milliards).
9   40 000 logements nouveaux, dont 10 000 logements d'extrême urgence.
10 droits de mutation réduits de 30%;
11 déduction forfaitaire sur les revenus fonciers portée de 10 à 13%.

Mesures diverses.
12 Augmentation du SMIC de 4% au 1er juillet (de 6 010 francs par mois à 6 250 francs).
13 Minimum vieillesse: +2,5% au 1er juillet.
14 Retraites: +0,5%;
15 Allocation de rentrée scolaire, triplement, comme sous Balladur, 1 500 francs.

Le Point, 24/6/95

 B Les résultats des élections présidentielles

I Ecoutez l'extrait du flash d'information de France Inter au lendemain des élections présidentielles de mai 1995 et complétez les cases du tableau à la page suivante.

Candidates	number of votes obtained	% of votes	number of regions gained	region recording highest score (percentage)	socio-professional classes giving support
Jacques **CHIRAC**				(%)	
Lionel **JOSPIN**				(%)	
Turnout: . . . . . .%					

2 Comment diriez-vous en français?

a votes (give 2 words)
b the transfer of power
c the first round
d turn out
e Jacques Chirac is ahead of his opponent
f the outgoing president
g the president elect

SECTION D *Faisons le point sur . . .*

Les institutions politiques françaises

Le pouvoir exécutif

Le pouvoir exécutif est partagé entre le Président de la République et le Premier Ministre.

Le Président de la République

Le Président de la République est le chef de l'Etat français. Il réside à Paris, au palais de l'Elysée. Depuis 1965, il est élu au suffrage universel direct, au scrutin majoritaire à deux tours, pour sept ans (un septennat); si aucun candidat n'obtient la majorité au premier tour, on procède le dimanche suivant à un deuxième tour entre les deux candidats ayant obtenu le plus de voix au premier tour. Il est rééligible sans limitation du nombre de ses mandats. Aucune autorité ne peut mettre un terme au mandat en cours.

Les pouvoirs du Président de la République sont importants:

- il nomme le Premier Ministre choisi par parmi les membres du groupe politique majoritaire à l'Assemblée nationale; sur proposition du Premier Ministre, le président nomme les ministres; il préside le conseil des ministres
- il peut dissoudre l'Assemblée nationale mais seulement une fois dans l'année et provoquer de nouvelles élections législatives
- il signe les décrets et les ordonnances
- il peut consulter directement les électeurs par référendum pour des projets de lois portant sur certains problèmes

Le Président a une responsabilité particulière dans les domaines de la défense et des affaires étrangères:

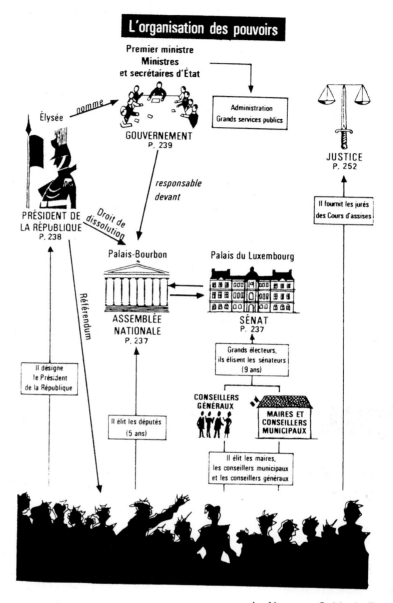

L'organisation des pouvoirs

Premier ministre
Ministres
et secrétaires d'État

Élysée — *nomme*

GOUVERNEMENT
P. 239

Administration
Grands services publics

JUSTICE
P. 252

Il fournit les jurés
des Cours d'assises

responsable
devant

PRÉSIDENT DE
LA RÉPUBLIQUE
P. 238

Droit de dissolution

Référendum

Palais-Bourbon

Palais du Luxembourg

ASSEMBLÉE
NATIONALE
P. 237

SÉNAT
P. 237

Il désigne
le Président
de la République

Grands électeurs,
ils élisent les sénateurs
(9 ans)

Il élit les députés
(5 ans)

CONSEILLERS
GÉNÉRAUX

MAIRES ET
CONSEILLERS
MUNICIPAUX

Il élit les maires,
les conseillers municipaux
et les conseillers généraux

Le Nouveau Guide de France

- il est le chef des armées; il peut donner l'ordre d'utiliser l'arme nucléaire
- il a un rôle prépondérant dans le domaine de la politique étrangère: il dirige la diplomatie et accrédite les ambassadeurs des Etats étrangers; il reçoit les chefs d'Etats étrangers et participe aux sommets politiques ou économiques internationaux; il négocie et signe les traités qui doivent être ensuite ratifiés par le parlement, pour devenir applicables

L'article 16 de la constitution de 1958 lui confère les pleins pouvoirs exécutifs et législatifs dans le cas exceptionnel de crise grave.

Le Premier Ministre

Le Premier Ministre est le chef du gouvernement. Ses bureaux sont à l'hôtel Matignon.

Il est choisi par le leader du parti gagnant aux élections législatives. Il forme le gouvernement en choisissant les ministres, dont la nomination doit être faite en accord avec le chef de l'Etat. Selon le principe de la séparation des pouvoirs, un ministre ne peut pas conserver son mandat de député s'il en avait un lors de sa nomination.

Le Premier Ministre a l'initiative des lois et il en assure l'exécution. Il est responsable de la politique du gouvernement devant l'Assemblée nationale: il ne peut donc pas gouverner s'il n'appartient pas à la tendance politique qui est majoritaire à l'Assemblée nationale.

Le Premier Ministre préside le conseil des ministres qui se réunit en général le mercredi matin. Un communiqué officiel est publié à l'issue de chaque réunion. Le Premier Ministre ne peut pas être révoqué par le Président de la République, cependant celui-ci peut l'inciter à démissionner.

Le pouvoir législatif

Le pouvoir législatif est exercé par le Parlement, composé de deux assemblées: l'Assemblée nationale qu'on appelle aussi la Chambre des Députés, siège au Palais Bourbon dans une salle en forme d'hémicycle, et le Sénat ou 'Haute Assemblée', siège au Palais du Luxembourg.

L'Assemblée nationale

Les députés sont élus au suffrage universel direct. La durée de leur mandat est de cinq ans, c'est à dire une législature. Les candidat(e)s doivent être âgé(e)s de vingt-trois ans au minimum. Les députés élisent l'un d'eux Président de l'Assemblée nationale.

Le Sénat

Le président du Sénat est le second personnage de l'Etat: c'est lui qui assure l'intérim en cas de vacance de la présidence de la République. Les sénateurs sont élus au suffrage indirect par les députés et les représentants des collectivités locales. Ils (elles) doivent être âgé(e)s de trente-cinq ans au moins. Leur mandat dure neuf ans, mais les sénateurs sont renouvelables par tiers tous les trois ans.

Les partis politiques

Le paysage politique français est partagé en deux grands courants: la droite et la gauche. Mais depuis les années 80, on assiste à une montée de formations qui n'appartiennent pas à ces grands partis: ce sont les Verts, le Front National ...

Les candidats sont pratiquement toujours désignés par les partis. Mais si les ouvriers votent plutôt à gauche, les paysans et les catholiques à droite, les partis ne correspondent pas totalement à des catégories sociales particulières: les partis comptent parmi leurs partisans des gens de toutes les couches sociales.

Les partis de gauche

Le parti socialiste ou le PS, créé en 1969, est issue de la Section française de l'Internationale ouvrière (SFIO) fondée en 1905. Il a eu des dirigeants célèbres comme Jean Jaurès, Léon Blum. En 1971, François Mitterrand est élu premier secrétaire du parti socialiste. En 1972 un programme commun de la gauche est signé avec le parti communiste. Cette union est rompue en 1978. En 1981, François Mitterrand est élu Président de la République et réélu en 1988. Lionel Jospin est le premier secrétaire du PS.

Les valeurs traditionnelles de la gauche sont celles d'une démocratie politique, sociale et économique. L'accent est mis sur la solidarité nationale, la lutte contre l'injustice sociale et l'exclusion.

Le parti communiste ou le PC ou PCF, en 1920 au Congrès de Tours, se sépare de la SFIO et adhère à l'internationale communiste. Ayant joué un grand rôle dans la Résistance, le PC obtient un grand nombre de voix aux élections de 1946, juste après la Seconde Guerre mondiale, mais son influence ne cesse de décroître depuis cette époque. De nos jours, son audience tourne autour de 9%.

Les organisations politiques d'extrême-gauche, trotskistes et maoistes n'ont plus actuellement une grande audience. Lutte ouvrière et la Ligue communiste existent toujours (Arlette Laguillier et Alain Krivine).

Les partis de droite

Le Rassemblement pour la République (le RPR) a été fondé par Jacques Chirac en 1976. Ce parti est issu du RPF (Rassemblement du peuple français) qui a été créé par le Général de Gaulle après la guerre, en 1947. Le RPR se dit être l'héritier du gaullisme donc le garant des institutions de la Ve République.

L'Union pour la démocratie française (l'UDF) a été fondée en 1978 par Giscard d'Estaing et se situe au centre droit.

Le Front National (le FN) est né en 1972 sous la tutelle de Jean-Marie Le Pen et il regroupe diverses organisations d'extrême-droite qui réclame le rapatriement des immigrés ('la France aux Français'), l'abolition des impôts, le rétablissement de la peine de mort ... Ce parti est souvent en litige avec la justice française pour incitation au racisme et à l'antisémitisme.

Les Verts

En 1981 Brice Lalonde est candidat aux élections présidentielles et représente le mouvement écologiste. En 1984 apparaît le parti des Verts que dirige Antoine Waechter. Ils tiennent à leur indépendance et à se démarquer des autres partis car ils redoutent d'être assimilés aussi bien à la droite qu'à la gauche. En 1995, avec Dominique Voinet, leur audience se situait à environ 8%.

Activité de recherche

Renseignez-vous auprès d'une société britannique exportatrice de produits britanniques en France (si possible celle choisie pour l'*Activité de recherche* du chapitre 12) sur leur politique de facturation/paiement.

■ Est-ce que leurs prix s'entendent CAF/FOB?
■ Accordent-ils des escomptes selon la quantité commandée?

■ Quelles sont les échéances de paiement?
■ Comment règle l'acheteur (en francs, en livres, en écus)?
■ Comment s'effectue le paiement (lettre de crédit, traite bancaire, autre)?

Rédigez votre rapport en français.

PETIT GUIDE DES SIGLES

Banques
- BNP (Banque Nationale de Paris) = France's second largest bank
- CA (Crédit Agricole) = France's largest bank
- CL (Crédit Lyonnais) = France's third largest bank
- CCP (Compte Courant Postal)★ = giro bank run by French Post Office

Commerce★ et Industrie
- BSN (Boussois-Souchon-Neuvesel) (see Chapter 7)
- BTP (Bâtiment et Travaux Publics)
- CAF (Coût Assurance Fret)★ = cost, insurance, freight
- C et F (Coût et Fret) = cost and freight
- CCIP (Chambre de Commerce et d'Industrie de Paris)
- CFCE (Centre Français de Commerce Extérieur)
- FAB (Franco à Bord)★ = free on board (FOB)
- IAA (Industries Agro-Alimentaires)
- OPA (Offre Publique d'Achat) = take-over bid
- OS (Ouvrier spécialisé) = semi-skilled worker in industry
- PME/PMI (Petites et Moyennes Entreprises/Industries) = the majority of French commercial or industrial companies fall into one or other of these two categories. *Petites* applies to companies with fewer than 50 employees, *moyennes* to those with 50–500 employees (see Chapter 10 for different types of company)
- RC (Registre du Commerce)★
- SIREN (Système Informatisé du Répertoire des Entreprises)★
- SIRET (Système Informatisé du Répertoire des Etablissements)★ (NB Companies can only have one SIREN registration number, but may have more than one SIRET number depending on the number of premises)
- VPC (Vente par Correspondance) = mail order
- VRP (Voyageurs Représentants Placiers) = travelling salesmen
- ZA/ZI (Zone Artisanale/Industrielle)

Courier/ télécommunication★
- BP (Boîte Postale)★ = PO Box number
- CEDEX (Courrier d'Entreprise à Distribution Exceptionnelle)★
- PCV (Paiement Contre Vérification or à PerCeVoir) = reversed charge call
- PTT (Postes Télégraphe Téléphone) = French postal service, new version of which is P et T (Postes et Télécommunications)

Economie et Finances
- ANPE (Agence Nationale pour l'Emploi)
- BIPE (Bureau d'Information et de Prévisions Economiques)
- HT (Hors Taxes) = tax not included, duty free
- PEP (Plan d'Epargne Populaire) = 8 year tax free savings plan
- PIB (Produit Intérieur Brut) = gross domestic product (GDP)
- PNB (Produit National Brut) = gross national product (GNP)
- SICAV (Société d'Investissement à Capital Variable) = unit trusts
- TTC (Toutes Taxes Comprises) = tax (usually VAT) included
- TVA (Taxe à la Valeur Ajoutée)★★ = VAT

Enseignement et Diplômes
- BAC (Baccalauréat) = 18+ school (*lycée*) leaving examination; the equivalent of GCE A level, but less specialised and giving automatic entry to most branches of higher education
- BEP (Brevet d'Etudes Professionnelles) = BTEC equivalent trade/technician qualification. Higher level than CAP
- BTS (Brevet de Technicien Supérieur) = 2 year post-*baccalauréat* senior technician qualification, approximately equivalent to Higher BTEC (old HND)
- CAP (Certificat d'Aptitude Professionnelle) = Craft qualification, equating roughly with City & Guilds, and below BEP level
- CES (Collège d'Enseignement Secondaire) = Comprehensive secondary school for pupils aged 11+ to 15+, i.e., the first four year cycle of secondary education (*sixième* to *troisième*). The following three years or second cycle being completed in the *lycée*
- DEUG (Diplôme d'Etudes Universitaires Générales) = General (two year) university degree qualification
- DUT (Diplôme Universitaire de Technologie) = (see under IUT)
- Grandes Ecoles = Elite institutes of higher education, ranking above universities, entry to which is achieved by competitive examination (*concours*) organised in certain *lycées* throughout France for the most able students. Approximately 150 in number, they cover every aspect and activity of the economy and administration of France, producing the country's top engineers, economists, civil servants and teachers. Some of the more prestigious and best known in the fields of business and administration are:
  ENA (Ecole Nationale d'Administration)
  ENSAE (Ecole Nationale de la Statistique et de l'Administration Economique)
  ESSEC (Ecole Supérieure des Sciences Economiques et Sociales)
  HEC (Hautes Etudes Commerciales)
- IUT (Institut Universitaire de Technologie) = Created in 1966 to train senior technicians, the IUTs are the French equivalent of British polytechnics or colleges of technology preparing students for the DUT (see above).
- LEP (Lycée d'Enseignement Professionnel) = Technical college offering 2 or 3 year courses leading to CAP or BEP qualifications and technical BAC

- L ès L (Licence ès Lettres) = BA (one year post DEUG)
- L ès Sc (Licence ès Sciences) = B.Sc. (one year post DEUG)

Opinion publique/statistiques
- IFOP (Institut Français d'Opinion Publique)
- INSEE (Institut National de la Statistique et des Etudes Economiques)
- INSD (Institut National de la Statistique et de la Démographie)
- OFCE (Observatoire Français des Conjonctures Economiques)
- SOFRES (Société Française d'Enquêtes par Sondage)

Partis politiques
- MRG (Mouvement des Radicaux de Gauche) = centre left radicals
- PC (Parti Communiste)
- PS (Parti Socialiste) = main socialist party, successor to SFIO (Section Française de l'Internationale Ouvrière)
- PSU (Parti Socialiste Unifié) = break-away socialist party formed in 1960
- RPR (Rassemblement pour la République) = right-wing Gaullist Party. Formed in 1958 after the establishment of the Fifth Republic under the title of UNR (Union pour la Nouvelle République), the name was first changed after the *événements* of 1968 to UDR (Union des Démocrates pour la République). The latest title dates from 1976 when the name was changed again in an attempt to alter its increasingly 'hard right' image and become a more open party reminiscent of de Gaulle's RPF (Rassemblement du Peuple Français) of 1947.
- UDF (Union pour la Démocratie Française) = Giscardian centre alliance formed in 1978

Pays et Accords
- CH (Confédération Helvétique) = Switzerland
- DOM–TOM (Départements d'Outre-Mer – Territoires d'Outre-Mer) = French overseas departments (Martinique, Guadeloupe, Réunion, St Pierre et Miquelon), and territories (Nouvelle-Calédonie, Wallis et Futuna, Polynésie française, Mayotte)
- ONU (Organisation des Nations Unies) = United Nations (UN)
- OTAN (Organisation du Traité de l'Atlantique Nord) = North Atlantic Treaty Organisation (NATO)
- RFA (République Fédérale Allemande) = German Federal Republic
- RU (Royaume-Uni) = United Kingdom
- TAAF (Terres Australes et Antarctiques Françaises)
- UE (Union Européenne) = European Union
- UEBL (Union Economique de la Belgique et du Luxembourg)

Radio/Télévision
- ARTE (France's most recent fifth channel replaced La Cinq in 1992)
- CSA (Conseil Supérieur de l'Audio-Visuel) = French Broadcasting Authority
- F2 (France Deux)★★★
- FR3 (France Régions Trois)★★★
- GO (Grandes Ondes) = long wave

- M6 (Métropole 6)★★★
- MF (Modulation de Fréquence)★★★ = Frequency Modulation (FM)
- OM (Ondes Moyennes) = medium wave
- PO (Petites Ondes) = short wave
- RMC (Radio Monte-Carlo)★★★
- RTL (Radio Télévision Luxembourg)★★★
- SECAM (Séquentiel à Mémoire) = French colour television system used by France, East Germany, Russia, Hungary, Luxembourg and Monaco and certain middle eastern and African countries. Britain and most of northern Europe and Italy, Yugoslavia, and Albania use the German PAL (Phase Alternation Line) system developed by AG Telefunken.
- SOFIRAD (Société Financière de Radiodiffusion) = State-owned company holding shares in private radio and television stations, e.g., 83% shareholding in Radio Monte-Carlo, 99% of *Sud-Radio* and 35% of Europe 1 – *Images et Son*
- TF1 (Télévision Française Un)★★★
- TSF (Téléphonie Sans Fil) = 'wireless' (early expression for radio)

Syndicats
- CFDT (Confédération Française Démocratique du Travail) = militant left-wing union most feared by employers. Interested in widening and modernising the French trades union movement, it believes in public ownership and worker control. It began as a break-away group from the catholic CFTC (Confédération Française des Travailleurs Chrétiens).
- CGC (Confédération Générale des Cadres) = the 'staff' union as distinct from 'workers', its membership is growing as the working class continues to evolve with the number of middle management and technician posts increasing.
- CGT (Confédération Générale du Travail) = Largest and most powerful of the unions. Traditionally marxist in outlook and devoted to the class struggle, it is supported by the French Communist Party. However, it enjoys good relations with the Employers' Federation (CNPF), and wishes at all costs to avoid anarchy within the trades union movement.
- CNAM (Confédération Nationale de l'Artisanat et des Métiers) = union representing some 100,000 self-employed business- and craftsmen.
- CNPF (Conseil National du Patronat Français) = Employers' Federation, equivalent to British CBI.
- FO (Force Ouvrière) = Left-wing union seeking closer links with CGT and CFDT, but looking for different image from traditional 'us and them' of the other unions based on Scandinavian or German pattern, with the unions in partnership with the employers and government.

Transports
- SNCF (Société Nationale des Chemins de Fer Français) = French State Railway Company
- TGV (Train à Grande Vitesse) = high speed train
- RER (Réseau Express Régional) = Paris suburban express rail service, part of SNCF network
- RATP (Régie Autonome des Transports Parisiens) = company operating Paris *Métro* and bus service
- TIR (Transit International Routier) = road hauliers association
- UTA (Union de Transports Aériens) = long-haul French airline, ranked third after Air France and Air Inter. Air France is now the majority shareholder.

Miscellaneous
- A[O]C (Appellation [d'Origine] Contrôlée) = classification of wine guaranteeing origin and type of grape stated on label. Indicative of better quality wine, superior to VDQS (see below)
- CAO (Conception Assistée par Ordinateur) = Computer aided design (CAD)
- EDF (Electricité de France)/GDF (Gaz de France) = state run electricity and gas supply monopolies which often share the same administrative offices
- FNAIM (Fédération Nationale des Agents Immobiliers) = National Federation of Estate Agents
- HLM (Habitation à Loyer Modéré) = state subsidised housing
- SAMU (Service d'Aide Médicale d'Urgence) = emergency ambulance service
- VDQS (Vins Délimités de Qualité Supérieure) = wine classification as for AOC (see above), applying usually to quality local wines
- ZUP (Zones à Urbanisation Prioritaire) = state-funded priority urban development schemes for housing or office buildings.

Social
- ANPE (Agence Nationale pour l'Emploi)
- ASSEDIC (Associations pour l'Emploi dans l'Industrie et le Commerce) local fund-holders for UNEDIC (see below)
- BIT (Bureau International du Travail)
- CAE (Complément d'Aide à l'Emploi) = government grant of 1000F to firms for each (first-time) job offered to young people
- CEC (Contrats Emplois Consolidés) government-sponsored employment contracts of 1–5 years for those with fewest work prospects
- CES (Contrat Emploi Solidarité) (see Chapter 7)
- CIE (Contrat Initiative Emploi) employment contracts similar to CES but for unemployed seeking work in manufacturing; firms taking on CIE applicants pay no employers contributions for two years and receive a monthly governmental grant of 2000F per CIE employee
- RMI (Revenu Minimum d'Insertion) unemployment allowance for the long-term unemployed (in the summer of 1995 this figure stood at 1,220,000)

- SDF (Sans Domicile Fixe) official acronym for the homeless
- SECU (popular abbreviation for Sécurité Sociale)
- SMIC (Salaire Minimum Interprofessionnel de Croissance) = statutory minimum wage indexed to retail prices
  The SMIC is paid monthly (in the summer of 1995 the SMIC was 6250F per month) but is based on an hourly rate and calculated on a weekly total of 39 hours.
- UNEDIC (Union Nationale pour l'Emploi dans l'Industrie, le Commerce et l'Agriculture) responsible for management of unemployment grants

★	See Chapter 10
★★	See Chapter 13
★★★	See Chapter 12

VERB TABLE

Regular verbs

Infinitive	Imperative			Present	Imperfect	Perfect	Future & Conditional	Subjunctive
parler	parle! parlons! parlez!	je tu il nous vous ils		parle parles parle parlons parlez parlent	parlais	ai parlé	parlerai parlerais	parle parles parle parlions parliez parlent
finir	finis! finissons! finissez!	je tu il nous vous ils		finis finis finit finissons finissez finissent	finissais	ai fini	finirai finirais	finisse finisses finisse finissions finissiez finissent
vendre	vends! vendons! vendez!	je tu il nous vous ils		vends vends vend vendons vendez vendent	vendais	ai vendu	vendrai vendrais	vende vendes vende vendions vendiez vendent

Note the following 'er' verbs with slight peculiarities:

a *Verbs which double root consonant before silent 'e'. For example:* appeler, jeter + *compounds* (rappeler, rejeter, *etc.*)

appeler:

Imperative	appelle!	appelons! appelez!
Present	j'appelle	nous appelons
	tu appelles	vous appelez
	il/elle appelle	ils/elles appellent
Imperfect	j'appelais	
Perfect	j'ai appelé	
Future & Conditional	j'appellerai/appellerais	
Subjunctive	j'appelle	nous appelions
	tu appelles	vous appeliez
	il/elle appelle	ils/elles appellent

b *Verbs which change 'y' to 'i' before silent 'e'. For example:*

employer:

Imperative	emploie! employons! employez!	
Present	j'emploie	nous employons
	tu emploies	vous employez
	il/elle emploie	ils/elles emploient
Imperfect	j'employais	
Perfect	j'ai employé	
Future & Conditional	j'emploierai/emploierais	
Subjunctive	j'emploie	nous employions
	tu emploies	vous employiez
	il/elle emploie	ils/elles emploient

(*Also: all* −oyer *verbs with the exception of* envoyer *(see irregular verb table);* −uyer *verbs* (essuyer). *With* −ayer *verbs the change is optional, e.g.,* payer → je paie *or* je paye)

c *Verbs which take* è *before a silent 'e'. For example:*

se lever:

Imperative	lève-toi!	levons-nous!	levez-vous!
	ne te lève pas!	ne nous levons pas!	ne vous levez pas!
Present	je me lève	nous nous levons	
	tu te lèves	vous vous levez	
	il/elle se lève	ils/elles se lèvent	
Perfect	je me suis levé(e)		
Future & Conditional	je me lèverai/lèverais		
Subjunctive	je me lève	nous nous levions	
	tu te lèves	vous vous leviez	
	il/elle se lève	ils/elles se lèvent	

(*Also:* mener (se promener, *etc.*); acheter; espérer (espère); *all verbs in* −eser (peser, *etc.*) *and* −emer (semer, *etc.*); geler.)

Irregular verbs

Infinitive	Imperative			Present	Imperfect	Perfect	Future & Conditional	Subjunctive (Present)
aller	va!	je		vais	allais	je suis allé(e)	irai/irais	aille
	allons!	tu		vas	allais		iras/irais	ailles
	allez!	il		va	allait		ira/irait	aille
		nous		allons	allions		irons/irions	allions
		vous		allez	alliez		irez/iriez	alliez
		ils		vont	allaient		iront/iraient	aillent

Infinitive	Imperative		Present	Imperfect	Perfect	Future & Conditional	Subjunctive (Present)
s'asseoir	assieds-toi! asseyons-nous! asseyez-vous!	je tu il nous vous ils	m'assieds t'assieds s'assied nous asseyons vous asseyez s'asseyent	m'asseyais t'asseyais s'asseyait nous asseyons vous asseyiez s'asseyaient	je me suis assis(e)	m'assiérai/assiérais t'assiéras/assiérais s'assiéra/assiérait nous assiérons/ assiérions vous assiérez/ assiériez s'assiéront/ assiéraient	m'asseye t'asseyes s'asseye nous asseyions vous asseyiez s'asseyent
avoir	aie! ayons! ayez!	j' tu il nous vous ils	ai as a avons avez ont	avais avais avait avions aviez avaient	j'ai eu	aurai/aurais auras/aurais aura/aurait aurons/aurions aurez/auriez auront/auraient	aie aies ait ayons ayez aient
boire	bois! buvons! buvez!	je tu il nous vous ils	bois bois boit buvons buvez boivent	buvais buvais buvait buvions buviez buvaient	j'ai bu	boirai/boirais boiras/boirais boira/boirait boirons/boirions boirez/boiriez boiront/boiraient	boive boives boive buvions buviez boivent
connaître	connais! connaissons! connaissez!	je tu il nous vous ils	connais connais connaît connaissons connaissez connaissent	connaissais connaissais connaissait connaissions connaissiez connaissaient	j'ai connu	connaîtrai/connaîtrais connaîtras/connaîtrais connaîtra/connaîtrait connaîtrons/ connaîtrions connaîtrez/ connaîtriez connaîtront/ connaîtraient	connaisse connaisses connaisse connaissions connaissiez connaissent
croire	crois! croyons! croyez!	je tu il nous vous ils	crois crois croit croyons croyez croient	croyais croyais croyait croyions croyiez croyaient	j'ai cru	croirai/croirais croiras/croirais croira/croirait croirons/croirions croirez/croiriez croiront/croiraient	croie croies croie croyions croyiez croient
devoir	dois! devons! devez!	je tu il nous vous ils	dois dois doit devons devez doivent	devais devais devait devions deviez devaient	j'ai dû	devrai/devrais devras/devrais devra/devrait devrons/devrions devrez/devriez devront/devraient	doive doives doive devions deviez doivent
dire	dis! disons! dites!	je tu il nous vous ils	dis dis dit disons dites disent	disais disais disait disions disiez disaient	j'ai dit	dirai/dirais diras/dirais dira/dirait dirons/dirions direz/diriez diront/diraient	dise dises dise disions disiez disent

Infinitive	Imperative		Present	Imperfect	Perfect	Future & Conditional	Subjunctive (Present)
écrire	écris! écrivons! écrivez!	j' tu il nous vous ils	écris écris écrit écrivons écrivez écrivent	écrivais écrivais écrivait écrivions écriviez écrivaient	j'ai écrit	écrirai/écrirais écriras/écrirais écrira/écrirait écrirons/écririons écrirez/écririez écriront/écriraient	écrive écrives écrive écrivions écriviez écrivent
envoyer	envoie! envoyons! envoyez!	j' tu il nous vous ils	envoie envoies envoie envoyons envoyez envoient	envoyais envoyais envoyait envoyions envoyiez envoyaient	j'ai envoyé	enverrai/enverrais enverras/enverrais enverra/enverrait enverrons/enverrions enverrez/enverriez enverront/enverraient	envoie envoies envoie envoyions envoyiez envoient
être	sois! soyons! soyez!	je tu il nous vous ils	suis es est sommes êtes sont	étais étais était étions étiez étaient	j'ai été	serai/serais seras/serais sera/serait serons/serions serez/seriez seront/seraient	sois sois soit soyons soyez soient
faire	fais! faisons! faites!	je tu il nous vous ils	fais fais fait faisons faites font	faisais faisais faisait faisions faisiez faisaient	j'ai fait	ferai/ferais feras/ferais fera/ferait ferons/ferions ferez/feriez feront/feraient	fasse fasses fasse fassions fassiez fassent
falloir		il	faut	fallait	a fallu	faudra/faudrait	faille
lire	lis! lisons! lisez!	je tu il nous vous ils	lis lis lit lisons lisez lisent	lisais lisais lisait lisions lisiez lisaient	j'ai lu	lirai/lirais liras/lirais lira/lirait lirons/lirions lirez/liriez liront/liraient	lise lises lise lisions lisiez lisent
mettre	mets! mettons! mettez!	je tu il nous vous ils	mets mets met mettons mettez mettent	mettais mettais mettait mettions mettiez mettaient	j'ai mis	mettrai/mettrais mettras/mettrais mettra/mettrait mettrons/mettrions mettrez/mettriez mettront/mettraient	mette mettes mette mettions mettiez mettent
ouvrir	ouvre! ouvrons! ouvrez!	j' tu il nous vous ils	ouvre ouvres ouvre ouvrons ouvrez ouvrent	ouvrais ouvrais ouvrait ouvrions ouvriez ouvraient	j'ai ouvert	ouvrirai/ouvrirais ouvriras/ouvrirais ouvrira/ouvrirait ouvrirons/ouvririons ouvrirez/ouvririez ouvriront/ouvriraient	ouvre ouvres ouvre ouvrions ouvriez ouvrent

Infinitive	Imperative		Present	Imperfect	Perfect	Future & Conditional	Subjunctive (Present)
pleuvoir		il	pleut	pleuvait	a plu	pleuvra/pleuvrait	pleuve
pouvoir		je	peux	pouvais	j'ai pu	pourrai/pourrais	puisse
		tu	peux	pouvais		pourras/pourrais	puisses
		il	peut	pouvait		pourra/pourrait	puisse
		nous	pouvons	pouvions		pourrons/ pourrions	puissions
		vous	pouvez	pouviez		pourrez/pourriez	puissiez
		ils	peuvent	pouvaient		pourront/ pourraient	puissent
prendre	prends!	je	prends	prenais	j'ai pris	prendrai/prendrais	prenne
	prenons!	tu	prends	prenais		prendras/prendrais	prennes
	prenez!	il	prend	prenait		prendra/prendrait	prenne
		nous	prenons	prenions		prendrons/ prendrions	prenions
		vous	prenez	preniez		prendrez/ prendriez	preniez
		ils	prennent	prenaient		prendront/ prendraient	prennent
recevoir	reçois!	je	reçois	recevais	j'ai reçu	recevrai/recevrais	reçoive
	recevons!	tu	reçois	recevais		recevras/recevrais	reçoives
	recevez!	il	reçoit	recevait		recevra/recevrait	reçoive
		nous	recevons	recevions		recevrons/ recevrions	recevions
		vous	recevez	receviez		recevrez/recevriez	receviez
		ils	reçoivent	recevaient		recevront/ recevraient	reçoivent
savoir	sache!	je	sais	savais	j'ai su	saurai/saurais	sache
	sachons!	tu	sais	savais		sauras/saurais	saches
	sachez!	il	sait	savait		saura/saurait	sache
		nous	savons	savions		saurons/saurions	sachions
		vous	savez	saviez		saurez/sauriez	sachiez
		ils	savent	savaient		sauront/sauraient	sachent
sortir	sors!	je	sors	sortais	je suis sorti(e)	sortira/sortirais	sorte
	sortons!	tu	sors	sortais		sortiras/sortirais	sortes
	sortez!	il	sort	sortait		sortira/sortirait	sorte
		nous	sortons	sortions		sortirons/ sortirions	sortions
		vous	sortez	sortiez		sortirez/sortiriez	sortiez
		ils	sortent	sortaient		sortiront/ sortiraient	sortent
suivre	suis!	je	suis	suivais	j'ai suivi	suivrai/suivrais	suive
	suivons!	tu	suis	suivais		suivras/suivrais	suives
	suivez!	il	suit	suivait		suivra/suivrait	suive
		nous	suivons	suivions		suivrons/suivrions	suivions
		vous	suivez	suiviez		suivrez/suivriez	suiviez
		ils	suivent	suivaient		suivront/ suivraient	suivent

Infinitive	Imperative		Present	Imperfect	Perfect	Future & Conditional	Subjunctive (Present)

venir	viens!
	venons!
	venez!
		je
		tu
		il
		nous
		
		vous
		ils
			viens
			viens
			vient
			venons
			
			venez
			viennent
				venais
				venais
				venait
				venions
				
				veniez
				venaient
					je suis venu(e)	viendrai/viendrais
						viendras/viendrais
						viendra/viendrait
						viendrons/
						  viendrions
						viendrez/viendriez
						viendront/
						  viendraient
							vienne
							viennes
							vienne
							venions
							
							veniez
							viennent

voir	vois! voyons! voyez!	je tu il nous vous ils	vois vois voit voyons voyez voient	voyais voyais voyait voyions voyiez voyaient	j'ai vu	verrai/verrais verras/verrais verra/verrait verrons/verrions verrez/verriez verront/verraient	voie voies voie voyions voyiez voient

vouloir	veuille!
	veuillons!
	veuillez!
		je
		tu
		il
		nous
		
		vous
		ils
			veux
			veux
			veut
			voulons
			
			voulez
			veulent
				voulais
				voulais
				voulait
				voulions
				
				vouliez
				voulaient
					j'ai voulu	voudrai/voudrais
						voudras/voudrais
						voudra/voudrait
						voudrons/
						  voudrions
						voudrez/voudriez
						voudront/
						  voudraient
							veuille
							veuilles
							veuille
							voulions
							
							vouliez
							veuillent

VOCABULARY

à condition que, *providing that*
à dater de, *starting from*
à l'échelon national, *on/at a national level*
à moins que, *unless*
à plein rendement, *at full capacity*
à point, *medium, medium rare (steak)*
à portée de la main, *within (arm's) reach*
A.O.C., Appellation d'Origine Contrôlée, *mark guaranteeing the quality and origin of wine*
abonné (m), *subscriber*
abonnement (m), *subscription*
abonner (s') (à), *to subscribe to*
abordable, *reasonable (price)*
aborder, *to tackle (a problem/issue)*
aboutir (à), *to result (in), lead (to)*
accalmie (f), *calm, stability*
accomplir, *to perform, to accomplish*
accord (m), *agreement*
accorder, *to give, to grant*
accroissement (m), *increase, growth*
accroître (s') (accru), *to increase*
accueil (m), *welcome*
accueillir, *to welcome*
accuser réception, *to acknowledge receipt*
acharné, *fierce*
acheminement (m), *transport*
acheteur (m), *buyer*
acier (m), *steel*
acquérir, *to acquire*
acquitter, *to pay*
action (f), *share*
actionnaire (m), *shareholder*
activer, *to speed up*
activité d'éveil, *non basic subject (on school curriculum)*
actuellement, *at the present time, currently*
addition (f), *bill*
adhérent (m), *member*
adresser (s') à qn, *to go and see somebody*
aérien (trafic), *air (traffic)*
aéroglisseur (m), *hovercraft*
affaires (f.pl), *business*; une bonne affaire, *a bargain*
affiche (f), *poster, bill*
afficher, *to show*
affluer, *to pour in*
agenda (m), *diary*
aggraver, *to exacerbate, worsen*
agios (m.pl), *charges, premiums*
agir, *to act*
il s'agit de, *it concerns . . . /it's a matter of . . .*

agréable, *pleasant*
agricole, *agricultural*
agro-alimentaire (m), *food processing business*
aile (f), *wing*
ailleurs, *elsewhere*; d'ailleurs, *moreover*
aimable, *helpful, kind*
aîné(e), *eldest son (daughter)*
ajouter, *to add*
aliment (m), *food*
alimentaire, *pertaining to food*; achats alimentaires, *food purchases*
alléchant, *attractive, tempting*
Allemagne (f), *Germany*
allocation (f), *allowance*
ambiance (f), *atmosphere, surroundings*
ambigu, *ambiguous*
amélioration (f), *improvement*
améliorer (s'), *to improve*
amener, *to bring*
ampoule (f) électrique, *electric light bulb*
amuser (s'), *to have a good time*
annonce, *advertisement*
annonceur (m), *advertiser*
annuaire (m), *directory*
annuler, *to cancel*
anodin, *innocuous*
Antilles (f.pl), *West Indies*
apaiser, *to appease*
apanage (m), *prerogative*
apercevoir (aperçu), *to glimpse*
aperçu (m), *rough/general idea*
aplanir, *to smooth, remove (obstacles)*
appareil (m), *aircraft, piece of equipment*
appareils sanitaires, *bathroom fittings*
appareil de photo, *camera*
qui est à l'appareil?, *who's speaking? (phone)*
appartenir, *to belong to*
appel (m), *salutation, call*
applaudir, *to clap, to applaud*
apporter, *to bring*
apporter (des changements), *to bring about (changes)*
apprenti (m), *apprentice*
approfondir, *to deepen, to study in greater depth*
approvisionnement (m), *stock, supply*
approvisionner (s'), *to stock up*
approvisionner, *to supply*
appui (m), *support*
après-vente(s), *after sales*
ardoise (f), *slate*
argent (m), *money*, argent liquide, *cash*

arranger, *to suit, to be convenient*
arrhes (f.pl), *deposit*
article (m), *product, item*
articles ménagers, *household goods*
artisan (m), *craftsman, artisan*
artisanat (m), *crafts, small local industry*
ascenseur (m), *lift*
asseoir (s') (assis), *to sit down*
associé (m), *associate, partner*
assorti, *matching*
assurance (f), *insurance*
atelier (m), *workshop*
atout (m), *asset, trump card*
atteindre (atteint), *to reach, to get to*
attendre (attendu), *to wait*
atténuer, *to diminish*
attirer, *to attract*
attrayant, *attractive*
au même titre, *in the same way*
au sein de, *within*
aubaine (m), *windfall*
auberge de jeunesse (f), *youth hostel*
aucun(e), *not a single*
audience (f), *(a) hearing*
auditeur (m), *listener*
augmentation (f), *increase*
auparavant, *before, previously*
auprès de, *near*
aussitôt que, *as soon as*
autant, *as much*; pour autant, *for all that*
authentique, *genuine*
autogestion (f), *worker control*
autoroute (f), *motorway*
avant, *before/previously*
avènement (m), *advent*
avenir (m), *future*
aventure (f), *adventure*
avérer (s'), *to turn out to be*
avertir, *to warn*
avion à réaction (m), *jet aircraft*
aviron (m), *rowing*
avis (m), *opinion*
avoir beau (faire), *to (do) in vain*
avoir droit à, *to be entitled to*
avoir du feu, *to have a light*
avoir du mal, *to have difficulty (à faire quelque chose)*
avoir hâte de, *to be eager to*
avoir l'embarras du choix, *to be spoilt for choice*
avoir l'obligeance de, *to be kind enough to*
avoir lieu, *to take place*
avoir tort, *to be wrong*

avoir une faim de loup, *to be ravenous*
avouer, *to admit, confess*

baisse (f), *fall; drop*
baisser, *to fall, drop*
balance (f) (commerciale), *(trade) balance*
balnéaire, *bathing*
banlieue (f), *suburb(s)*
bannir, *to ban, outlaw*
banquette (f), *seat*
banquier (m), *banker*
bas(se), *low*
au bas de, *at the bottom of*
bassin (m), *pool*
bâtiment (m), *building, building trade*
battre (battu), *to beat*
bénéfice (m), *profit*
bénéficier (de), *to get the benefit (of), to enjoy, to take advantage of, to profit (by)*
berceau (m), *cradle*
besoin (m), *need*
béton (m), *concrete*
biais (m), *angle, slope*; par le biais, *obliquely, indirectly*
bidon (m), *metal container, can*
bidonville (m), *shanty town*
bien cuit, *well done (meat)*
biens (m), *goods, possessions*; biens de consommation, *consumer goods*; biens d'équipement, *capital goods, durables*
bijou(x) (m), *jewel*; bijoux fantaisie, *modern costume jewellery*
bilan (m), *result*
billet (m), *ticket*
bloc-notes (m), *writing pad*
boisson (f), *drink*
boîte (f), *tin, box; club, company (slang)*
bon (m), *slip, token*
bon (m) de commande, *order form*
bon marché, *cheap*
bonne affaire (f), *bargain*
(à) bord, *(on) board*
borner (se) (à), *to restrict oneself (to)*
bouchon (m), *cork*
boucler un budget, *to make ends meet*
boucles d'oreille (f.pl), *earrings*
bouger, *to move*
boulot (m), *job, work (slang)*
Bourse (f), *Stock Exchange*
Bourse de Londres, *London Stock Exchange*
boutonnière (f), *button-hole*
brancard (m), *stretcher*
brancardage (m), *stretcher bearing*
branchement (m), *connection*
brancher, *to plug in*
bras (m), *arm*
bricolage (m), *DIY*
bricoler, *to do odd jobs (about the house)*
bricoleur (m), *handyman (DIY specialist)*
brouillard (m), *fog*

bruit(m), *noise*
brut (f), *gross*
bureau (m), *office*
but (m), *goal, purpose*

cabine (f), *booth*
cachet (m), *class, chic*
cachet (avoir du), *to have style*
cadeau (m), *present*
cadence (f), *speed, rhythm*
cadet(te), *youngest son (daughter)*
cadre (m), *framework, setting, executive (in industry), manager*; cadre de vie, *setting, environment*
cafetière (f), *coffee pot*
caisse (f), *till, cash desk*
calendrier (m), *calendar*
camionneur (m), *lorry driver*
campagne (f), *country(side)*
cancre (m), *dunce*
candidature (f) à un poste, *job application*
carburant (m), *fuel*
carafe (f), *decanter*
caractériser (se) par, *to be distinguished/identified by*
carrefour (m), *crossroad*
carrelages (m.pl), *tiles, tiling*
carrière (f), *career*
carte à mémoire (f), *smart card*
casanier (m), *a 'stay-at-home', unadventurous person*
cascade (f), *waterfall*
casserole (f), *(kitchen) pan*
cauchemar (m), *nightmare*
céder (la place) à, *to give way to*
ceinture (f), *belt*; se serrer la ceinture, *to tighten one's belt*
censé, *considered, supposed to*
centaine (f), *hundred (approximation)*
centrale syndicale (f), *workers' confederation*
centre commercial (m), *shopping centre*
cependant, *however*
certes, *admittedly*
cesser de, *to stop*
chaîne (f) (de télévision), *TV channel*
chaîne de montage (f), *assembly line*
chambre d'hôte (f), *bed & breakfast*
chance (f), *luck*
changement (m), *change*
chantier (m), *construction/building site*; mettre en chantier, *to begin construction*
chantier naval/maritime, *ship-yard*
charbon (m), *coal*
chargé de (être), *to be in charge of, to be responsible for*
charger, *to load*
charges sociales, *national insurance charges (employer's)*
chauffe-plat (m), *dishwarmer*

chauffeur (m) (de camion), *driver (truck driver)*
chaussures (f.pl), *shoes*
chef comptable (m), *chief accountant*
chef des services d'exportation, *export manager*
chemin (m), *path, way*
chemise (f), *shirt*
chéquier (m), *cheque book*
chiffre (m), *figure*; chiffre d'affaires, *turnover*
chimère (f), *illusion, wild dream*
choisir, *to choose*
choix (m), *choice*
chômage (m), *unemployment*
chômeur (m), *unemployed person*
cible cobaye (m), *guinea pig*
circulation (f), *traffic*
ciseaux (m.pl), *scissors*
citer, *to quote*
citoyen (m), *citizen*
clandestinement, *illicitly, secretly*
clé; clef (f), *key*
clinquant, *flashy*
coeur (m), *heart*
cogestion (f), *co-management (worker participation)*
coiffé (par), *headed (by)*
coin (m), *corner*; coin de vacances, *holiday spot*
colis (m), *parcel*
collectivité locale (f), *local community*
collier (m), *necklace*
coloris (m), *shade, colour*
combiné (m), *telephone receiver*
combler, *to fill in, to make up for*
comité d'entreprise (m), *workers' council*
commande (f), *order*
commande (f) d'essai, *trial order*
commander, *to order*
commerçant (m), *shopkeeper, tradesman*
commerce (m), *trade, (retail) shop, business*
commissariat de police (m), *police station*
commission (f), *errand, message*; faire la commission, *to pass on the message*
commune (f), *parish*
communément, *generally*
communication (f), *call (telephone)*
compatriote (m), *fellow countryman*
compenser, *to make up for*
complaire, (se) (à), *to delight (in)*
complaisance (f), *complacency, kindness*
compléter (se), *to complement each other*
comportement (m), *behaviour*
comporter, *to comprise*
composer (se), *to be made up of, to include*
composer (un numéro), *to dial (a number)*
comprendre, *to understand, to include*

compris (p.p. comprendre), *understood, included*

comptabilité (f), *accountancy*; service de comptabilité, *accounts department*

compte (m), *account (bank)*

compte chèques postaux, *post office (giro) cheque account*

compter (sur), *to count (on), to reckon*; compter faire, *to count on, intend doing*

computer, *to number*

concertation (f), *cooperation (between management and workers)*

concessionnaire (m), *agent*

concevoir (conçu), *to design*

conclure, *to conclude*

concordance (f), *harmony, blending*

concours (m), *assistance, participation, competitive examination*

conçu (p.p. concevoir), *designed*

concurrence (f), *competition*

concurrent (m), *competitor*

conduire, *to drive, lead the way, take (a person)*

confessionel, *denominational*

confiserie (f), *confectionery, sweets*

conflits sociaux (m.pl), *industrial unrest/action*

confondu, *taken together*

congé (m), *holiday, leave; dismissal*

conjoncture (f), *climate, situation, short-term economic trend*

connaissance (f), *knowledge, acquaintance*

consacrer, *to allocate*

conseil (m), *advice, consultancy*

conseil d'administration (m), *board of directors*

conseil de surveillance (m), *watch committee*

conseiller, *to advise*

conserve (f), *preserve*

consigne (f), *left luggage locker, instructions, orders*

consommateur (m), *consumer*

consommation (f), *consumption*

consommer, *to consume, to use (petrol)*

constater, *to note (take note of), to notice*

construction automobile (f), *motor industry*

construction navale (f), *ship-building industry*

construire (construit), *to build*

conteneur (m), *container*

contentieux (service du), *legal dept.*

contractuel (m), *traffic warden*

contre, *against (par contre, on the other hand)*

(à) contre-pied (m), *on the wrong foot*

contremaître (m), *foreman*

contretemps (m), *hitch, inconvenience*

contribuable (m), *tax payer*

convaincre (convaincu), *to convince*

convenablement, *properly*

convenir (à qn), *to suit, be all right for*

convenir (de), *to admit*

convenu, *agreed*

conventionné, *government financed*

conventions collectives (f.pl), *collective bargaining*

convier, *to invite*

coordonnées (f.pl), *name/address/telephone number*

corsé, *full-bodied (of wine)*

coté (en Bourse), *quoted (on the Stock Exchange)*

cote (f), *rating, standing*

côté (m), *side, edge*

cotisation (f), *contribution, subscription*

cotoyer, *to border on*

couche sociale, *social (class) group*

coup de fil (m) (passer un . . .), *to give a ring, phone call*

coup de foudre (m), *love at first sight*

coup de téléphone, *telephone call*

coupe (f), *cut (of cloth, hair etc)*

coupure (f), *cut, break*

couramment, *fluently*

courant (m), *electric current*

courant, *common, everday*; être au courant, *to know, to be informed/aware*

courrier (m), *mail*; moyen courrier, *medium range aircraft*; long courrier, *long haul aircraft*

cours (m), *lesson, course, (exchange) rate*

cours (m), *course*; suivre des cours (de), *to take a course (in)*

au cours de, *during*

courses (f.pl), *shopping*; faire des courses, *to shop*

court, *short*

courtois, *polite*

coût (m) de la vie, *cost of living*

coûteux, *costly*

coutume (f), *custom*

couturière (f), *dress-maker*

couvert (m), *cover, place at table*

couvrir (couvert), *to cover*

craindre (craint), *to fear*

cramoisi (ad.), *crimson*

crauements (m.pl), *crackling noise*

créer, *to create, to set up*

créneau (m), *niche, market gap*

creux (m), *hollow*; période creuse, *low season*

crevette (f), *prawn*

crise (f), *crisis*

croire (cru), *to believe*

croissance (f), *growth*

croître (crû), *to grow*

croustillant, *crisp*

crudités (f.pl), *raw vegetable hors d'oeuvres*

crypté, *scrambled (i.e., broadcast in code)*

cuisinière (f), *cook, cooker*

cuit, *cooked*; bien cuit, *well done (steak)*

cure (f), *course (of treatment), care*; on n'en a cure, *nobody cares*

d'ores et déjà, *already*

d'abord, *first*

dactylographie (f), *typing*

d'après, *according to*

date de livraison (f), *delivery date*

de la part de, *on behalf of*

déballer, *to unpack*

débit (m), *yield, supply, shop*

déboire (m), *disappointment*

débordé, *overwhelmed, overworked*

débouché (m), *(sales) outlet, (job) opportunity*

déboucher, *to uncork*

débourser, *to pay out*

début (m), *beginning*

deça, *this side*; en deça de, *on this side of (i.e. below, short)*

décevoir (déçu), *to disappoint*

déclenchement (m), *outbreak*

déclencher, *to start, unleash*

déclin (m) (être en), *decline (to be in decline)*

décollage (m), *take-off (of aircraft)*

décrire, *to describe*

décrocher (le combiné), *to lift (the receiver)*

décroissant (en ordre), *in descending order*

décroître, *to decrease*

déçu (p.p. décevoir), *disappointed*

dédommagement (m), *compensation*

défaut (m), *fault*

déficit (m), *deficit*

défier toute concurrence (f), *to be unbeatable*

déguster, *to taste (of wine), to sip, to sample*

délai (m) de livraison, *time taken (for delivery), lead-time*

délégué syndical (m), *union representative*

déloyal, *disloyal*

demandeur d'emploi (m), *job seeker*

démarche (f), *step, procedure*

démarquer (se), *to distingush (oneself) from*

démarrer, *to start*

déménager, *to move house*

démenti (m), *denial*

demeurer, *to remain*

demi-pension (f), *half-board*

démissionner, *to resign*

démodé, *old fashioned*

démontrer, *to illustrate*

démunir, *to deprive*

dénombrer, *to count*

denrées (f.pl), *goods* (denrées perissables, *perishable goods*)

dénuer, *to strip, divest, deprive*

dépasser, *to exceed, be in excess of*

dépêcher (se), *to hurry*

dépense (f), *expense*

dépenser, *to spend*

dépit: en dépit de, *despite*

déplacement (m), *business trip (*être en déplacement, *to be away on business)*

déplacer (se), *to move*

dépliant (m), *leaflet*

dépotoir (m), *dumping ground*

dépression nerveuse (f), *nervous breakdown*

député (m), *member of parliament*

déranger (se), *to disturb, trouble oneself*

déréglementation (f), *deregulation*

dérégler, *to upset, put (mechanism) out of order*

dès l'instant où, *the moment that*

dès que, *as soon as*

descendre, *to go down*

descendre dans un hôtel, *to stay at a hotel*

déséquilibré, *uneven, unbalanced*

désolé, *sorry*

désormais, *from now on*

desservir, *to run between (transport)*

dessinateur (m), *draughtsman (designer)*

désuet, *outmoded, obsolete*

détaillant (m), *retailer*

détendre (se) (détendu), *to relax*

détenir, *to hold*

détruire, *to destroy*

dette (f), *debt*

devancer, *to get ahead of*

devenir, *to become*

devoir (m), *duty, homework* (v) *to owe*

diffusion (f), *distribution, readership*

diligenter, *to carry out*

diminuer, *to diminish, to fall (in number)*

direction (f), *management*

dirigeant (f), *leader*

discipline (f), *subject*

discours (m), *speech*

disparaître (disparu), *to disappear*

disponible, *available*

disposer de, *to have at one's disposal*

disposition (f), *arrangement*

disque (m), *record*

dissoudre, *dissolve*

distraire (se), *to enjoy oneself*

distributeur (m) automatique, *cash dispenser*

distribution (f) (grande), *(volume) retailing*

divers, *various*

diversifier (se), *to diversify*

dodu, *plump*

domaine (m), *field (of activity)*

domicile (m), *residence*

dommage (m), *harm;* quel dommage! *what a pity!*

donc, *therefore*

donnée (f), *fundamental idea, basis;* données (f.pl), *data*

donner des précisions sur quelque chose, *to give details about (sthg)*

donner sur, *to overlook*

dorénavant, *from now on*

dorure (f), *gilding*

dossier (m), *file*

doté (de), *equipped (with)*

douane (f), *customs*

doublé, *lined;* (doublé de soie, *silk-lined)*

doubler, *to line, to overtake*

douceur (f), *mildness, gentleness*

dresser une liste, *to draw up a list*

dresser un tableau, *draw up a table*

droit (m), *law*

durée (f), *duration*

écart (m), *gap, differential;* se tenir à l'écart, *to keep one's distance*

échange (m) extérieur, *foreign trade*

échantillon (m), *sample*

échéance (f), *deadline*

échec (m), *failure*

échecs (m.pl), *chess*

échelle (f), *ladder, scale*

échelon (m), *level, grade*

échouer, *to fail*

éclaircissement (m), *explanation*

éclater, *to burst*

école maternelle (f), *nursery school*

économétrie (f), *econometrics*

Ecosse (f), *Scotland*

écouler (marchandise), *to sell, dispose of (goods)*

écran (m), *screen*

écraser, *to crush*

écrou (m), *nut (tech.)*

effectifs (m.pl), *numbers (of employees)*

effectivement, *indeed, to be sure*

effectuer, *to carry out, perform (a task)*

efficace, *efficient*

efficacité (f), *efficiency*

effréné, *frantic, wild*

égard (m), *consideration, respect;* à bien des égards, *in many respects*

élargir, *to widen*

élections législatives (f.pl), *parliamentary (general) elections*

électro-ménager (m), *household electrical goods*

élevage (m), *breeding, rearing (cattle)*

élevé, *high (of prices, rates, etc.)*

élever (s') à, *to amount to*

élire (élu), *to elect*

éloigné, *far away*

emballage (m), *packaging*

embarquement (m), *loading, boarding*

embauche (f), *recruitment (of labour)*

embaucher, *to recruit, employ, take on (workers)*

d'emblée, *straightaway*

embouteillage (m), *traffic-jam*

émettre (émis), *to broadcast*

émission (f), *broadcast, programme*

emmener (qn), *to take (someone)*

empêcher (de faire quelque chose), *to prevent (from doing something)*

emplacement (m), *site*

employé(e) de bureau, *office worker*

emporter (sur), *to win*

emprunter, *to borrow*

emprunt (m), *loan*

en avance, *early*

en ce qui concerne, *as far as . . . is concerned*

en dépit de, *in spite of*

en province, *in the provinces*

en tout cas, *in any case*

en-tête (m), *letter heading*

encart (m) publicitaire, *promotional insert*

enchanté, *pleased (to meet you)*

encombrement (m), *surfeit, glut*

s'endetter, *to get into debt*

endroit (m), *place*

énerver (s'), *to get annoyed, bad tempered*

engager (s') (à), *to undertake (to)*

engendrer, *to bring about, create*

engins de levage (m.pl), *lifting gear*

engouffrer (s') dans, *to rush into*

engouement (m), *craving, infatuation, passion*

engueuler, *to tell off (slang)*

enlever, *to remove, take out*

ennui (m), *problem, annoyance*

ennuyeux (adj), *annoying, awkward, boring*

enquête (f), *enquiry, survey*

enregistrement (m), *recording*

enseignant (m), *teacher*

enseigne (f), *(shop) sign*

enseignement (m), *teaching*

ensemble (dans l'), *overall, on the whole*

ensuite, *afterwards, to follow*

entendre (s'), *to understand each other*

entendu, *agreed*

entier, *whole*

entraîner, *to bring about*

entrée (f), *entrance, first (main) course of meal*

entrepôt (m), *warehouse, store*

entreprise (f), *company, firm*

entrer en ligne de compte, *to matter*

entrer en service, *to begin operating*

entretenir (s') avec, *to converse, discuss with*

entretien (m), *conversation, maintenance*

entrevue (f), *meeting*

énumérer, *to list*

envers, *towards*

envie (f), *desire, craving (*avoir envie de faire quelque chose, *to want to/feel like doing)*

environ, *about*
les environs, *the outskirts*
envoyer, *to send*
épanouir (s'), *to blossom, to (fully) develop*
épargne (f), *savings*; caisse d'épargne,
    state savings bank
épeler, *to spell*
épicerie, *grocery store, groceries*
époque (f), *period, time*; à cette époque,
    at that time
épouse (f), *wife*; époux (m), *husband*
épouvanter (s'), *to get frightened*
équilibre (m), *balance*
équipe (f), *shift, team*
équipements ménagers, *household goods*
escalier (m), *stairs*
esclave (m/f), *slave*
escompte (m), *discount*
espoir (m), *hope*
essayer, *to try*
esseulé, *isolated*
essor (m), *expansion*
estimer, *to consider, to reckon*
établissements (m.pl), *firm, company*
étage (m), *floor*
étagère (f), *shelf*
étape (f), *stage*
Etat (m), *state*
état-major (m), *headquarters*
Etats-Unis, *USA*
été (m), *summer*
étonner, *to surprise*, s'étonner, *to be
    surprised*
étranger (m), *stranger, foreigner*; à
    l'étranger, *abroad*
être au courant de, *to know, to be
    informed*
être débordé, *to be unable to cope, to be
    'snowed under'*
être en mesure de faire (qc), *to be in a
    position to do (sthg)*
être issu de, *to come/stem from*
être payé au rendement, *to be paid by
    output, to be on 'piece work'*
être la peine de, *to be worth (the trouble)*
étude (f) de marché, *market study*
étudiant (m), *student*
événement (m), *event*
éventail (m), *spread, range, fan*
éviter, *to avoid*
évoluer, *to evolve, develop*
excédent (m), *surplus*
excuser (s'), *to excuse oneself, to apologise*
exemplaire (m), *model, copy*
exiger, *to demand*
exister, il existe, *to exist, there is/are*
exonérer, *to exempt*
expansion (f), *development, growth*
expédition (f), *dispatch*
expert comptable (m), *chartered
    accountant*

expert-conseil en publicité (m),
    advertising consultant
exploitant agricole (m), *farmer*
exploitation (f), *business, concern*
exploitation agricole, *farm*
exportateur (m), *exporter*
exposant (m), *exhibitor*
exprimer (s'), *to express oneself*

fabricant (m), *manufacturer*
fabrication (f), *manufacture*
fabriquer, *to make, to manufacture*
fâcheux, *regrettable, unfortunate*
facile, *easy*
faciliter, *to make easy*
façon (f), *way, manner*; de toute façon,
    in any case
facture (f), *invoice, bill*
faible, *weak, small*
faiblesse (f), *weakness*
faillite (f), *bankruptcy*
faire (votre) affaire, *to meet (your)
    requirements*
faire activer les choses, *to get things
    moving*
faire attendre (qn), *to keep (sbdy) waiting*
faire boule de neige, *to snowball*
faire cuire (qc), *to cook (sthg)*
faire de bonnes affaires, *to find bargains*
faire des progrès, *to make progress,
    improve*
faire du souci (se), *to worry*
faire état de, *to state, mention, put forward*
faire face (à), *to cope (with)*
faire la commission (à qn), *to pass the
    message on (to sbdy)*
faire la connaissance (de qn), *to meet,
    make the acquaintance (of sbdy)*
faire le pont, *to take an extra day off,
    make a long week-end of it*
faire le tour, *to go round*
faire part de quelque chose, *to inform*
faire parvenir, *to send, let have*
faire preuve de, *to show*
faire remarquer (qc à qn), *to point (sthg)
    out (to sbdy)*
faire savoir, *to let know*
faisan (m), *pheasant*
fait (m), *fact*
du fait de, *due to, because of*
farine (f), *flour*
faste, *good, lucky*
fée (f), *fairy*
femme (f), *woman, wife*
fer (m), *iron*; fer à cheval, *horse-shoe*
fermeture (f), *fastener*
ferroviaire (adj), *rail*
feuille de paye (f), *pay-slip*
feuilleton (m), *series, serial, soap-opera*
feux (m.pl), *traffic lights*
fiable, *reliable*

fiche (f), *form*
fidèle, *faithful, loyal*
fier, *proud*
fier (se) à, *to trust*
figurer, *to show*
filiale (f), *subsidiary company*
filière (f), *branch, sector (work); stream
    (education)*
fin (f), *end; aim*
fiscalité (f), *taxation*
fixer, *to fix up, to arrange*
flambée (f), *sudden upsurge*
fléau (m), *scourge, curse*
flécher, *to fall sharply*
flou, *woolly, nebulous*
foire (f), *(trade) fair*
fonction publique (m), *public office, civil
    service*
fonds (m.pl), *funds*
forage (m), *drilling*
force (f), *strength*
forfait (m), *package*
formation (f), *training*
foulard (m), *scarf*
four (m), *oven*
fournir, *to supply*
fournisseur (m), *supplier*
foutre (slang), *to do*
foyer (m), *household, home, hearth*
frais, fraîche, *cool, fresh*
frais (m.pl), *costs, overheads, expenses*
frais généraux, *general costs, overheads*
franchir, *to cross*
freiner, *to brake*
frite (f), *potato chip*
friteuse (f), *chip pan*
friture (f), *fried food*
fructueux, *fruitful*
fruits de mer (m.pl), *sea-food*
funeste, *disastrous, fateful*
fusée (f), *rocket*
fusion (f), *merger*
fusionner (avec), *to merge (with)*

gagner, *to earn, gain, win*
gamme (f), *range*; haut/bas de
    gamme, *top/bottom of the range of
    products*
gamme FM (modulation de fréquence),
    FM range
garantir, *to guarantee*
garer (se), *to park*
gaspillage (m), *wastage, squandering*
gâter, *to spoil*
gauche, *left*
gêné, *inconvenienced, embarrassed*
gêner (se), *to stand on ceremony*
genre (m), *style, type, sort*
gérant (m), *(branch) manager*
gérer, *to manage*
gestion (f), *management*

gestionnaire (m), *manager*

gibier (m), *game*

giron (m), *bosom, lap*

gisement (m), *(natural) field, deposit (of oil, gas)*

gîte (m), *self-catering accommodation*

glacé, *icy cold, chilled*

goût (m), *taste*

grâce (à), *thanks to*

grain (m), *grain*

grandissant, *growing*

gratuit, *free*

grenouille (f), *frog*

grève (f), *strike*; grève sauvage, *wild-cat (unofficial) strike*; faire la grève, se mettre en grève, *to strike*; grève du zèle, *work to rule*; grève sur le tas, *sit down strike*; grève tournante, *strike by rota*; grève perlée, *go slow*

grippe (f), *influenza*

grossiste (m), *wholesaler*

grue (f), *crane*

guerre (f), *war*

guichet (m), *ticket office, counter*

habile, *skilful*

habillé, *smart (of clothes)*

habillement (m), *clothing industry*

habitant (m), *inhabitant*

habitué(e), *regular (customer)*

haricot vert (m), *(French) bean*

hausse (f), *increase, raising*; hausse (f) des prix (m), *price rise*

haut, *high/top* (les hauts et les bas, *the ups and downs*)

hebdomadaire, *weekly*

hébergement (m), *accommodation*

hectare (m), *hectare (2.47 acres)*

héritier (m), *heir*

hétéroclite, *odd, sundry*

heure (f), *hour, time*; de bonne heure, *early*; à l'heure actuelle, *at the present time*

heures de pointe (f.pl), *rush-hour(s)*; heures creuses, *off-peak hours/times*

heurter (se) (contre), *to clash (with)*

hexagone (m), *mainland France (because of its shape)*

holà! *hold on! not so fast!*

homologué, *approved, recognised*

honteux, *disgraceful, shameful*

horaire (m), *timetable*

hors (saison), *out of/off season*

hors pair, *unmatched, unparalleled*

hôtellerie (f), *hotel trade/business*

huître (f), *oyster*

hypermarché (m), *hypermarket*

illuminer, *to light up*

immatriculé, *registered*

immeuble (m), *apartment block*

immigré (m), *immigrant*

immobilier (m), *property*

imperméable (m), *raincoat*

implantation (f), *implantation, setting-up*

implanter (s') sur le marché, *to become established on the market*

important, *important, large*

importateur (m), *importer*

impôt (m), *tax*; impôt sur le revenu, *income tax*; impôt sur les fortunes, *wealth tax*; impôt local, *rates/poll tax*

impression (f), *pattern*

impressionné, *impressed*

imprévu (m), *unforseen event*

imprimé (m), *printed matter*

inattendu, *unexpected, unusual*

inaugurer, *to open, to introduce*

incendie (m), *fire*

inciter, *to encourage*

inclure, *to include*

inconvénient (m), *problem, disadvantage*

incitation (f), *incentive*; incitation fiscale, *tax incentive*

indice (m) des prix, *price index*

indiquer, *to specify*

indiscutable, *indisputable*

inégalement, *unevenly*

informatiser, *to computerise*

ingénieur (m), *engineer*

ingérer (s') (dans), *to interfere (in)*

inquiétant, *worrying*

inquiéter (s'), *to worry*; ne vous inquiétez pas! *don't worry!*

insertion (f), *integration (into workforce)*

insolite, *unusual*

interdire (s'), *to forbid (oneself)*

intéressement (m), *profit sharing*

interlocuteur (m), *interlocutor (the person one is speaking to)*

interroger, *to question*

interrompre (interrompu), *to interrupt*

interrupteur (m), *light switch*

inutile, *useless, no point*

investissement (m), *investment*

issue (f), *end, conclusion, exit*; à l'issue de la rencontre, *at the end of the meeting*; être issu(e) de, *to come, stem from*

I.U.T. (Institut Universitaire de Technologie) (see p. 251)

jadis, *formerly, once*

Japon (m), *Japan*

jeter un coup d'oeil, *to have a look*

jeu (m), *game*

joindre (joint), *to link, to contact, to reach*

jouir (de), *to enjoy*

jour (m), *day(light)*

jour férié (m), *holiday*

voir le jour, *to come into being*

de nos jours, *nowadays*

laïc (laïque), *lay, civil*

laideur (f), *ugliness*

laine (f), *wool*

laisser entendre, *to give to understand*

laisser, *to leave*

lance (f) d'incendie, *fire-hose*

lancement (m), *launching (of a product)*

lancer, *to launch, throw*; lancer l'ordre de grève, *to call a strike*

se lancer, *to launch oneself*

lande (f), *moor*

large; au large de, *off (coastline)*

las, *weary*

lavabo (m), *wash basin*

lave-linge (m), *washing machine*

lecteur (m), *reader*

légèrement, *slightly, lightly*

légume (m), *vegetable*

lendemain (m), *the next day*

lent, *slow*

licence (f), *(university) degree*

licencier, *to make redundant, to dismiss*

lieu (m), *place*

lier, *to link, relate*

ligne (f), *line, figure*

ligne (grandes lignes), *line (intercity rail network)*

linge (m), *laundry, washing*

littoral (m), *coast*

livraison (m), *delivery*

livre (f), *pound*

location (f), *rental, hire*

logement (m), *accommodation, housing*

logiciel (m), *software*

loi (f), *law*; homme de loi, *lawyer, legal practitioner*; projet (m) de loi, *parliamentary bill*

loin, *far*

loisir (m), *leisure (time)*

lors de, *at the time of*

louer, *to rent*

loup (m), *wolf*; avoir une faim de loup, *to be ravenous*

lourd, *heavy*

lutter, *to fight/struggle*

lycée technique (m), *technical, further education college*

machine à écrire (f), *typewriter*

machine outil (f), *machine tool*

magasin (m), *shop*

magasinier (m), *storeman*

magnétoscope (m), *video tape recorder*

main d'oeuvre (f), *work force*

maison (f), *house, company*

maison (individuelle), *(detached) house*

mal (m) (pl maux), *pain*

malentendu (m), *misunderstanding*

malgré, *despite*

malheureusement, *unfortunately*

Manche (f), *Channel*

mandat (m), *term of office (politics)*

maniable, *manœuvrable*

manière (f), *manner;* d'une manière générale, *generally*

manifestation (f), *event*

manifester (un sentiment), *demonstrate/express (a feeling)*

manigancer, *to scheme, plot, gerrymander*

manipuler, *to handle*

manne (f), *manna, godsend*

mannequin (m), *model, dummy*

manoeuvre (m), *unskilled labourer*

manque (m), *lack*

manquer, *to miss;* manquer de faire qch, *to fail to do something*

manteau (m), *coat*

manuel (m), *text-book*

manutentionnaire (m/f), *packer, loader*

marchander, *to bargain*

marchandises (f.pl), *goods*

marche arrière (f), *reverse (vehicles)*

marché (m), *market;* faire son marché, *to shop*

le Marché commun, *Common Market*

marché intérieur (m), *domestic market*

marché extérieur (m), *foreign market*

marcher, *to walk (colloquial to do well, to work)*

marge (f), *margin*

marge bénéficiaire (f), *profit margin*

mari (m), *husband*

maroquinerie (f), *fancy/fine leather goods*

marque (f), *make, brand*

maternel, *maternal/mother,* langue maternelle, *mother tongue*

matière (f), *matter; subject*

matières premières (f.pl), *raw materials*

mauvais, *bad*

mécontent, *displeased*

méfiance (f), *distrust*

ménage (m), *household*

ménager(ère) (adj), *of the home; domestic*

ménagère (f), *housewife*

mener, *to take, lead*

mensuel, *monthly*

méridional, *southern (France)*

métallurgie (f), *metal working industry*

métier (m), *job, occupation, trade*

métropolitaine (France), *mainland France*

mets (m), *dish (of prepared food)*

mettre (mis), *to put*

mettre (se) d'accord sur, *to agree on*

mettre (se) en colère, *to get angry*

mettre à jour, *to update*

mettre au point, *to perfect*

mettre en chantier, *to start building*

mettre en contact, *put in touch*

mettre { en place, *to set up something* { sur pied

mettre en oeuvre, *to implement, to bring into play*

mettre en service, *to open, put into operation*

mettre l'accent sur, *emphasise, underline*

meubles (m.pl), *furniture*

micro-ondes (f), *microwave*

milliard (m), *billion (thousand million)*

minute-poste (f), *minute of advertising time*

mirobolant, *wonderful, 'sparkling'*

mise en page (f), *layout*

mise en service (f), *opening*

misogyne, *misogynous*

mobilier (m), *furniture*

mode (f), *fashion*

modulation de fréquence (f), *FM*

moins de, *less than*

mois (m), *month*

moitié (f), *half*

mollet (m), *calf (leg)*

monde (m), *world*

monnaie (f), *change; currency*

monotone, *boring, monotonous*

montage (m), *assembly*

montant (m), *amount*

monter, *to climb, to assemble (parts)*

montre (f), *watch*

morose, *sullen, sluggish*

mort, *dead*

mortalité (f), *death rate*

mot (m), *word, message;* au bas mot, *at the lowest estimate*

motif (m), *design*

moto (f), *motor-cycle*

mouvementé, *busy*

moyen (m), *means, method, way;* moyens d'information de masse, *mass media*

moyen(ne), *average*

n'importe, *any*

naguère, *not long ago; formerly*

naissance (f), *birth*

naître, (p.p. né(e)), *to be born*

natalité (f) (le taux de), *birth (rate)*

natation (f), *swimming*

nautisme (m), *water sport (sailing, boating, etc.)*

navette (f), *shuttle*

navré, *sorry*

nécessiter, *to require*

néerlandais, *Dutch*

négligeable, *negligible, unimportant*

négligence (f), *oversight*

nettement, *clearly*

nettoyage (m), *cleaning*

neuf, *new*

névroses (f.pl), *neuroses*

nier, *to deny*

niveau (m), *level;* niveau de vie, *standard of living*

noeud (m) (fig.), *junction*

nommer, *to appoint*

non-ferreux, *non-ferrous*

notamment, *in particular*

note (f), *bill*

noter, *to make a note of*

nourriture (f), *food*

nouvelles (f.pl), *news*

nulle part, *nowhere*

nullement, *not the slightest;* je n'ai nullement l'intention de . . ., *I haven't the slightest intention of . . .*

numéro vert (m), *freephone number*

objet (faire l'objet de), *to be the subject of, to benefit from*

obligatoire, *compulsory*

obtenir (obtenu), *to obtain*

obtenir gain de cause, *to get satisfaction, to win (case)*

occasion (f), *opportunity*

voiture d'occasion, *second hand car*

Occident (m), *the West*

occidental, *western*

occupé, *busy*

occuper (s') de (qn), *to look after (sbdy)*

octroi (m), *granting, bestowing*

oenologie (f), *oenology*

offrir (offert), *to give, to offer*

offrir un verre (à qn), *to offer (sbdy) a drink*

oléoduc (m), *(oil) pipe-line*

ombre (m), *shadow*

onde (f), *wave*

opportunément, *opportunely*

or (m), *gold;* (conj): *now, yet*

ordinateur (m), *computer*

organisme (m), *body*

orientation (f), *careers guidance*

orienter, *to counsel*

orienter (s') (vers), *to turn to*

orthographe (f), *spelling*

oser, *to dare*

oublier, *to forget*

ourlet (m), *hem*

outil (m), *tool*

outillage (m), *tools, machinery*

outre-Manche, *across the Channel*

outre-mer, *overseas*

ouvrier (m); ouvrière (f), *worker*

ouvrier qualifié, *skilled worker*

ouvrier spécialisé, *semi-skilled worker*

P.M.E. (Petites et Moyennes Entreprises) (See p. 250)

paiement comptant, *cash payment*

pallier à, *to cure, remedy*

panne (f), *breakdown (mechanical, electrical)*

paquet (m), *parcel*

par rapport (à), *compared (with), in relation (to)*

parapluie (m), *umbrella*

parcmètre (m), *parking meter*

parcourir (parcouru), *to travel, to cover (distance)*

parcours (m), *distance; journey*

pardessus (m), *(man's) overcoat*

pardonner, *to excuse, to forgive*

pareil, *same, similar*

parking (m), *car park*

parler affaires, *to talk, get down to business*

parmi, *among*

parrainage (m), *sponsoring*

part (f), *share*

partage (m), *(social) division*

partager, *to share*

parti (m), *political party*

participation (f), *share*

particulier (m), *individual*

partie (f), *part*

partout, *everywhere*

parvenir (à), *to manage, reach, succeed in, arrive (at)*

pas (m), *step*

passer (commande), *to place (an order)*

passerelle (f), *bridge, gangway*

pâtisserie (f), *cake, tart*; pâtisserie maison, *cakes or tarts made on the premises*

patrimoine (m), *heritage*

patron(ne), *boss*

patronat (m), *employers*

pavillon (m), *flag, house*

pays (m), *country*; pays en voie de développement, *developing country*

Pays de Galles (m), *Wales*

paysage (m), *landscape*

péage (m), *toll*

peau (f), *skin, hide, leather*

peine de mort (f), *death penalty*

être la peine, *to be worth (the trouble)*

peloton (m), *pack, main body (of riders)*

pension (f), *board, boarding school*

pénurie (f), *shortage*

pépinière (f), *horticultural nursery, (fig.) breeding-ground*

percée (f), *breakthrough*

perdre (perdu), *to lose*

péricliter, *to collapse*

péripétie (f), *peripeteia, sudden change of fortune*

périphérique, *peripheral*; boulevard périphérique (m), *ring road*

permettre (permis), *to enable*

permis (m), *permission, authorisation,* permis de conduire, *driving licence*

personnel au sol (m), *airport ground staff*

perte (f), *loss*

peser, *to weigh*

pétrole (m), *(crude) oil*

pièce (f), *part*; pièce détachée, *spare (part)*; pièce échantillon, *sample (part)*

pièce jointe (f), *enclosure*

pionnier (m), *pioneer*

piscine (f), *swimming pool*

places (f), *(here): stock exchanges*

plafond (m), *ceiling*

plaire (à), *to please*

plan (m), *plan, (street) map*

plaquette (f), *publicity folder, pack*

plat (cuisine), *dish*

plein, *full*

pli (m), *letter*

plonger, *to dive*

plupart (f), *most*

plusieurs, *several*

pochette (f), *slim (evening) handbag*

poêle (f), *frying pan*

poids lourd (m), *heavy goods vehicle/lorry*

point: à point, *medium (of steak)*

pointe (f) (secteur/industrie de), *high-tech sector/industry*

pointure (f), *size (footwear)*

pont-levis (m), *draw-bridge, swing bridge, lift platform*

population active (f), *working population*

porte-clefs (m), *key ring*; porte-feuille (m), *wallet*

porte-fusée (f), *compressed air spanner*

porte-monnaie (m), *purse*

portée (f) (à votre), *within your reach*; à portée de la main, *within arm's reach*

porter (se) bien, *to be in good health*

porter préjudice (à), *to harm, damage*

porter un coup (à), *to deal a blow to*

poser, *to place*

posséder, *to own*

poste (m), *extension (telephone)*

poste de travail (m), *position (job), work station*

pourboire (m), *tip*

poursuivre (poursuivi), *to pursue, prosecute*

pourtant, *however*

pourvoir, *to provide*

poussée électorale (f), *electoral swing*

pouvoir d'achat (m), *purchasing power*

pouvoir, *to be able*; ne rien y pouvoir, *to be unable to do anything about it*

pouvoirs publics (m.pl), *authorities*

pratique, *convenient*

préalable (au), *in advance*

précisions (f.pl), *precise details*

précoce, *early, precocious*

préconiser, *to advocate, strongly recommend*

prélèvement (m), *deduction*

prendre (pris), *to take*

prendre à sa charge, *to bear the cost*

prendre en charge, *to take responsibility for*

prépondérant, *major*

président directeur général (PDG), *chairman*

près de, *nearly, near to*

pressé, *in a hurry*

prêt à porter (m), *ready-made clothing (industry)*

prêt, *ready*

preuve (f), *proof*

prévaloir (se), *to avail oneself*

prévenir (prévenu), *to let know in advance, to warn*

prévision (f), *forecast*

prévoir, *to foresee, to plan*

prime (f), *bonus*

prime à la casse (f), *government funded trade-in allowance on old vehicles when new (French) vehicle purchased*

pris en compte, *taken into account*

prise de courant (f), *socket*

prix d'achat (m), *purchasing price*

prix de revient (m), *cost price*

prix unitaire, *unit price*

procédé (m), *process, procedure*

prochainement, *soon*

proche, *near*

procurer, *obtain; supply*

producteur (m), *producer*

produire (se), *to take place*

produit (m), *product*

profil (m), *profile*

profiter (de), *to take advantage of*

progresser, *to increase*

projeter (film), *to show*

projeteur (m), *designer*

prolongement (m), *extension*

promener (se), *to go for a walk*

promesse (f), *promise*

promettre (promis), *to promise*

primordial, *essential, vital*

promoteur (m) (de l'immobilier), *(property) developer*

promotion (en) (f), *special offer*

propre à, *peculiar to*

propulser, *to propel*

prospectus (m), *handbill, leaflet*

provenir de, *to come from*

publicité (f), *advertising, publicity*

publier, *to publish*

puissant, *powerful*

qu'il s'agisse de, *be it, be they*

quant à, *as far as/as for*

quart (m), *quarter, area*

quartier (m), *quarter, locality (of town)*; restaurant du quartier, *local restaurant*

quelconque, *some, any*

queue (f), *tail*

quinquennal, *five yearly*

quotidien (m), *daily (newspaper)*

R.F.A., République Fédérale Allemande, *Germany*

rabais (m), *rebate, reduction*

raccompagner, *to take someone back*

raccourcir, *to shorten*

rachat (m), *take over*

racheter, *to take over*

racine (f), *root*

raffinement (m), *refinement, subtlety*

rajouter, *to add*

ralentir, *to slow down*

ramener, *to bring back*

randonnée (f), *ramble*

rang (m), *row, rung;* au premier rang, *in first position*

ranger, *to put away, to tidy up*

rappeler, *to recall, phone back, remind*

rappeler (se), *to remember*

rapport (m), *relation, connection*

raser, *to raze, pull down; shave*

rassemblement (m), *rally, gathering*

rattraper (se), *to make up, catch up*

ravi, *delighted*

ravir (qch à qn), *to snatch/take (something from somebody)*

rayer, *to cross out*

rayon (m), *beam (of light), shelf, department counter (in a store);* rayon d'action, *range*

rayonnage (m), *shelving*

rayonnement (m), *influence*

réaliser, *to achieve; make; bring about*

réaménagé, *redesigned, redeveloped, improved*

récemment, *recently*

recensement (m), *census*

recenser, *to compile*

réception (f), *receipt*

recette (f), *recipe, receipt*

recevoir (reçu), *to receive*

recevoir des nouvelles de quelqu'un, *to hear from someone*

recherche (f), *research*

réclame (f), *advertisement*

réclamer, *to demand*

reconnaisance, *recognition*

reconnaissant, *grateful*

reconversion (f), *redeployment*

recouvrir, *to cover, include*

récriminatoire, *recriminatory*

recrudescence (f), *fresh outbreak*

recueillir, *to collect*

reculer, *to reverse, to go back*

récuser, *to challenge, take exception to*

recyclage (m), *retraining*

recycler, *to retrain*

redorer, *to boost/enhance*

redouter, *to fear*

redressement (m), *recovery (economic)*

réduire (réduit), *to reduce, diminish*

réfléchir, *to think (over), reflect*

réfrigérateur (m), (frigo), *fridge*

régal (m), *treat*

régir, *to rule; govern*

régler (une facture), *to settle (a bill)*

régresser, *to go down, diminish*

regrouper, *to bring together*

relâche (m), *respite;* sans relâche, *without let-up*

relais (m), *relay;* prendre le relais, *to take over*

relativiser, *to put into perspective*

relèvement (m), *increase*

relevé (m), *statement (bank)*

relever de, *to come under*

relier, *to link up*

remarquer, *to notice*

rembourser, *to refund*

remise (f), *discount, reduction, remittance*

remonter, *to go back (time)*

remplir, *to fill*

rémunération (f) *pay*

rendement (m), *production, return, output*

rendez-vous (m), *appointment*

rendre (rendu) un service, (à qn), *to do (sbdy) a favour*

se rendre (à), *to go (to)*

rendre compte (se), *to realise*

rendre visite à qn, *to call on someone*

renforcer, *to strengthen*

renommé, *famous*

renommée (f), *renown, fame*

renouveler, *to renew*

renouvellement (m), *renewal*

renseignement (m), *information*

renseigner (se), *to enquire, to find out information*

renseigner, *to inform*

rentabilité (f), *profitability*

rentrer, *to go back, to return*

renvoyer, *to send back*

répartir, *to spread, distribute*

répartition (f), *distribution*

répercuter (se) (sur), *to affect*

reporter, *to bring forward (in time)*

repos (m), *rest*

repousser, *to put off, postpone*

représentant syndical (m), *trades union representative*

reprise (f), *revival, upturn*

réseau (m), *network*

résidence secondaire (f), *second home*

résoudre (résolu), *to solve*

ressortir, *to come out*

rester, *to remain*

restes (m.pl), *remains*

résultat (m), *result*

résumer, *to summarise*

retard (m), *delay*

retenir, *to retain, reserve*

retouche (f), *alteration*

retour (m), *return*

retourner, *to send back;* se retourner, *to turn round*

retraite (f), *retirement*

retraité(e) (m/f), *(old age) pensioner*

retrancher, *to deduct*

rétrécir, *to shrink*

rétrécissement (m), *shrinking, narrowing*

rétrocéder, *to cede back*

retrouver (se), *to meet*

réunion (f), *meeting*

réunir (se), *to meet*

réussir (à), *to succeed (in)*

réussite (f), *success*

revanche (f), *revenge, return match;* en revanche, *on the other hand*

réveil (m), *awakening*

revendication (f), *demand, claim*

revendiquer, *to demand*

revenir (revenu), *to come back*

revenu (m), *income*

revenu disponible réel, *real earnings*

revirement (m), *veering (of opinion), change of direction*

révoquer, *to dismiss*

rez de chaussée (m), *ground floor*

risquer, *to be likely to;* vous risquez de, *you might/are likely to*

rivaliser (avec), *to compete (with)*

river, *to rivet*

robinet (m), *tap*

rompre, *to break off*

rôti (m), *roast (meat)*

rouler, *to drive*

ruée (f), *rush;* la ruée vers l'or, *the gold rush*

S.N.C.F. (Société nationale des chemins de fer français.), *French railways*

sac (m), *bag,* (à main) *hand bag*

sage, *wise*

saignant, *bleeding, rare (of steak)*

sain, *healthy*

sain et sauf, *safe and sound*

saisonnier, *seasonal*

salade verte (f), *lettuce*

salaire (m), *wage, salary* (see note to Chapter 4)

salarié (m), *wage earner*

sale, *dirty*

salle (f), *hall; large room*

salon (m), *living room, show, exhibition;* Salon de l'Auto, *Motor-Show;* Salon des Arts Ménagers, *Ideal Home Exhibition*

santé (publique) (f), *(National) Health*

savoir (su), *to know*

scierie (f), *saw mill*

scolarisé (être), *to be given schooling*

scission (f), *split, schism*

séance (f), *sitting, show, session*

sec, *dry, curt*

séjour (m), *stay*

selon, *according to*

semaine (f), *week*

semestre (m), *semester (half year)*

sens (m), *direction, meaning*

sensible, *significant, obvious, perceptible, sensitive*

sensiblement, *noticeably*

sentiment (m), *feeling*

sentir (se), *feel*

septennat (m), *seven-year period/mandate (politics)*

service (m) des exportations, *export department*

serviette (f), *briefcase*

servir (se) de qc, *to use sthg*

servir d'interprète, *to act as interpreter*

seuil (m), *threshold*

seul, *only*

sidérurgie (f), *steel industry*

siècle (m), *century*

siège (m), *seat*; siège social (m), *head office, company headquarters*

sieger, *to sit*

sigle (m), *initials, abbreviations, acronym*

signaler, *to point out*

situation (f), *position (job)*

social(aux), *social*

société (f), *company, firm*

soi-disant, *supposedly*

soie (f), *silk*

soigné, *attentive (service), well-groomed (appearance), well presented*

soin (m), *care*; avoir soin de faire qch, *to take care to do sthg*

soit, *that is*

sole meunière, *sole shallow-fried with butter and flour*

solide, *strong*

somme (f), *amount*

sommeil (m), *sleep*
avoir sommeil, *to feel sleepy*

sondage (m), *gallup opinion poll*

sonnerie (f), *bell, alarm*

sortir (sorti) (trans.), *to bring out*; (intrans.), *to go out*

souci (m), *worry*; se faire du souci, *to worry*

soucier (se) (de qch), *to worry (about sthg)*

souhaiter, *to wish*

soulagé, *relieved*

souligner, *to underline, emphasize*

sourd, *deaf*

sous-sol (m), *basement*

sous-traitant (m), *subcontractor*

soutenir, *to support*

souterrain, *subterranean, underground*

soutien (m), *support*

souvenir (pp. souvenu) (se) (de), *to remember*

souvenir, *memory, recollection*; un bon souvenir, *a fond memory*

soyeux, *silky*

spot publicitaire (m), *commercial break*

stage (m), *(work) placement, (training) course*

standardiste (f/m), *telephone (switchboard) operator*

stationnement (m), *parking, waiting (in a vehicle)*

sténo-dactylo (f), *shorthand-typist*

sténographie (f), *shorthand*

subir, *to undergo*

subvention (f), *subsidy*

subventionner, *to subsidise*

succès (m), *success*

succursale (f), *branch establishment*

sucre (m), *sugar*

suffir (suffi), *to be enough*

suite – à la suite de, *following*

suivre (suivi), *follow*

suivre des cours (de), *to take courses (in)*

support (m), *aid, medium*

supporter, *to stand, put up with*

supprimer, *to do away with, to get rid of*

sur le champ, *immediately, on the spot*

surchauffe (f), *overheating*

surdité (f), *deafness*

surface (f): grandes surfaces, *super/hypermarkets*

surmené, *overworked, under strain*

surprendre (surpris), *to surprise*

survenir (survenu), *to occur*

survie (f), *survival*

susceptible (de), *liable (to)*

susciter, *to bring about*

syndicat (m), *trades union*

syndicat d'initiative, *tourist information bureau*

syndiqué (adj or n), *belonging to a union, union member*

T.V.A. (f), taxe à la valeur ajoutée, *V.A.T.*

table de cuisson (f), *hob (cooker)*

tâche (f), *task*

tâcher de, *to try, attempt*

taille (f), *size, waist*

tailleur (m), *lady's suit, tailor*

talonner, *to follow hot on somebody's heels*

tandis que, *whereas*

tant mieux, *all the better*

tant pis, *never mind (too bad)*

tant que, *as long as*

taper, *to type, to print*

tard, *late*; tarder à, *to put off, delay*; il ne va pas tarder, *he won't be long*

tarif (m), *price list*

taux (m), *rate*; taux d'escompte, *bank rate*; taux d'échange, *exchange rate*

teinte (f), *colour, shade*

télécopie (f), *fax*

téléspectateur (m), *viewer (T.V.)*

tendance (f), *trend*

tendre, *to hold out*; tendu, *stretched, tight, tense* (adj.) *tender*

tenir, *to hold, keep (a shop etc.)*

tenir à, *to hold dear*

tenir compte, *to take into account*

tentative (f), *attempt*

tenter, *to tempt*; tenter (de), *to attempt to*

terrain (m), *ground, field*

terrain de camping (m), *camping site*

territoire (m), *(national) territory*

terroir (m), *soil*; (vin du), *farm produced (wine)*

tête (f), *head*

thalossothérapie (f), *sea water therapy*

tiers (m), *a third*

tiers monde (m), *3rd world*

tir (m), *shooting, firing (of a weapon)*; champ (m) de tir, *firing range*

tirage (m), *circulation (of a newspaper)*

tirer parti de, *to utilise*

tissu (m), *material*

tissu urbain, *urban fabric*

titre (m), *title*; à juste titre, *rightly so*

titulaire de, *holder of (qualification etc.)*

à tort et à travers, *wildly, loosely*

tôt, *early*

toucher, *to affect, to receive (money)*

tour (f), *tower*

tour (m), *(round) trip*

Toussaint (f), *All Saints Day (1st Nov.)*

tout de suite, *straightaway*

tout mettre (mis) en oeuvre, *to spare no effort, to do everything possible*

traction avant (f), *front-wheel drive*

train (m) (d'une voiture), *axle assembly*

trait (m), *mark characteristic, feature*

trait d'union, *link, hyphen*

traiter, *to deal with*

traiter affaire, *to do business*

trajet (m), *journey*

tranquillité (f), *peace*

travailler à plein rendement, *to work to full capacity*

traversée (f), *crossing*

traverser, *to cross*

tricot (m), *knitwear*

trier, *to sort*; centre (m) de tri, *sorting office (post office)*

trimballer, *to lug around (slang)*

trimestre (m), *term*

trio de tête (m), *three leaders*

tromper (se), *to be mistaken*

trop, *too many*

trouver (se), *to find oneself, to be situated*

truchement (m), *instrument (of), medium, intervention*

truite (f), *trout*

tutelle (f), *supervision*

ultra moderne, *completely up-to-date, latest*

unitaire (prix), *unit price*
usine (f), *factory*
utile, *useful*
utilisateur (m), *user*
utiliser, *to use*

V.P.C. (f), vente par correspondance,
  mail order
vacances (f.pl), *holiday*
valable, *valid*
valeur (f), *value, worth*
valoir (p.p. valu), *to be worth*; votre
  voiture ne vaut pas la mienne, *your
  car isn't as good as mine.*
vanter (se), *to boast*
veau (m), *calf, calf-skin*
vedette (f), *star (media), addressee*
veille (f), *evening, day before*
veiller à, *to see to; ensure*

vendeur (m), *salesman, sales assistant*
vendeuse (f), *sales assistant (female)*
vendre, *to sell*; se vendre bien, *to sell well
  (of products)*
vente par correspondance, *mail order*
véritable, *genuine*
verni, *patent (leather)*
verser, *to pay in*
vêtement (m), *(article of) clothing*;
  industrie du vêtement, *clothing
  industry*
vétuste, *run down, delapidated, out of date*
viande (f), *meat*
vie (f) associative, *social life*
vieillir, *to grow old, to age*
vif (vive), *bright; quick; (a)live*
vignoble (m), *vineyard*
vin (m), *wine*
viser, *to aim at*

visser, *to screw, to tighten (nuts)*
vitesse (f), *speed*
viticole, *wine producing*
vitrine (f), *shop window*
vivre (vécu), *to live*
voie (f), *track, way, road*; pays en voie
  de développement, *developing
  countries*
voir (vu) le jour, *to be born*
voisin (m), *neighbour*
voiture de fonction, *company car*
voix (f), *voice, vote*
volaille (f), *poultry*
volant (m), *steering wheel*
volonté (f), *will, volition*
volontiers, *gladly, willingly*
voyage (m), *trip, journey*
voyage de noces (m), *honeymoon*
voyageur, *traveller*